U0551428

風雲時代

風雲時代 風雲時代 風雲時代 風雲時代 風雲時代 風雲時代 風雲時代
雲時代 風雲時代 風雲時代 風雲時代 風雲時代 風雲時代 風雲時代 風雲
風雲時代 風雲時代 風雲時代 風雲時代 風雲時代 風雲時代 風雲時代
雲時代 風雲時代 風雲時代 風雲時代 風雲時代 風雲時代 風雲時代 風雲
風雲時代 風雲時代 風雲時代 風雲時代 風雲時代 風雲時代 風雲時代
雲時代 風雲時代 風雲時代 風雲時代 風雲時代 風雲時代 風雲時代 風雲
風雲時代 風雲時代 風雲時代 風雲時代 風雲時代 風雲時代 風雲時代
雲時代 風雲時代 風雲時代 風雲時代 風雲時代 風雲時代 風雲時代 風雲
風雲時代 風雲時代 風雲時代 風雲時代 風雲時代 風雲時代 風雲時代
雲時代 風雲時代 風雲時代 風雲時代 風雲時代 風雲時代 風雲時代 風雲
風雲時代 風雲時代 風雲時代 風雲時代 風雲時代 風雲時代 風雲時代
雲時代 風雲時代 風雲時代 風雲時代 風雲時代 風雲時代 風雲時代 風雲
風雲時代 風雲時代 風雲時代 風雲時代 風雲時代 風雲時代 風雲時代
雲時代 風雲時代 風雲時代 風雲時代 風雲時代 風雲時代 風雲時代 風雲
風雲時代 風雲時代 風雲時代 風雲時代 風雲時代 風雲時代 風雲時代
雲時代 風雲時代 風雲時代 風雲時代 風雲時代 風雲時代 風雲時代 風雲
風雲時代 風雲時代 風雲時代 風雲時代 風雲時代 風雲時代 風雲時代
雲時代 風雲時代 風雲時代 風雲時代 風雲時代 風雲時代 風雲時代 風雲
風雲時代 風雲時代 風雲時代 風雲時代 風雲時代 風雲時代 風雲時代
雲時代 風雲時代 風雲時代 風雲時代 風雲時代 風雲時代 風雲時代 風雲
風雲時代 風雲時代 風雲時代 風雲時代 風雲時代 風雲時代 風雲時代
雲時代 風雲時代 風雲時代 風雲時代 風雲時代 風雲時代 風雲時代 風雲
風雲時代 風雲時代 風雲時代 風雲時代 風雲時代 風雲時代 風雲時代
雲時代 風雲時代 風雲時代 風雲時代 風雲時代 風雲時代 風雲時代 風雲
風雲時代 風雲時代 風雲時代 風雲時代 風雲時代 風雲時代 風雲時代
雲時代 風雲時代 風雲時代 風雲時代 風雲時代 風雲時代 風雲時代 風雲
風雲時代 風雲時代 風雲時代 風雲時代 風雲時代 風雲時代 風雲時代
雲時代 風雲時代 風雲時代 風雲時代 風雲時代 風雲時代 風雲時代 風雲
風雲時代 風雲時代 風雲時代 風雲時代 風雲時代 風雲時代 風雲時代
雲時代 風雲時代 風雲時代 風雲時代 風雲時代 風雲時代 風雲時代 風雲
風雲時代 風雲時代 風雲時代 風雲時代 風雲時代 風雲時代 風雲時代
雲時代 風雲時代 風雲時代 風雲時代 風雲時代 風雲時代 風雲時代 風雲
風雲時代 風雲時代 風雲時代 風雲時代 風雲時代 風雲時代 風雲時代
雲時代 風雲時代 風雲時代 風雲時代 風雲時代 風雲時代 風雲時代 風雲
風雲時代 風雲時代 風雲時代 風雲時代 風雲時代 風雲時代 風雲時代
雲時代 風雲時代 風雲時代 風雲時代 風雲時代 風雲時代 風雲時代 風雲
風雲時代 風雲時代 風雲時代 風雲時代 風雲時代 風雲時代 風雲時代
雲時代 風雲時代 風雲時代 風雲時代 風雲時代 風雲時代 風雲時代 風雲
風雲時代 風雲時代 風雲時代 風雲時代 風雲時代 風雲時代 風雲時代
雲時代 風雲時代 風雲時代 風雲時代 風雲時代 風雲時代 風雲時代 風雲
風雲時代 風雲時代 風雲時代 風雲時代 風雲時代 風雲時代 風雲時代
雲時代 風雲時代 風雲時代 風雲時代 風雲時代 風雲時代 風雲時代 風雲
風雲時代 風雲時代 風雲時代 風雲時代 風雲時代 風雲時代 風雲時代

龔鵬程 著

學界大批判

上卷

學術悶局篇

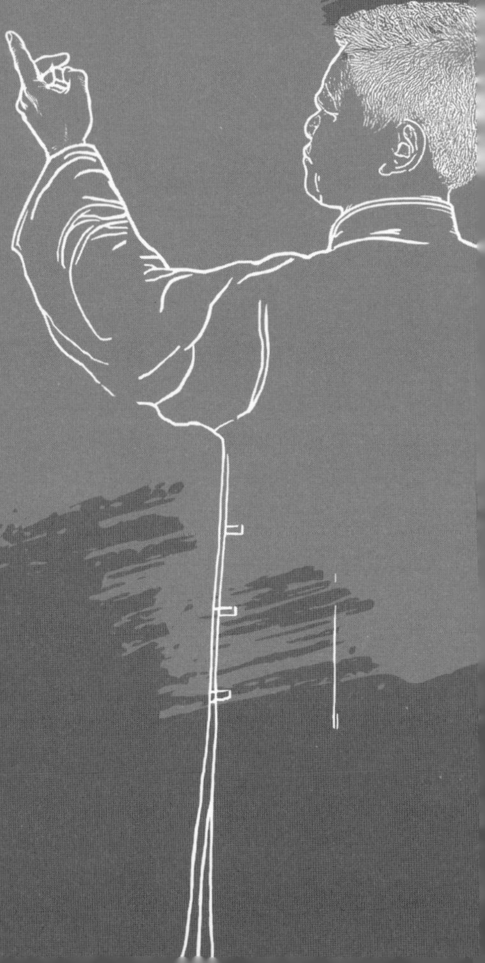

自序

予豈好批哉，予不得已也

龔鵬程

批判與大批判

哲學名家往往有他特殊的、具有創意的詞彙或術語。批判一詞，就是被康德《純粹理性批判》《實踐理性批判》《判斷力批判》這樣運用才大行其道的。馬克思就仿之撰寫了《政治經濟學批判》。

「批判」指對事物、觀念、術語進行考察，以弄清人類知識的來源、範圍與界限。中文世界於二十世紀後也開始流行此詞，郭沫若《十批判書》便是著名例子。他以古代研究的自我批判為第一章，然後對先秦諸子學說一一批判，包含孔墨、黃老、莊、荀、名辯、法、韓非以及呂不韋與秦王政共九章，顯然依循康德故轍。

但後來批判變成政治套話，以罵人為批判，批林批孔乃至無所不批，扣上判詞大帽子，動輒要致人於死地，這個詞彙也就令人用來有點猶疑。或另用「大批判」來說康德原來的做為。

但社會上思想的碰撞、交鋒，畢竟不可避免；論戰也不可能都如康德那樣澹靜如止水、如槁木、如寒灰、一味性冷淡，總是要有刀光劍影的。所以批判還是大批判，終是難分得清。

在知識內部尋求開發人類觀念，突破當代知識範疇

我自幼寫舊詩、做古文，明燭自煎以為樂，效法「古之學者為己」，澹如枯僧，絕不與人爭論。但一出大學就開始變了。

先是做現代化轉型，學寫白話文。在黃慶萱、高信疆、李瑞騰諸師友翼助下，改寫《西遊記》、出版散文集《少年遊》，亡友周安托認為還頗有存在主義色彩。然後「今之學者為人」，筆觸慢慢轉向社會，深入煙塵，寫培根、蒙田式的論文，思索現代人的社會角色和意義，然後也開始學著做批判和大批判。

批判需作者有問題意識，才會或能對之展開批判。一九八七年，友人呂學海又替我出版了《我們都是稻草人》。借用艾略特詩，諷刺大學生彷彿稻草人，沒啥作為。納入他主編「不可一世叢書」。這套書，網羅了趙少康、楊志弘等人。不可一世，狂言，但亦指諸人鋒芒還可發揚蹈厲到下個世紀。故主題其實不在當代，而是「瞻望新世紀」。

我當時正隨淡江大學校長張建邦先生研究未來學、後現代，對此宗旨頗感興味；所以選了當時中國論壇總編蔡詩萍兄和我的對話《角色與典範》做代序，想「在知識內部尋求開發人類觀念，突破當代知識範疇的路線」。

具體作法，首先是要改變歷來社會批評僅從政治、社會結構面看問題的習慣，而從調整思路、眼光、知識結構入手。這，本身就是新角度、新路數。

其次是參考湯瑪斯・庫恩《科學革命的結構》之說，嘗試推動人文領域的知識典範（paradigm）革命，以具體面對大眾文化的衝擊、海峽兩岸學術研究競爭，和我自己出身、尚未現代化的中文系（**因為在後工業社會，我怕它會成為資訊時代的怪獸**）。

革命的口號剛喊出時，社會還不明所以，可我針對中文學界的重磅炸彈《國家文學博士論文內容與方法的評析》隨之而到，就讓大家一下子驚醒了。

文章是我一九八三年博士論文考試剛剛通過後，應科技整合研討會之邀而作。大會分成許多組，我這組本來也請了幾位與我同作，但我稍得暇，就忽然寫完了。民生報王震邦兄有新聞眼，搶先發出新聞，把社會嚇了一跳。沸沸揚揚吵到論文正式發表後，仍然餘波蕩漾，樹欲靜而風不止。

學術自主與高教人才培養

民國以來，國事艱危，學術發展當然十分困難。早期只能學習、模仿、買辦東洋西洋，從人種、考古、文化西來說，到科學、物理、社會、馬克思。雖然漸漸擠進了現代國際學術社群，諾貝爾獎也拿了幾個，但實際上只是東西鄰人傷風、我們咳嗽流鼻涕罷了，自主學術一直未能建立。

一九四九年政府遷臺，情況更慘，僅有一所大學、三所學院，學術根本談不上。直到上世紀五十年代末，才開始勉力試辦博士教育。一九六一年第一本博士論文：羅錦堂《現存元人雜劇本事考》出爐，終於邁出了我國人才自主養成這一步。比大陸一九六四年第一顆原子彈在新疆試爆成功還早了幾年。因茲事體大，故博士生都還得由教育部主持口試；通過了，才授予國家文學博士學位。

整個過程非常傳奇。早先是臺大在中山堂舉行畢業典禮時，邀教育領導人張其昀致詞。張褒揚臺大辦得好，並表示：「我們應該更加提高教育程度，要開設博士班、設博士學位。」臺大學生當然一片歡呼，認為自己不久就有博士可讀了。不料，臺大在張其昀講話之前已開始籌畫辦研究院，走的是當年胡適建議清華開辦國學院的模式，等研究院辦起來後再設立博士學位。而校長錢思亮把這計畫上交後，卻遭張其昀反對，認為不必單獨成立研究院再辦研究所，故不批准。張因此也與臺大結了怨。

等到張想設博士學位，臺大便以資金不足為由拒絕執行。張無奈，只好轉向師大校長劉真求援。劉真也很為難，臺大不敢辦，師大豈敢？最後推給文學院院長梁實秋，說如果他答應辦，我們就不怕。結果梁實秋很俠氣，一口應承，說臺大不辦我們來辦。

一九五七年首屆博士學位招生，也很傳奇，進入博士候選人資格的，僅羅錦堂一人。攻讀期間，除了選課以外，還要圈點《易》、《詩》、《書》、《禮》、《春秋》、《左傳》、《公羊傳》、《穀梁傳》、《禮記》、《孝經》、《論語》、《孟子》和《爾雅》等十三經，外加《文心雕龍》和《昭明文選》。

這樣奇葩的儀式化課程和代表學術桂冠的四十萬字的文言文巨型博士論文，都令社會大為好奇。等到口試，教育部更是做足了姿態，極力吸引眼球。會場懸起「博士學位論文考試試場」橫幅，特請中央研究院院長胡適掛帥，邀梁實秋、鄭騫、臺靜農、戴君仁、李辰冬和蘇雪林七位大老，合組考試委員會，對羅錦堂的論文唇槍舌劍考了兩小時。之後，胡適還覺得不過癮，又再考了一小時。

取得博士後，某天，有位軍人送來禮物。羅先生打開一看，原來是一枚純金的金牌，以一兩黃金刻成「第一位文學博士羅錦堂」。出門尋找，其人遠去，竟不知為誰。

博士論文與高等教育的改革

如此傳奇，轟動一時，後來其他學科遂紛紛仿效，陸續開辦。

到一九八三年，教育部認為廿二年的耕耘，自主學術的人才培養體系已然建立成型，各校已有能力自行教育、評鑑、審核其學生了，所以可停辦教育部考試和國家博士頭銜，直接發放某些學校的博士名位。

這下，我就尷尬了。因為我那時正要（從師大國文研究所）畢業，夾在新舊制改革的間隙，新法還沒準備好，舊法卻已經不再適用。到底怎麼考、什麼時間考、還是不是國家博士，問學校、問教育部，皆如杜詩所云：「天意高難問」，只能等！

等了春天、過了夏天，秋間才確定只在學校考即可。原先聘定去教育部考我的口試委員如勞幹院士等，都四散回美國等處了；只能匆匆另聘陳捷先、管傳採諸公來學校考我。

考試也很順利。雖然拖了大半年，國家博士和師大博士名稱轉換間的尷尬，一時也難以解釋。但因我那時才二十幾歲，被誇為最年輕的博士，且只用四年就完成了論文及考試，破了歷來中文博士都要十年八年的紀錄；論文後來還得了「中山文藝獎」，自己掙得一塊金牌，不待人家送。

科技整合研討會可能就覷定了這個問題點，所以誤打誤撞，邀我來專門盤點整體國家文學博士論文內容與方法。

論文寫作的倫理與規範

本來這是個不可能的任務。我之前，國家文學博士總計一百四十九人，論文包羅萬象，總攝文史哲、經史子集，每本三五十萬字，誰能看完、又有誰都看得懂、還能評價優劣？國家博士們更都是我老師、師伯、師叔、學長，誰敢出來「重與細論文」？

我卻利用社會學方法，做了點分類，說明了各類數據及趨勢，也從題材的集中和分散，看到了人力分佈和學派門戶特色，然後批評門戶的僵化性、研究格套的陳腐傾向、方法論思維的不足、問題意識的欠缺和思想架構的薄弱等等，並提出了些建議，例如應加強科技整合、課程設計應多元化、系所間應多交流、論文寫作應予強化、中文系所的師生倫理結構應該打破等等。

重砲之下，文學教育圈驚愕不已。或說我欺師滅祖，或讚我有白袍小將之風，而涉及論文寫作和高等教育之實質問題等處，爭議更大。

這些爭議一直延續至今。教育部固然很快因應了我的批判，陸續推出〈大學學術追求卓越發展計畫〉、〈提升大學基礎教育計畫〉、〈發展國際一流大學及頂尖研究中心計畫〉等專案，一步步擴大發展為整體高教改革。

但高教豈是幾椿計畫便能改善？我還是得繼續批判，而且矛頭愈來愈廣。討論文化明星與學術規範、大學是不是職訓中心、大學生的角色扮演、期待校園文學的春天、感傷人與歷史的疏離、當前學術風氣之反省、走出文學理論的冰岩期、錢穆告別杏壇演說演出了時代的困惑、「牟宗三是誰」、青年生活與傳統文化、未來的人與社會……。

這，有些是積重難返，病入膏肓，年年呼籲改革而總不成功；有些則如不找我而讓李遠哲來主持教改，結果敲鑼打鼓，大軍出征，咚咚搶咚咚搶，咚咚窟窿搶，搶進一個自己挖的大窟窿裡。不僅以失敗告終，而且灰頭土臉，幾乎斷送了中華文脈。

還有些是改了比不改更可怕。例如我說博士教育應重視論文寫作，寫作且應有種種規範，結果卻是後來的博士只會寫論文並拼命發表論文，論文又機括深密，宛如江湖黑話，勝似科舉八股。機械傷人，性靈不存，更無創造性和文趣可言，頗令我有始作俑者之嘆。

若問到這樣與高等教育糾纏遊鬥，對我有何好處，則更不知從何說起，當時所長黃錦鋐老師要找我回師大任教，就遭到反對；我卸任南華、佛光兩大學校長後要回師大，師友們仍然反對。等我高舉復興傳統文化之大旗，遊弋大江南北，並在大陸當上了梁實秋學會會長之後，二〇二〇年師大國文系才願意承認我是傑出校友。可是等文學院通過並向學校舉薦時，哈哈，那一屆傑出校友的選拔活動竟然停辦，取消了。

典範革命

換言之，整個高教改革和論文寫作，包括我自己身處局中的故事，看來都有點搞笑，具有傳奇性和戲劇效果。

其中若說還有點實質意義，則仍要回到我文章開頭提到的「典範革命」。我推動高等教育改革而從研究方法和論文寫作入手，本身就顯示了我更偏重思想層面，有效法科學領域進行典範變革之企圖。

典範變革，簡單講就如《列子‧說符》講的「疑鄰竊斧」：有人丟了斧子，懷疑是鄰居兒子偷了，觀察其人言行舉動，確信就是。後來，找到斧子了，再看鄰居兒子，又覺得他處處都不像偷斧子的人。

疑心生暗鬼，後學遂一直學老法師的樣子去抓鬼。實在抓不著，才會告別老典範、拋去舊思路，進行典範革命。

舉個例子：研究資本主義之興起，是個大題。法國重農學派認為財富是由土地而來，或主張以土地的供給與需求機制決定了市場價格。亞當‧斯密《國富論》則對重商主義提出批判，提倡自由經濟。馬克思《資本論》卻認為自由經濟其實是假的，資本主義生產模式必然會產生資本對於勞工的剝削。他們都在進行典範革命。

韋伯《新教倫理與資本主義精神》又蹊徑獨闢，說要達成資本主義的發展，社會上必須先發展出一種「資本主義精神」，也就是一種追求個體經濟私利為目標的思想和習慣。這是現代西方資本主義發展的必要條件，中國和印度都不具備。

他們都是新典範的創造者，一大堆人循著他們的思路繼續講說，便形成各自認為的「常態科學」。樂此不疲，陳陳相因，一扯幾十上百年。這些典範、套路、成說，卻開始令人生疑，發現它可能只是泡沫，戳戳就破。

以韋伯來說吧。資本主義興起是因有基督新教倫理，那麼舊的天主教及英國國教是怎麼形成資本主義的？更老的猶太教呢？猶太人放貸盈利，恐怕更是資本累積迅速的原因。早期資本主義還與工業革命結合著發展，後來根本以金融匯率股價操縱市場，跟新教倫理、工業生產關係愈來愈遠。若把我說的這些因素加進來考慮，韋伯典範即不能不做一番革命。

同理，中國向來富甲天下，怎麼到晚清就窮了？是儒家缺乏「入世禁慾」的基督新教倫理，而道家也不講「出世禁慾」，故開不出資本主義？恐怕都不是，問題還在資本本身。

我國宋朝已進入飛錢、銀票的信用經濟階段。元朝以後，全球貿易盛行，西班牙主導的白銀大量湧入，導致中國退回白銀貨幣經濟。經過明清積累，遂成為世界最大儲銀用銀國。社會上早已發展出一種「銀本位精神」，以掙銀子、用銀子、存銀子、窖銀子為目標的思想和習慣。

西方各國大多都是在資本原始積累時期通過殖民掠奪和戰爭賠款積累黃金儲備，不可能在銀子方面與我國爭鋒，乃另尋子午道，在十九世紀七十年代改而實施金本位制度。由英國開始，德國、挪威、丹麥、瑞典、法國、比利時、瑞士、義大利、美國、日本、俄羅斯先後加入，形成了一套國際貿易新格局，圍獵中國。

這一來，無論正常貿易、賠款或外債，由於金貴銀賤，凡以黃金進行國際結算，用銀的中國都要耗費更多的白銀，出現鎊虧（**僅四點五億兩白銀的庚子賠款，每年就要支付三百萬兩左右的鎊虧**）。而且西方國家可利用金銀比價的變化，以價差追逐為目標，使中國經濟處於動盪之中，擴大虧損。

整體情況，一如一九〇八年康有為《金主幣救國議》所說：「銀價日落、物價日騰，則國人日貧弱。銀銅為金所持，不能自主，致物價無定，供求不相應，漲落無常，而市易亂、商道險。」

國際銀價又自十九世紀七〇年代開始長期下跌。中國白銀與金幣的比價在七〇年代跌破十六比一之後，也一路下行，到一八九五年跌至三十一比一，一九〇〇年再跌至三十三比一。等康有為呼籲金本幣救國的時候，已經跌到四十比一。

國無資本，殆將破產矣，還談什麼發展資本主義？韋伯談資本主義而避開資本問題，儘去講宗教倫理，真讓人有晉惠帝質疑人民「何不食肉糜」之嘆。也就是說，斯密、馬克思、韋伯等典範，都是由其成見出發構建的一套成說。只有覷破其言說之迷霧，才能迫使典範發生革命，不然就只能徒子徒孫繼續依之練嘴。

面對外國大師都該如此，何況中國晚清以來諸大師？

但百餘年來，學派傳承根深蒂固，「寧說周孔誤，不道程朱非」，熱衷批孔批儒，而對馬克思、韋伯、梁啟超、王國維、章太炎、胡適、魯迅、黃侃、陳寅恪、傅斯年、梁漱溟等，追隨、崇拜、尊奉唯恐不及。一部劉大杰《中國文學發展史》可以抄來抄去，抄到上千部，典範革命，卻誰也不敢做。

我寫《國家文學博士論文內容與方法的評析》之基礎，卻正是熟讀了博士先進們的論文，看清了這個典範沒有打破、只能陳陳相因的問題。

當時攏統地說論文陳陳相因，大家體會還不深，因而我還得繼續深入，一個典範一個典範地談。

「傳統與現代」的時代觀

先要說總體的思維範式。這個時代的人，總體都有一個「現代觀」，認為我們都屬現代人，不同於傳統社會。而且傳統和現代之間是斷裂的、不太連續，甚至還有衝突及對抗，猶如小孩總企盼走出舊家族、走上獨立自主生活那樣。

傳統與現代，常用「甲與乙」框起來（例如社區和社會、鄉土和城市、機械和有機、地位和契約、農業社會和工業社會、新與舊、傳統與現代、中古與近世等），但表面語言不影響內在邏輯。內容都是說傳統與現代如何不同，因此隱含的意思就是應打破或走出傳統，邁入現代。

這是近代集體反傳統的思想根源，現代化成為社會集體走向。大陸固然批林批孔、文化大革命，臺灣亦是這麼做的。雖說傳統與現代的斷裂可以說得鬆些，承認某些傳統在現代也還可以保留或具有調節之作用，去蕪存菁，以符時代之需，但大思路未曾違逆。

以被尊為「中國社會學和人類學奠基人」的費孝通為例來說吧。費老的典範之作是《鄉土中國》。不但描述中國傳統鄉土社會，也指涉包含在具體的中國基層傳統社會裡的一種特具的體系，支配著生活的各個方面。

這樣的社會，是一家或幾個血緣家族在一個地緣關係上組成的，本鄉人非常強調內部倫理，故男女有別，生活在一套有差序格局的禮治秩序中，尊重長老統治，不喜歡打官司，故亦無西方式的法治。

他的描述很生動，看起來也很有道理。但實際上是把鄉土中國、傳統社會、禮治、人治、有機的地緣血緣組合、差序格局等，與現代西方、法治社會、契約精神、機械的人群組合、不重視地緣、血緣及出身、地位等對比著看。

這是把傳統中國模式化，來和模式化的現代西方城鎮做比較。難道古代西方就不是有機的地緣血緣組合、禮治、人治、差序格局，就有現代法治、契約精神、機械的人群組合、不重視地緣、血緣及出身地位？

費先生自稱其研究屬於社區分析，是研究「一定時空坐落中，一地方人民所賴以生活的社會結構」。所以他竟如此理所當然地忘了歷史，沒想到古今是有區別的，不應搬請秦瓊來大戰關公。

再說法治。中國有先秦以來全世界最完備的成文法典、法學教育傳承體系、法律人才選拔和考核體系、官司判牘與審理案例，哪是現代西方人所說的鄉土中國只有人治而無法治？

契約方面。中國從來不以鄉居三家村、高老莊為主流，坐待老死；而是以走南闖北，遊宦、行商、任俠、移民、轉耕、漂泊、行醫、賣卜為主，乃至「千里遊學，裹糧從師」。流氓、遊人、商賈，各行各業及遊藝者之組合，則都需要結社。今存漢代以下各種敦煌社司轉帖及各種徽商、晉商、雲貴閩廣鄉間契約文書，更都可證明契約關係和精神，均非費孝通所能知、所能理解。

我後來曾寫《遊的精神文化史論》《傳統文化十五講》等書，具體戳破費老這套鄉土氣泡，如今該典範已被革命，不能再用了。

四十年前我剛開始做典範革命，還不能像批費老這樣細論他這個典範，只能從大體方向上總體說《傳統與現代：當今意識糾結的危機》。

李瑞騰當時主持《文訊月刊》，特以我這篇文章辦了個論壇，請廖仁義等七位朋友來評議。我主張打破這種「傳統／現代」割裂對立的思維，引入詮釋學，說理解立基於歷史，藉語言之仲介而行，人無法脫離歷史傳統而獨存。前有（Vorhabe）、前見（Vorsicht）與前理解（Vorgriff），都會影響理解內容。因此不是現代反叛了傳統或拆解傳統以進行現代化，也不是「從傳統到現代」，傳統與現代根本是一體的，在理解中，即傳統即現代。

其後，我就繼續發展此說，綜合哲學詮釋學、方法論詮釋學及批判詮釋學，來進行對中國歷史、文化和美學的詮釋，以更多的理解和典範革命，突破當代意識糾結的危機。

中國近代思想史、文學史的困境與重生

「傳統／現代」割裂對立的思維既瀰漫於近代中國，整個近代史自然被理解得烏煙瘴氣，亟待我人重新梳理。因此我一九八六年出版《詩史本色與妙悟》，呼籲開拓詮釋學以重見中國文學理論；一九八七年出版《思想與文化》，批判近代史學各種解釋模型，提議建立

中國文化史學。一九八九年又大張旗鼓，組織兩岸學術交流的破冰之旅，去北京大學、中國社科院、香山臥佛寺等處開會紀念五四七十週年，目的卻是反省五四，想開啟後五四時代。同時還不斷召開會議，張貼大字報，批判思想史、文學史界的典範，寫《傳統與反傳統：以章太炎為線索論晚清到五四的文化變遷》《東方敗不敗：中國近代思想史、文學史的困境與重生》等。

最後這篇，當然有呼應薩依德東方主義（Orientalism）論述之意，故從西方講起。西方先是充斥「現代化典範」，形容晚清民初如何求新求變、向西方學習，努力現代化。接著流行「革命典範」，說中國如何以馬克思、毛澤東思想取代了傳統價值觀。再則是開始重視王韜、梁啟超一類不能以上述典範框限的人，並試圖「在中國發現歷史」。

我覺得這些研究都不脫東方主義色彩，故舉研究王韜、魏源、黃公度、晚清小說家李伯元、吳沃堯等等為例，揭明過去從郭廷以到黃仁宇，所說皆牛頭不對馬嘴，黃仁宇甚至還相信老掉牙的東方專制論。

改革之道，一是放棄先前諸典範的種種套路、術語和標籤，重新解讀文獻和近代中國社會。二是關注過去中西對舉論述中未涉及的廣大領域，例如古文駢文詩詞賦戲曲，道教復興和白蓮教、羅教、鸞堂、善堂善會、儒宗神教、天德教等民間宗教之活動，民間講學及傳藝活動，如章太炎國學講習會、歐陽竟無支那內學院、康有為天遊學院、唐文治無錫國專和紅十字會、張謇女紅傳習所、馬一浮復興書院等等。視野大開，中西方大師的典範緊箍咒自然就套不住你了。

近代知識分子的理性精神

道教復興和白蓮教、羅教、鸞堂、善堂善會、儒宗神教、天德教等民間宗教活動，之所以過去不為知識分子注意，主要原因還在理性精神高漲，鄙夷宗教等非理性事物。

我們自己對此沾沾自喜，殊不知其實這是大逆世界潮流的。十九世紀下半葉開始，隨著西方資本主義社會矛盾和精神危機的深化，非理性思潮空前發展。一是與宗教合流，以現代宗教信仰的形態出現，如以法國馬利坦和吉爾松為代表的新托馬斯主義和美國、法國的人格主義，都以上帝為終極指向和最後歸宿，以直覺為認識形式。

二是以反理性的面目出現，向傳統理性主義挑戰。如以德國叔本華和尼采為代表的唯意志論、以德國狄爾泰和法國柏格森為代表的生命哲學、以奧地利佛洛德和瑞士榮格為代表的精神分析學說、以德國胡塞爾為代表的現象學、以德國海德格爾和法國沙特為代表的存在主義，以及法國法蘭克福學派都這樣。在哲學觀上把感性自我作為世界的本質和本源；在社會歷史觀上宣揚非歷史決定論、非理性的人性論；在方法論上有懷疑主義和不可知論傾向。

基本上，他們都以人的本質、生命、存在問題為本體，而非理性因素更對人性深具意義，要以個體感性存在和非理性因素為基點來探尋人的價值、人的尊嚴和命運。

同時他們也特別關注現代資本主義社會中人的異化、生存危機和個體自我的地位與命運。他們都批判科技革命帶來的機械化、非人化弊端，反對理性至上、理性萬能的思維。要以非理性的生成性、偶然性、模糊性、連續性、超越性，去彌補理性的概念性、必然性、明晰性、分割性、僵化性，並批判核威脅、人工污染、生態破壞等。

他們也都重視直覺、無意識、本能、意志、情感、感覺、欲望、人格、焦慮、孤獨、恐懼、絕望等的意義與作用，強調個人的情緒與心理、感受與體驗，努力發掘人性建構中的非理因素。

以上我形容的這一大堆非理性思潮狀況，讀者可能讀之茫然，因為很不熟悉，如聞夢囈。是的，中國的情況很特別，一直強調要學西方，但學的只是十八世紀理性、啟蒙、科學、工業革命那一套。一直以理性精神為正論述，努力反宗教、駁鬼神、斥迷信、重人力、反天命、疾虛妄。胡適、陳獨秀、吳稚暉、丁文江等人為其代表。而對西方十九世紀末、二十世紀上半風起雲湧的非理性思潮一無所知，忽然見到，則要詫異以為見著了玄學鬼。

這種迷信理性、迷信科學之態度，其實是「科學主義」，不是科學，科學也終究建立不起來。非但科學建立不起來，如近代西方那樣波瀾壯闊的非理性思潮也同樣發展不成。

這樣理性的工具人，能瞭解我國的文學、藝術、道家、禪宗、宋明理學嗎？胡適、陳獨秀、吳稚暉、丁文江及其追隨者卻很喜歡對此發表高論，以無知自鳴得意，你說可怎麼辦？

啟蒙而自陷童蒙：近代知識分子的啟蒙之旅

啟蒙和理性幾乎是一對孿生詞，故啟蒙時代、理性時代都指十七、十八世紀發生於歐洲的哲學及文化運動，開啟現代化的發展歷程。康德曾以「Sapere aude」（拉丁語，意為 Dare to know，敢於求知）的啟蒙精神，來闡述人類的理性擔當。

啟蒙時代後期，約十八世紀末前後，浪漫主義成為主流，認為啟蒙運動的理性主義過了頭：科學等知識的發展並未帶給人類福祉，有了知識、改變了自然，反而使人類更墮落。

可是和前文談理性與非理性一樣，中國接收的也只是啟蒙運動的前半期主張，以為人有知識和理性就可以戡天役物，解放人類。

啟蒙，於是就很簡單了，指知識人高居一般人之上，可以也應該教導群氓。而由於群氓無知或是平淺，因此必須以淺白的文字和方法，教他們解放其世俗生活之束縛，而不該高談心靈和生命意義的解脫問題。

五四諸公提倡白話文、反對貴族的山林的文學、批判傳統僧道對《西遊記》《南遊記》

《北遊記》的解釋、熱衷國民教育、要建立國民文學……，都與此有關。

胡適很不喜歡詩詞格律，卻努力推動國民小學語法教育，更是如此。要訂定國語，並建立言文合一的國語文學。傅斯年甚至主張直用西洋文的款式、文法、詞法、句法、詞枝。

總之，啟蒙啟蒙，大學小學化了、傳統淺俗化了。這樣的啟蒙典範，至今還不該改改嗎？

美學的解放功能也陷入迷惘

談了理性、啟蒙、現代化和解放之後，似乎還該談談美學。康德《純粹理性批判》《實踐理性批判》之外，不是還續之以《判斷力批判》嗎？真、善、美，本來不該偏枯對待，何況我們還談到世俗的解放與心靈的解脫。

法蘭克福學派馬庫色（Herbert Marcuse）《單向度的人：發達工業社會的意識型態研究》，正是這個話題中不可忽視的。

他本是馬克思主義者，但他並不只重視勞動的解放功能，認為藝術和美一樣具有解放功能。由資產階級提出的美學（**或生活態度**），鼓勵人追求內在心靈的美滿，而放棄對物質條件改善的追求。在馬庫色看來，這是反動、反革命的，藝術其實帶有打破壓迫的解放潛能。

他同時又加上了佛洛伊德，出版了《愛欲與文明：對佛洛伊德思想的哲學探討》，辯證地解釋藝術具有壓迫與解放的作用。

《單向度的人》不只批判了理性化過度的弊害，更具體地指出：發達的工業社會，人們的物質與文化生活似乎欣欣向榮，但這只是一種購買快樂的自由，而這種自由正是思想的不自由（unfreedom）。媒體向人們灌輸的虛假需求與選擇。以為快樂是可以買來的，因此陷入追求金錢與商品的框框中，失去了對於建制的反抗。

同時，本來人類的實存（human existence）擁有多種向度／維度（dimensions）或可能性，但在工業時代技術與對物質生活的鼓吹之下，變成了單向度的人（one-dimensional man）。藝術的大眾化和商業化又成了壓抑社會的工具，從而導致人和文化的單向度。

這類二十世紀六十年代以後耳熟能詳的論述，中國要八十年代後才漸流通，之前，主要是在自我迷惘和禁錮之中。

本來西方啟蒙運動的一大成就是體系美學的建立，也很早就經蔡元培由德國引進。但提倡不久，蔡自己就轉而談美育，且要以美育代宗教了。認為文科大學必須開設美學課程者，只一個王國維。不幸，王國維由歐洲美學學到的，卻不是以美為真和善之仲介或平衡，而是理性與感性、可信與可愛之衝突，以致只能放棄。

王國維之後，朱光潛由心理學轉手，較集中地介紹美學。可是時代所限，他還來不及感受到霍克海默、馬庫色等人之批判啟蒙運動會讓古典美學掉落神壇，就開始碰到左派的衝擊，體會他們如何「尋找用藝術幫助政治鬥爭的正確方法」了。

魯迅翻譯了普列漢諾夫等人的著作，以供左翼作家參考；一九四七年蔡儀《新美學》更是痛批朱光潛心理美學，認為美之基礎在物質，不在意識，所以美是客觀的，癩蛤蟆一定比梅花月亮美。

一九五六年開始又展開了長達五年的美學大論戰，在唯心唯物、主觀客觀之間混戰一團。一九七二年朱光潛才到香港重開講座，但時不我與，美學已不再有機會了。

迴光返照卻也亮眼，重回講堂和論域的美學仍然鼓舞了許多人，宗白華「重新出土」，朱光潛《西方美學史》、李澤厚《美的歷程》均大賣，美學資料彙編亦出了一大堆，劉綱紀還拉著李澤厚編寫《中國美學史》。

一時之間，美學復甦成為大陸改革開放最具象徵意義的熱點，比經濟復甦更讓文化人關注。亡友傅偉勳甚至因此喊出「文化中國」的口號，我辦淡江大學中文所、開研討會，也以提倡「文學與美學」為旗幟。

可惜李澤厚的美學和美學史終究承擔不起復興的重任，九十年代以後，餘霞散盡，美學專業終於不怎麼見於公眾論述了，其發展歷程與蘊含的問題也沒人願意深談。

從提倡中國精神到背離孔子

提倡美學，可算近代國人吸收西學之一環。吸收如此水土不服，也不奇怪，近代對孔子對儒學的提倡同樣遭遇坎坷。

你可能以為我要說反傳統、打倒孔家店的故事。不，我要說的是提倡孔子這個陣營裡的兩個典範，一是辜鴻銘、一是梁漱溟。

前些年我在北大教書時，學報編輯部來約稿，我說正好，剛寫了辜鴻銘，就給你們吧。他們一呆，忙要了別的文章去。

辜鴻銘在北大史上，是不容忽視但又常只能忽視的人物。過去常被妖怪化，講他的軼事、趣談而已，作為五四新文化運動的反面，卻從不說他的學問。實際上，他當時不只名聞海外，《春秋大義》一九一五年即在北京出版，次年商務又再版，德國也有了譯本。可是隨後寂然，直到一九九六年才有中譯在海南出版，至今也還未見到適當的書評或討論，北大學報社的意見遂因此不難理解。

辜鴻銘和五四新文化運動的參差是多方面的。五四及新文化運動以接枝西學為主，馬克思和西方漢學因之大舉入華；辜鴻銘的書卻是以嘲諷批評西方和漢學家開端的。五四及新文化運動諸公都認為歐洲光輝燦爛，值得學習；辜鴻銘卻痛陳西方文明已自陷於危機。五四及新文化運動者高談富國、民主、科學；辜鴻銘卻指出所謂富國僅是商人及放高利貸者充斥朝野，所謂民主只是群氓崇拜，所謂科學只為發動戰爭。所以應該發展一種西方從沒有過的新文明，而這只能從中國找。因為新文明建立之基礎，乃是建立中國人之精神。《春秋大義》之英文名稱為 *The Spirit of the Chinese People*，即因此故。

這樣具有後現代氣息的聲腔，難怪當時人聽不慣，百年來也一直沒人懂。

梁漱溟就不同了。新文化運動之後，他一直以「文化保守主義者」的標籤為人重視。先是一九二一年《東西文化及其哲學》評判中西印三方文化路向，並對復興儒家文化有所期待，故被認為是新儒家之先驅。

一九二四年以後受晏陽初定縣實驗「除文盲，作新民」之啟發，立志建設農村以復興文化。發表《鄉治十講》認為鄉治是民族前途的唯一出路。一九二九年發表〈中國民族自救運動之最後覺悟〉及〈我們政治上第一個不通的路——歐洲近代民主政治的路〉。一九三一年，在鄒平成立山東鄉村建設研究院，再發表〈我們政治上第二個不通的路——俄國共產黨的路〉。一九三三年更出版了《中國民族自救運動之最後覺悟》。

可是如此堅定的覺悟很快又變了。一九三八年，赴延安與毛澤東等人會談之後，梁即致力於政黨協商，直到一九四六年代表民主同盟參與國共和談，和談破裂而退出政治。

一九四九年，共產黨建政，梁不離開，也不參加政治協商會議。反而發表〈敬告中國共產黨〉，指出共產黨的錯誤。又出版《中國文化要義》指出老中國社會的錯誤。這樣一直指責別人錯誤的梁漱溟，一九五三至一九六六年卻受到毛澤東的嚴厲的批判，強迫他承認思想錯誤，甚至抄家、遊街。但據說他毫不屈服，所以深受海內外敬佩，欽其氣節、讚其風骨，頌聲一片，舊作也不斷翻版再印。

然而，浩劫之下，完人何其難哉！梁先生一九七八至一九八三年其實一直在寫部「只供內部審閱，不宜發表」的新書：《中國——理性之國》。為甚麼只供內部審閱，不宜發表？因為他自承錯誤、大讚毛澤東、並熱情闡述了新中國的偉大前景。

如此大大跌破世人眼鏡，當然是觀者愕然，只好緘默不語，所以至今也沒有公開討論的文章。講梁漱溟，仍拿著他早年錯誤的書在賣無效的膏藥。

《中國——理性之國》盛讚延安整風以來三反、五反以及一九五七的反右整風，推崇洗腦、思想改造與整肅鬥爭。又誇建政十年來一切建設突飛猛進，社會主義國企是人類創造力的大發揮大表現（實際上，一九五九至一九六一年，三面紅旗運動就發生了「三年嚴重自然災害」的大饑荒，楊尚昆通過公安部統計得出了死亡數字：九千六百萬人）。

若問中國何以能如此超越馬克思，答案是：有了偉大天才毛澤東。而老毛之所以能如此創造奇蹟，是因為有老的社會與文化根基。運用中國特殊的國情，才能提前進入共產主義社會……。

他的辯護很有意思，往往引人深思，卻看到提倡東方文化復興的梁漱溟，一步步走向背離孔子的國度。

我看不慣，遂寫了《背離孔子的國度：梁漱溟的中國》，發表於新儒家刊物《鵝湖月刊》之後，港臺新儒家陣營自然就不願再談梁先生了。大陸有幾個刊物也想轉載，但顧忌尚多，暫且默然。其默也，雖若與對待辜鴻銘相同，而心情卻是迥然異趣的。

陳寅恪與清華國學院的傳奇

與梁漱溟同樣崩塌的典範是陳寅恪。

陳寅恪一生傳奇。祖父陳寶箴官拜湖南巡撫，其父陳三立為詩文名家。光緒廿六年陳寶箴去世後，開辦思益學堂，聘王伯沆、柳詒徵諸大儒講學，倡議新政。後來陳寅恪隨兄衡恪東渡日本學習，再去歐美哈佛大學、柏林大學等處遊學。

回國後，與梁啟超、王國維、趙元任同列為清華國學院四大導師。稍後王國維投湖自殺，社會議論紛紛。陳在一九二九年所作的王國維紀念碑銘中，提出以「獨立之精神，自由之思想」為追求的學術精神與價值取向，天下皆嘆服之。

其後又以對佛經翻譯、校勘、解釋，對音韻學、蒙古源流、李唐氏族淵源、府兵制源流、中印文化交流等課題的研究，迭為學林仰望。著有《隋唐制度淵源略論稿》、《唐代政治史述論稿》、《元白詩箋證稿》、《金明館叢稿》、《柳如是別傳》等，均為世稱道，奉為典範。

余英時先生對陳寅恪學術有三分期說，略謂第一期是以多種語言為基礎、研究非漢民族的「殊族之文，塞外之史」，第二期是以隋唐五代為中心的中古以降民族文化之史，第三期則是明清時期人物心態的「心史」。

從時段分，則又可分為四九年前和後。

四九年前，陳氏學已大成，四九年欲渡臺未果，留滯廣州，堅持獨立自由治學而不得，賚志以歿。在臺師友親眷卻繫念殷殷，傳述其學不斷，並為之刊佈在大陸不太好出版的《柳如是別傳》《論再生緣》等新作。中央研究院史語所還一直懸缺以待陳氏歸來。我所熟的嚴耕望先生、陳槃先生及中古史研究群毛漢光、雷家驥、盧仁榮、宋德熹等，幾十年來也都在打磨陳氏典範。友人徐秀榮，得俞大維先生之助，更是早在八十年代就編出陳氏著作集。據他說，已狂賣四萬本，所有歷史系都人手至少一冊。

為陳寅恪熱加熱升溫的是余英時，他早就寫過《論再生緣》，八十年代又出版《陳寅恪晚年詩文釋證》。認為在浩劫中，陳氏的史著不得不儘量曲折幽深、詩文也不得不用重重

「古典」包裹「今情」，因此形成了一環套一環的暗碼系統。破解了他的暗碼系統，才能使他晚年生活與思想的真相重顯於世。

余英時後來還增寫了〈陳寅恪與儒學實踐〉和〈試述陳寅恪的史學三變〉，更全面地闡明陳氏的價值系統和史學思想。

他這番破譯，本身就很傳奇。友人蔡英俊之兄蔡英文，那時在中研院聽余的演講，轉述現場之震撼，便令我們稱奇不置。估計後來余氏在臺之聲勢頗與此有關。

破譯，在大陸激發的爭議也很大且不斷擴大，引出了大批有關的檔案史料，也催生了陸鍵東的《陳寅恪的最後二十年》。該書一九九六年由三聯書店出版，很快在全國引發了「陳寅恪熱」「柳如是熱」，並帶出關於傳統文化、關於人文精神、關於學人風骨，陳寅恪可歌可泣的傳奇人生、柳如是可敬可愛的迷人身世等話題。在上世紀的世紀末，我在北京就頗被陳迷柳迷所驚。入戲太深，談起柳如是，幾乎眼神迷離，令人不忍驚擾之。

我之態度，則可用李清照詞來形容：「常記溪亭日暮，沉醉不知歸路。興盡晚回舟，誤入藕花深處。爭渡，爭渡，驚起一灘鷗鷺。」早年也曾隨諸公之後，沉醉陳學，「常記溪亭日暮，沉醉不知歸路。」但後來逐漸發現傳奇之外別有可深究者，故「興盡晚回舟，誤入藕花深處」。

例如陳氏傾心宋文化，認為有清一代經學號稱極盛，而史學則遠不逮宋人，便有不少爭議。其論古文運動、傳奇小說、牛李黨爭、元稹白居易詩也有許多，鐵布衫上常有破洞。錢穆便說過陳氏不善屬文、錢鍾書也說陳的元白詩研究將很多詩文用典都看得太「實」。至於陳氏為「紅妝」作的《柳》《論》二書，其中許多推測，如將「腹親」二字視為「福晉」之別譯、《再生緣》作者夫婿的推斷，亦多有疑。

我自己作碩士論文《孔穎達周易正義研究》，更是深不以陳氏只從北魏、北齊、北周論隋唐制度為然，覺得輕忽了南方梁陳思想學術和文學傳統在唐代的作用。寫《江西詩社宗派研究》時，亦不信陳先生說武則天以後重用寒門進士，打破北朝以來關中本位世家大族壟斷的格局云云。因為我之前毛漢光先生已細查過唐代進士和士族出身狀況，並不符合陳氏臆測；我自己做李商隱研究，也不同意陳氏的牛李黨爭論述。對陳先生膚闊的宋文化想像，更要以深入的宋詩宋文化研究取代之。至於陳氏早期的研究和教學情況，外界傳得天花亂墜，什麼通曉蒙、藏、滿、梵、英、法、德、波斯、突厥、西夏、拉丁、希臘等幾十種語言之類，我也寫了《清華國學院傳奇》以正視聽。

這些研究，在學界乃是推陳出新之常態，是值得讚許的，我《江西詩社宗派研究》能獲中山文藝獎，大約即因如此。但後來在大陸轉寫成公眾號文章，卻真是「爭渡，爭渡，驚起一灘鷗鷺」，仍沉迷於陳氏典範的史學界和一般公眾皆為之譁然。

錢鍾書的宋元詩史研究

也被傳說通曉英、法、德、拉丁、義大利、西班牙等多種外語的是錢鍾書。錢到過臺灣。一九四八年隨蔣復璁先生之文化宣慰團抵達基隆，四月一日愚人節還去臺灣大學演講了《中國詩與中國畫》。

但錢鍾書真正進入臺灣人的視野，卻要晚到一九七六年，夏志清與顏元叔論戰時。顏提倡「新批評」，不認可傳統詩話；夏撰《勸學篇：專覆顏元叔教授》則說新式批評亦往往系統而機械，未必勝於錢鍾書《談藝錄》。臺灣那時，學刊甚少，人人讀報，自喜「大丈夫不可一日無權，小市民不可一日無報」。報上既然如此熱鬧，好事者遂爭搶當時香港龍門書店出版的錢基博《現代中國文學史》、錢鍾書《談藝錄》來看。

接著，知名度陡增的夏志清，《中國現代小說史》中譯本一九七九年又在臺出版了。該書與大陸僵化的現代文學史論調迥異，貶抑魯迅、高抬錢鍾書《圍城》、並力讚張愛玲，故一時大為轟動，錢先生大名也更大了。

忽然，這時卻又傳來錢鍾書死訊，夏志清特別寫了《追念錢鍾書先生》悼念，唏噓感嘆者亦不乏其人。誰想，不出三四周，錢就隨大陸赴美訪問團到紐約與夏會面了。夏先生乃又發表長文記慨，且預告錢先生新著《管錐編》即將正式出版。港臺對此，既目不暇給，又翹首期盼，心臟都快受不了啦，趕緊同步引進，盜版者無數，錢先生舊作也全部印了個遍。

後來藉兩岸交流之機，拜訪錢氏夫婦、辦錢學會議、撰文讚嘆錢式典範，港臺比大陸還熱，蔚為時尚。因為大陸粉絲主要是看《圍城》電視劇來的，港臺卻幾乎清一色由學術結緣，所以格外纏綿膠固，亂喊出「學術巨人」「文化崑崙」「民國第一才子」「中西文化交流第一人」「功在比較文學」等名號。

我與夏公相熟久矣，二〇一三年他逝世前，我還特去其紐約寓所拜晤，一同出外聚餐。但我不喜歡錢先生夫婦，八十年代初就開始批評，後來有許多次機會能見著，也不肯見。兩人善做作，我又怎麼不會也裝一裝？

不過不投機主要是學問上的。錢先生的詩和字，我都不敢恭維。學問嘛，夏承燾說《談藝錄》「乃積卡片而成，取證稠疊，無優遊不迫之致。」《管錐編》仍是如此，從材料到材料，硬砌七寶樓臺，意境卻甚平。

材料也常不可靠。錢迷總誇他博聞強記，其實錢公記憶多誤，所謂博學只是抄錄勤快而已。他在美國與夏志清會面時，夏公就說與顏元叔論戰所談《談藝錄》，其中論李賀那一節提到德國詩人、劇作家赫貝兒 Friedrich Hebbel，錢即誤寫成赫貝兒斯 Hebbels。其他誤讀、誤記、矛盾之處還多的是，我曾舉出過一些，跟錢先生開開玩笑，卻常惹得錢迷不高興。

堆垛材料之外，偶發議論，亦少「大判斷」，儘在「小結裹」中吹求鉤稽以為樂。又無真幽默，只是努力幽默，故多尖刻語、惡趣味、小鼻子小眼睛。例如說《高僧傳・鳩摩羅什傳》中「狂人令績師績綿故事」與安徒生童話《國王的新衣》機杼酷肖。引《西遊記》第八三回沙僧勸八戒「助助大哥，打倒妖精」說「雖說不濟，卻也放屁添風」，而聯想到一則英國俚語「Every little helps,as the old lady said,when she pissed in the sea.」並將之譯成：「老嫗小遺於大海中，自語曰：不無小補！」……。捧錢的人老誇錢氏善於會通中西，請問這能會通什麼？有啥意義？

何況，「東海西海，心理攸同；南學北學，道術未裂」乃是《談藝錄》的序。《管錐編》則志在區分，不在會通，故序說：「又於西方典籍，褚小有懷，綆短試汲，頗嘗評泊考鏡，原以西文屬草，亦思寫定，聊當外篇。」錢迷捧著中文本，卻看出了尚思寫定，也就是還沒寫出或刊出的外篇之宗旨，豈不有趣？

其他可笑可哂者還很多，舉個例子。一九八七年我去福州參加中國社科院辦的全國文學理論會議時，特選了該院副院長錢鍾書跟臺灣很有關係的《中國詩與中國畫》做討論。錢先生此文大談「出位之思」，說我國文藝的規律是：詩總朝著畫發展，畫則朝著詩發展，均有出位之思。我說非也，錢先生看反了，中國藝文的發展規律其實是：書、畫、歌、舞、戲，均朝著詩類化。故畫要有出位之思，變成文人畫，與詩近似。詩卻用不著出位，不想變成畫。與會的錢先生同事對我之登門批判，皆不以為忤，且答應回去即專門告訴錢先生。

不料三十年後有位張隆溪君居然後知後覺，發文說自己與錢先生如何如何相熟，錢有這樣的論斷，吾怎不知？然後洋洋萬言，罵我一通。

錢迷常這樣謬托知己，卻不太讀錢鍾書的書。《中國詩與中國畫》一九四〇年即在《國師季刊》發表。那時錢先生也對自己「大詩人偏不甘專事寫意，而要使詩有具體的感覺，兼圖畫的作用。這種『出位之思』當然不限於中國藝術。裴德《喬治恩尼畫派》（School of Giorgione）一文裡所謂藝術彼此競賽（Andersstreben）、高地亞贊鐵錫安（Titien）畫詩所謂藝術的換位（Transposition d'art），都是這個意思」這套想法很得意，所以後來葉聖陶收入《開明書店二十周年紀念文集》時，錢先生還大量增補全文，注解從原來的七八個增至二十六個。到臺灣，也專講這一題。

一九七九年九月，《舊文四篇》由上海古籍出版社出版。錢先生題寫了書名，《中國詩與中國畫》亦列為第一篇。卷頭語，解釋舊文內涵還特意說：「這次編集時，我對各篇或多或少地作了修改，第一篇的改動最多，但主要的論點都沒有變換。」

錢先生既如此看重，當時文藝理論研究界遂更將「出位之思」與跨媒介敘事、藝格敷詞、通感，乃至理學的理一分殊、佛家的六根互用結合起來，大談特談。

直到一九九四年八月，《七綴集》（修訂本）面世，錢先生《中國詩與中國畫》最後定稿，才將出位之思這段刪去了。

不但如此，《管錐編・太平廣記》第八十八則說：「張萱、吳道子、院工以及西方諸師之畫皆工筆也，而未嘗不意餘於象，畫盡意在。」也與《中國詩與中國畫》初版的結論完全相反。

這應該是錢先生從善如流，採納了我的意見吧！可見錯誤的典範，不論有多少人吹捧，終要修改！可憐匆匆擠進擁錢陣營者尚缺追星的考證工夫，不知錢夫子已經幡然改口了。《中國詩與中國畫》只是錢先生少作，對之其實不必太過認真，要注意的應是他的宋元詩研究。

錢先生是貌若博雅的專家，看來博涉經史子集，實則窄之又窄，當行本色只在詩一門，其他說經論史、談儒道佛都少且不當行。詩又僅在唐代以下用功。《管錐編》就只談到六朝，且漢魏六朝詩家亦不論列。《談藝錄》亦只談唐以下。點評金元明清，於前人少關注處著眼，雖令人驚艷，但終以論宋詩為主。繼而補注山谷，作《宋詩選注》。並從四〇年代就開始在《宋詩紀事》上作批註。一九八二年更正式撰稿《宋詩紀事補正》，直到二〇〇三年遼寧人民出版社才出版。可見中晚年心力皆萃於宋詩。故糾正厲鶚《宋詩紀事》、批評陸心源《宋詩紀事補遺》錯誤百出，買菜求益，口氣都很大。很自負他在宋詩方面的權威。

一般說來，大家也承認他是宋詩方面的權威。可是他這權威到底站不站得住，卻還得另說。《宋詩選注》，我有專文批駁；《宋詩紀事補正》，傅璿琮、張如安更有《宋詩紀事補正疏失舉正》為之正誤。

元遺山逝世八百年時，文建會舉行紀念研討會，囑我撰文。我又作了《元遺山與黃山谷》一文，詳細說了錢鍾書怎麼把宋元詩史誤讀成一則分庭抗禮、南北爭鋒的故事。讀者稍看看，迷信錢先生之熱情或可略略降溫些。

魯迅對中國小說史的詮釋

比辜鴻銘、梁漱溟、陳寅恪名氣都大、且更具典範意義的民初紅人，是魯迅。魯迅小說、雜文、版畫、社會運動之外，典範垂世，開展了一個學科的，是他的《中國小說史略》。至今這個學科仍是魯迅學脈，一統天下。

但臺灣於一九八五年開始，推出朱傳譽先生天一出版社《明清善本小說叢刊》，影刊了幾百種海內外孤本、善本。光是靈怪小說就有廿一種，四十一冊；而水滸也有八種，三十八冊，都是百年來學者沒讀過的。

當時胡萬川、王秋桂等人和香港陳慶浩、馬幼垣等人又引進西方漢學之小說戲曲傳統，於聯經公司出版小說研究專刊，很受關注。

這股研究勁道甚至迅速擴展到整個「漢字文化圈」。文化大學林明德一九八〇年編出《韓國漢文小說全集》九大冊。一九八七年我主持臺灣學生書局編務，又推出了《越南漢文小說叢刊》，由法國科學研究中心陳慶浩、文化大學王三慶合作。三慶接著又做了《日本漢文小說叢刊》第一輯……。這也都是魯迅及百年來學者沒讀過的。

學生書局王秋桂主編的《善本戲曲叢刊》，更在一九八四開始影刊了海內外善本、孤本六輯四十二種，精裝一百〇四冊，由學生書局出版。共收戲曲、散曲、小曲選集三十五種，曲譜八種，洋洋大觀。不但魯迅沒讀過，而且中國戲曲本來就必須跟小說合在一起談，當年魯迅搞錯了，害得百年來學者也接著錯，對這些明清戲曲都不識之無。

也就是這一連串的衝擊，使臺灣很快擺脫了魯迅《中國小說史略》的籠罩。何況近代紅學之發展，宗師級的自傳派胡適、索引派潘重規都在島內，開枝散葉，本已可觀，結合海外周策縱、張愛玲、余英時、趙剛夫婦和教外別傳的王文興、高陽《紅樓一家言》等，更是熱鬧，也更讓人不把魯迅當一回事。

因為已經不太把魯迅當一回事了，所以我八七年去大陸交流後，對仍瀰漫著的魯迅崇拜、仍在魯迅典範下討生活之處境，都不喜歡。不談魯迅，跟大陸「魯學」學界也無聯繫。往來除古典文史哲學界之外，現代方面倒是常去蘇州，拜訪錢仲聯先生，和范伯群、徐斯年他們一群研究鴛鴦蝴蝶派的人玩。

二〇〇五年我在大陸清華客座，但中間要去華盛頓北美華文作家協會、哈佛燕京學社等處演講。在機場書店見到《中國小說史略》的新校注，好奇，買了一本供旅途解悶。結果越看越鬱悶，也越覺得這真是個批判的好題目。因為魯迅聲勢猶在，雖令人不好輕捋虎鬚；但大陸的魯學，不脫為政治服務，對魯迅之古典文學向來輕忽；魯學之學科劃分又往往跟現代文學掛勾，學者素養大抵不足以討論詩、古文辭、古小說、古文獻。故魯學似熱實冷，不能全談，亦不能深談，只能不甜不淡，聊肆清談。戳破典範、發起革命，不妨即從《中國小說史略》下手。

反正我寫論文也不須檢索電腦、上圖書館、查卡片、抄資料，旅行演講間小憩，抽出紙筆便閒閒寫完了《魯迅對中國小說史的詮釋個案研究：「小說文學」學科建立的精神史》。大意謂：魯迅讀書有限，知識結構有缺陷，不擅長做各體文的會通與比較，也很少做同類同主題（如《西廂記》、《牡丹亭》、《金瓶梅》和《紅樓夢》）的聯結或比較，徒能孤立論史。又把小說和戲曲分開，孤立談小說，不知古代本是韻散間雜、說唱合一的。亦不注重歌、舞、唱、戲，僅以書寫、文采講求文人趣味；只看重文字藝術，而不甚重意識內容，也不討論。兼之，他用清人輯佚考證之法治小說，常把小說史講成文獻史，可是又考證不精，例如比較宋市人小說與明人擬作，說宋人意在述市井，明人形式僅存而意趣迥異。看起來彷佛煞有介事。但所謂宋代話本或市人小說，世無存本，現在所能看到的，其實只是明人的本子。魯迅據以比較，說它如何如何好的宋人作品者，剛好就是個假古董。

如是云云，社會上能接受嗎？哈哈，雖亦「驚起一灘鷗鷺」，但魯迅的聲威開始偃旗息鼓了，二〇一〇年教育部和各地語文教材更把魯迅逐步撤出了中小學教材。

社會上固然對此驚疑不定，議論紛紛，但教師群體頗為支持，說魯迅的作品晦澀難懂，夾雜著許多通假字和錯別字，還有些完全沒有邏輯的話，學生們閱讀時，若沒有旁人指點，幾乎很難看得懂。而且，魯迅作品必須結合當年時代內容才能準確理解，孩子們對中國近代史並不非常瞭解，對於細節更沒有概念，文章既晦澀，歷史背景又不清晰，讓孩子們讀這樣的文章，費心費力費腦，還不如將魯迅文章從教科書中刪除。

他們批評的都是《藥》、《阿Q正傳》、《紀念劉和珍君》之類，還很少人提到魯迅《小說史略》的閱讀困難，因為他們現在既不愛讀魯迅的雜文和小說，當然也對魯迅的《小說史略》興趣缺缺。

我對魯迅《小說史略》的批評，最後居然是這樣替五四光環褪色、魯迅也逐步被撤走舞臺的新世紀添了個註腳，確是始料不及。而這，其實比真正由我批倒了魯迅，還讓人感到悲涼！

走向資訊時代的大陸社會

而這就是時代，時勢造英雄，也大浪淘沙，消蝕無數英雄。談典範、談變革，與古代聖賢史觀和西方卡萊爾式的英雄崇拜不同，即在於要更關注時代這舞臺。

本文一開頭就提到：七十年代年我即隨淡江大學校長張建邦先生研究未來學，關注資訊時代、知識爆炸、後工業社會。當時覺得有點蹈空，如說外星人事，只能編《明日世界》，自嗨以為樂。

後來張校長又和蔣緯國將軍合作，創辦國際關係與戰略研究所。我除了去講中國戰略思想史之外，偶爾與聞兩岸軍情事務，亦以為屠龍之技，今生將無所用之。

不料，昔日戲言身後事，今朝都到眼前來，一是資訊化日新月異，日日讓生活起了翻天覆地的變化。大學畢業時，都還要去補習打字技術，以便謀職，忽然就連排版打字皆淘汰了，直接電腦列印、中文輸入；乃至如今的人工智慧、機腦介面等等，難描難述。二是兩岸化海峽鴻溝為通衢，人、事、物、思與網絡，纏綿交織，親情與敵意，難捨難分。

我在這通衢上跑得勤。一九九一年陸委會統管兩岸交流，延攬我去主持文教事務時，我已去過大陸十二次，最東最西最南最北各處都到了。

這豈不駕輕就熟？誰知公務人員還沒開放赴大陸，沒人去過，故對大陸完全無知，只有過去反共教育殘存的印象、交流剛開始髒亂差的亂象、報紙電視中大陸破落的衰樣，混雜於腦際，讓我怎麼辦事？

偶或縱談見聞、介紹大陸改革開放之實況，同僚皆以為怪；若示謀略，自矜創意，則以為狂；點明主管認知及常識之誤，更以為忤。古人形容此境，只能說是問道於盲，我這卻是不由分說，與盲人瞎馬，夜半共臨深池，指點江山，擘劃大計也！

你定要說我誇張了，偌大政府，豈無一個明白人？是有的，但「體制」會造成無知。例如有次情報局送文件來，介紹大陸現今高層人事，唯其中安全部長賈春旺缺，謂彼非常神秘，至今尚不能掌握其資料云。我匿笑，不神秘呀，吃過多次飯呢！篋中取出幾件資料，隨文轉呈給副主委馬英九，說該局能耐堪憂矣。

英九兄後來去法務部任職了，由焦仁和兄接任。有次談起香港在情報市場上的作用，仁和兄也點明了兩邊其實都只在那裡買，讓上頭看著開心，剩下的再由小報消化。所以整天談人事八卦，跟報導豪門恩怨、為娛樂明星作起居注相似。

無知者坐著位子，偽知者塗金粉、飾神秘以博資財，有知者遂只能嘆嘆，歷來大約都如此。本來這就該辭官歸去了。但我還想試試，看能不能建立起有關大陸研究的新體系。

方法一是利用政府的委託研究案，譬如由新聞局委託新聞及媒體相關學者去大陸做調查研究，提供「敵情觀點」以外的資料。二是在政大國關中心、軍情局、調查局之外，請各大學開辦大陸研究所，建立新的人才庫和教育機構。三是直接開放大陸學生來臺留學，讀研究生，深化交流，建立兩岸融合的新思路。

第二條路子進行順利，我說動教育部領導人毛高文先生，請他發函，建議成立中國大陸研究所，培養從事大陸及兩岸文教、經貿事務之專業人才。淡江大學黃天中兄最積極，一九九二年就成立了，該校後來建立新南向與一帶一路研究中心，也是這方法。臺大則由社會科學院許介麟院長牽頭，設置中國大陸研究中心與學程。自一九九四學年度成立以來，平均每學年約開五十一門課。

黃天中兄後來去嘉義大林辦管理學院，聞我與星雲法師在宜蘭建校困難，慨然將學校轉賣給我，成為後來的南華大學。許介麟先生後來也到宜蘭佛光大學來幫我建校，都是由大陸工作結的厚緣。

然而第一條路子卻走不通。新聞局和陸委會都委託了新聞及媒體相關學者去大陸做調查。但調查回來報告，說大陸新聞及媒體改善很多、蒸蒸日上，有線電視成長率尤其可觀。審查卻不通過，認為觀察有誤，大陸人窮，電視都買不起，還發展有線電視？退回，重新修改！

不信學者親訪實證，只信自己腦中的想像，且逼學者改而從己！

第三條路子更走不通。我推動大陸學者、文教人士、歌舞演藝團體來臺參訪，宋心濂將軍等都還常來興師問罪呢，怎麼可以直接開放大陸學生來臺留學？可是我說動了教育部，更邀集了幾十位大學校長座談，卻都十分贊成，甚至認為可以不占臺灣學生的名額，由民間募資支持入臺學生的學雜費。陸委會當時主委黃昆輝則震怒，封殺了事。

拖到二〇一一年，也就是十八、九年後，馬英九才開放大陸地區學生報考臺灣大專院校。蹉跎的這些年，也就是大陸發展開始全面趕上臺灣並超越臺灣的過程，臺灣終於被無知執政群給耽誤了。我遂負氣發了公開信，告別政壇，還讀我書，並去辦南華與佛光兩大學。遺憾者大，說也不好說。

當時我寫了不少文章，分析大陸政經文教現狀、解釋大陸各領域之變遷、預測鄧小平之後的局勢，希望能略畫新地圖，脫離敵情匪情大忽悠，看見未來。

現在，大勢已不必再說了，可是當年我這些批判臺灣內部大陸研究的文章，卻幾乎成為我被統戰了的證據，且真的被約談調查過（**例如我預測大陸很快就會走入資訊社會**）。

然而，果真如我所預測，大陸於一九九七年召開的首屆全國資訊化工作會議，然後「十二五規劃綱要」提出全面提高資訊化水準，到二〇一七年底發布「高端智慧再製造行動計畫」，期加快實施綠色再製造，推動工業綠色發展。要求二〇二〇年前達成：（1）加工、智慧檢測等關鍵技術達國際先進水準。（2）發佈五十項高端智慧再製造之管理、技術、裝備及評價等標準，初步建立可複製推廣的再製造產品市場化機制。（3）推動建立一百家高端智慧再製造示範企業、技術研發中心、資訊服務平臺、產業集聚區等。同時執行工業綠色發展規劃（二〇一六至二〇二〇年）與綠色製造工程實施指南（二〇一六至二〇二〇年）。現在，朝二〇二五的計畫邁進了。

啊，那是誰的詞呢？「往事只堪哀，對景難排。……金劍已沉埋，壯氣蒿萊。晚涼天淨月華開。想得玉樓瑤殿影，空照秦淮。」數十年來，批判東批判西，總想挽風氣、振學術、正人心，而如今只剩得如此，還說什麼呢？

學界大批判

【上卷】學術悶局篇

目錄

一　博士論文產出的批判

每一篇論文都是心血的結晶，然而，研究工作本身其實也是一種創造性的活動，如果漠視了這種本質，只追求僵化的形式統一，我們不禁要深深惋惜：為什麼要變得如此機械而僵化？

自一九六一年羅錦堂以《現存元人雜劇本事考》獲國家文學博士，至去年五月廿日停授國家博士學位止，中文研究所畢業的國家文學博士，總計有一四九人。其中臺大卅四人、師大六十一人、政大廿八人、東吳大學四人、文化大學廿二人。分析這一百多篇論文的內容和研究方法、趨勢，應該是極有意義的工作。本文擬從題材、內容、方法等層面，略做探討；希望能對我國未來之博士教育有所裨益。

「文章博學」，中文系所教學及研究內容的取向

我國國家文學博士之所謂「文學」，採廣義解釋，故歷史、哲學、三民主義諸研究所之論文，皆涵在內；中文研究所之博士論文，內容亦多有與上述諸研究所類同之處①。但為了討論方便、並可集中觀察中文研究所博士教育之方向與策略，因此本文仍以中文研究所畢

業之國家文學博士論文為分析對象。

中文研究所畢業之國家文學博士論文，本身也是包羅深廣的。因為在國內，中國文學系及所，其教學內容與研究取向，均不局限於狹義的文藝創作或研討，而傾向於「文章博學」的廣義範疇。故而，傳統的經、史、子、集四部國學分類，在分析中文博士論文時，仍不失為一個合理而有效的參考架構。以下，我們即依經、史、子、文學及語文五項，將歷來所有博士論文予以分類，不能歸入者，則別為「其他」②。

甲、經學類

類別	論文題目	作者	通過時間	備考
通論	今存三國兩晉經學遺籍考	簡博賢	六十九、十二	師大
	許慎之經學	黃永武	五十九、十一	師大
	馬融之經學	李威熊	六十四、八	政大
	鄭玄之纖緯學	呂　凱	六十三、十	政大
	王肅之經學	李振興	六十五、九	政大
	黃震之經學研究	林政華	六十六、十	臺大
	金履祥的生平與經學	何淑貞	六十四、十	臺大
	劉申叔先生之經學	陳慶煌	七十一、十二	政大
易	周易鄭氏學	胡自逢	五十五、八	師大
	漢易闡微	徐芹庭	六十二、一	師大

書	魏晉南北朝易學書考佚	黃慶萱	六十一、十	師大
	先秦典籍引尚書考	許錟輝	五十九、十	師大
	尚書鄭氏學	陳品卿	六十二、九	師大
	尚書周書考釋	黎建寰	六十三、十	師大
	明梅鷟郝敬尚書古文辨之異同	傅兆寬	七十一、五	文大
	周書研究	黃沛榮	六十五、十一	臺大
詩	韓詩外傳考徵	賴炎元	五十一、二	師大
	毛詩考釋	賴明德	六十一、十一	師大
	詩序闡微	張成秋	六十五、六	文大
禮	三禮鄭氏學發凡	李雲光	五十二、四	師大
	儀禮服飾考辨	王關仕	六十二、十	師大
	夏小正研究	莊雅州	七十、十一	師大
	商周禮制中鼎之研究	邱德修	七十一、二	師大
	周代祖宗祭祀制度	章景明	六十二、十一	臺大
	井田問題重探	陳瑞庚	六十三、十	臺大
	春秋吉禮考辨	周　何	五十六、六	師大
	唐開元時社會祭禮之研究	邱衍文	六十九、三	文大
春秋	東漢時代之春秋左傳學	程南洲	六十八、一	政大
	賈逵春秋左傳遺説探究	葉政欣	六十八、一	師大
	穀梁范註發微	王熙元	五十九、七	師大
	三國兩晉南北朝春秋左傳佚書考	沈秋雄	七十一、二	師大

乙、史學類

類別	論文題目	作者	通過時間	備考
史考	先秦典籍所述上古史料研究	李偉泰	六十六、十	臺大
	殷周至上神之信仰與祭祀比較研究	謝忠正	七十、十一	師大
	從卜辭經史考殷周民族之源流	黃競新	七十一、八	臺大
	雲夢秦簡編年紀相關史事覈斠	梁文偉	七十、十一	臺大
史籍	漢書義法	王明通	七十二、六	文大
	資治通鑑對中韓學術之影響	*權重達	六十八、九	政大
	宋史藝文志史部佚籍考	劉兆祐	六十二、九	師大
史事	唐代蕃胡生活及其對文化之影響	謝海平	六十四、八	政大

丙、子學類

類別	論文題目	作者	通過時間	備考
先秦	先秦諸子考佚	阮廷卓	五十六、十一	師大
	先秦儒家天人思想研究	張子良	七十、四	師大
	荀子正補	劉文起	六十九、十二	師大
	管子評議	婁良樂	六十二、一	師大
	呂氏春秋研究	田鳳臺	六十八、十二	政大
	呂氏春秋與諸子之關係	傅武光	七十一、八	師大
	戰國策集證	鄭良樹	六十、八	臺大

	六韜研究	周鳳五	六十七、十二	臺大
漢	老子思想與漢初政治	陳德昭	七十一、十	文大
	淮南子校訂	于大成	五十九、五	師大
	揚雄學案	李周龍	六十九、一	師大
	説苑集證	左松超	六十二、一	師大
	新序疏證	蔡信發	六十四、九	師大
	中國古代女性倫理觀（以先秦兩漢為中心）	*宋昌基	六十六、九	政大
魏晉	魏晉清談主題之研究	林麗真	六十七、十二	臺大
唐	韓文公闢佛之研究	*黎光蓮	七十、十一	師大
宋	王安石的經世思想	夏長樸	六十九、十一	臺大
	呂祖謙研究	吳春山	六十七、十二	臺大
	朱子學對日本的影響	陳弘昌	七十一、九	文大
	葉適研究	周學武	六十四、十	臺大
	宋永嘉學派之學術思想	董金裕	六十六、十	政大
	王柏之生平與學術	程元敏	六十、八	臺大
	王應麟之經史學	何澤恆	七十、十一	臺大
明	王世貞研究	黃志民	六十五、九	政大
	陽明學説對日本之影響	戴瑞坤	六十九、七	文大
	顧涇陽高景逸思想之比較	古清美	六十九、二	臺大
	王船山及其學術	曾昭旭	六十六、十一	師大
	王船山之道器論	戴景賢	七十一、九	臺大
清	戴東原學記	鮑國順	六十七、十	政大

	段玉裁之生平及其學術成就	林慶勳	六十九、三	文大
	高郵王氏父子學記	張文彬	六十七、九	師大
	籀廎學記	王更生	六十一、八	師大
	黃季剛先生之生平及其學術	柯淑齡	七十一、八	文大

丁、文學類

類別	論文題目	作者	通過時間	備考
文學聲律	中國文學之聲律研究	王忠林	五十一、五	師大
文學批評	文心雕龍之文學理論與批評	沈謙	七十、二	師大
	元代文學批評之研究	朱榮智	七十、七	師大
比較文學	中韓詩話淵源考	許世旭	五十九、三	師大
	王維與李朝申緯詩之比較研究	*柳晟俊	六十八、一	師大
	中國文學與越南李朝文學之比較	*胡玄明	六十七、十一	政大
	越南喃傳與中國小說關係之研究	*陳光輝	六十三、五	臺大
文學思想	魏晉南北朝文學思想史論	張仁青	六十七、十一	師大
	魏晉南北朝文士與道教之關係	李豐楙	六十七、九	政大
	唐代詩歌與佛家思想	*黎金剛	七十、四	師大
	禪學與唐宋詩學	杜松柏	六十五、八	師大
	唐代牛李黨爭與當時文學之關係析論	傅錫壬	七十一、九	師大
	屠隆文學思想研究	周志文	七十、十一	臺大
	晚明性靈文學思想研究	陳萬益	六十六、十	臺大

	民生史觀文學理論之研究	譚鳴皋	七十二、六	文大
	中共的革命文學	周行之	六十九、九	師大
文	左傳之文學研究	張高評	七十、十一	師大
	司馬相如揚雄及其賦之研究	簡宗梧	六十五、五	政大
詩	南朝詩研究	王次澄	七十一、九	東大
	杜甫詩史研究	李道顯	六十二、八	文大
	元和詩史研究	呂正惠	七十二、六	東大
	中唐樂府詩研究	張修蓉	七十、九	政大
	中晚唐詩研究	馬楊萬運	六十三、十一	臺大
	五代詩人及其詩	何金蘭	六十、十	臺大
	歐陽修之生平及其文學	江正誠	六十七、十二	臺大
	蘇東坡文學之研究	*洪瑀欽	六十七、十	文大
	楊萬里研究	陳義成	七十二、六	文大
	南宋江湖詩派之研究	鄭亞薇	七十、九	政大
	方虛谷之詩及其詩學	許清雲	七十一、八	東大
	明七子詩文及其論評之研究	龔顯宗	六十九、三	文大
	清代女詩人研究	鍾慧玲	七十、六	政大
	清代詩學研究	吳宏一	六十二、十一	臺大
詞	詞律探原	張夢機	七十、八	師大
	詞學理論綜考	梁榮基	六十五、十二	臺大
	宋代女詞人及其詞作研究	任日鎬	七十一、十二	政大
	南宋三家遺民詞人研究	黃孝光	七十二、六	文大

戲曲	晚清詞論研究	林玫儀	六十八、十一	臺大
	元散曲訂律	李殿魁	六十、十二	文大
	現存元人雜劇本事考	羅錦堂	五十、二	師大
	元雜劇所反映之元代社會	顏天佑	六十九、十一	政大
	明雜劇研究	曾永義	六十、九	臺大
	三國故事劇研究	林逢源	七十二、一	政大
	子弟書之題材來源及其綜合研究	陳錦釗	六十六、五	政大
小説	魏晉南北朝志怪小説研究	*全寅初	六十八、二	師大
	太平廣記引書考	盧錦堂	七二、九	政大
	水滸傳研究	*李慧淳	六十一、十一	師大
	西遊記探源	鄭明娳	七十、十	師大
	紅樓夢板本考	王三慶	七十、二	文大
敦煌	敦煌孝道文學研究	鄭阿財	七十一、八	文大
	敦煌講經變文研究	羅宗濤	六十一、八	政大

戊、語文類

類別	論文題目	作者	通過時間	備考
通論	明代考據學研究	林慶彰	七十二、六	東大
	南北朝譯書四種語法研究	詹秀惠	六十四、九	臺大
	朝鮮譯學考	*林東錫	七十二、二	師大
金石	宋代金石學研究	葉國良	七十二、四	臺大
	先秦彝銘著錄考辨	王永誠	六十七、十	師大

	偽作先秦彝器銘文疏證	張光裕	六十三、十	臺大
聲韻	古音學發微	陳新雄	五十八、六	師大
	古漢語複聲母研究	竺家寧	七十一、二	文大
	兩周金文音系考	余迺永	七十、二	師大
	南北朝韻部演變研究	何大安	七十、八	臺大
	廣韻音切探源	林炯陽	六十九、二	師大
	顏師古所作音切研究	董忠司	六十七、九	政大
	集韻研究	邱棨鐊	六十三、九	文大
	十五世紀韓國字音與中國聲韻之關係	*成元慶	五十八、十一	師大
	古代藏語和中古漢語語音系統的比較研究	辛　勉	六十一、十二	師大
	龍龕手鑑研究	陳飛龍	六十三、九	政大
	洪武正韻研究	*崔玲愛	六十四、十	臺大
	明代等韻學之研究	林平和	六十四、八	政大
	清代韻圖之研究	應裕康	六十一、八	政大
文字	説文假借釋義	張建葆	五十九、七	師大
	干祿字書研究	曾榮汾	七十二、六	文大
語法	上古漢語同源詞研究	姚榮松	七十一、十一	師大
	史記稱代詞與虛詞研究	*許　璧	六十四、七	師大
	閩南語文白系統的研究	楊秀芳	七十一、十一	臺大

己、其他

類別	論文題目	作者	通過時間	備考
史考	初學紀研究	閻琴南	七十一、五	文大
	雞林類事研究	*陳泰夏	六十三、十二	師大
	碧雞漫志校箋	徐信義	七十、十一	師大

（有*記號者，為外籍人士）

比例顯示，中文博士教育仍以文學為主

根據這個統計表及分類，歷屆的博士論文中，經學類共卅一篇，占總數的二十一%；史學類共八篇，占總數的五%；子學類共卅三篇，占總數的二十二%；文學類共五十篇，占總數的三十四%；語文考訂類共廿四篇，占總數的十六%；其他三篇，占總數的二%。這個比例，具體顯示了中文博士教育，仍以文學類為主要重點，而經學與思想，也極為關切。歷來頗有人詬病中文系所僅從事考據，而不重視思想③；也有些人批評中文系所以文學為名而卻致力考證，不研究文學④。以這個表來看，這些言論，當然都是誤會。

不過，這個比例並非固定的，在廿三年（一九六一—一九八三）之間，頗有起伏波

動。例如經學類，五十（一九六一）至五十九年（一九七〇）間，有五篇，六十至六十九年間高達十九篇，七十至七十二年則僅五篇。文學類，五十年間只有三篇，六十年間即驟高到廿五篇；七十年間亦達廿二篇。史學類，五十年間無，六十與七十年間則各為四篇。子學類，五十年間僅三篇，六十年間達到廿三篇，七十年間則降為八篇。雖然這個曲線表的下降部分，不具代表性（**因為七十年間只有兩年半，其數量自不能與五十、六十年間相比**），但它的上升部分，則頗能顯示某些意義。譬如文學類論文，不僅上升迅速，超過其他各類，七十至七十二年六月兩年半間的持續成長量，也幾乎與六十年間十年的總數相埒。這就可以看出國家文學博士研究的趨勢了。

大體上，文學類論文五十年間占論文總數十九%，六十年間占論文總數三十%，七十年間占總數的四十六%，上升速度極為驚人。經學比較平穩，但比例逐漸降低，從五十年間占論文總數的四十四%，到六十年間的二十三%，再到七十年間的十%。史學類則成長緩慢，若存若亡，國家博士對它的研究意願似乎較低，六十年間占五%，七十年間占八%，都遠低於其他各項。至於語文考證類，五十年間占論文總數十九%，六十年間占十五%，七十年間占十九%，則是最為均勻的⑤。

經學方面，研究意願和能力逐漸減低

這一幅度，顯示了語文類基礎學科的重視和深入研治，在我國文學博士教育中根基相當深厚，研究狀況也很穩定。但經學方面，可能是因為較須要深厚的功力，雖然許多中文研究所都曾規定必須圈點十三經四史才能卒業，研究意願和能力卻逐漸滑失；在經學類中，關於經學家個人的研究論文，占了七篇，其研究類型更是趨近子學了。這種趨勢，也許是未來博士教育的危機之一。回應之道，不在加強磨鍊，而在解除束縛，取消經書圈點制度，是培養自由探究意願的第一步，只有在自由抉擇與發展研究興趣、能力的情況下，經學研究才能恢復生機，講授群經大義之類課程，才不會被視為學習的負擔⑥。

另外，史學方面，國家文學博士雖然也可能已圈畢四史，卻罕能選擇史學作為研究論文或研究方向，這使得文學博士的論文在內容上顯得畸零不整；因為史學雖已有歷史研究所專研，但文學或思想文化之研討，往往與歷史脈絡有關。許多論文題為「某人之生平及其學術（或文學）」，正可視為尋找歷史脈絡的徵象。但僅是生平傳記，何足以言史學研究？所以，在這一類題目上所呈現出來的迷惘，也是不能不予正視的問題⑦。

再從各校的研究趨勢來看，師大最為平均，經學十八篇，史學兩篇，子學十三篇，文學十六篇、考證及語文類十篇。臺大情況相彷，經學五篇、史學三篇、子學十篇、文學十篇、語文類六篇。政大則文學類論文偏多，計有十二篇，經學與諸子都是五篇，語文類則有四篇。文化大學也是如此，文學九篇、經學與語文各三篇，子學五篇、史學一篇。東吳大學發展較為特殊，除了林慶彰《明代的考據學》外，全屬文學類論文⑧。

研究題材大量集中或偏重，只是浪費人力

外籍學人的論文，同樣有這種不甚平整的狀況。我國國家文學博士中，外籍（**韓國與越南**）研究生共十七人。僅一人從事史學探究，一人研究《雞林類事》，二人研究子學，其餘九位研究文學、四位研究語文。不僅經學乏人問津，其論文也多是採取比較的方式，比較韓國或越南與中國的語言、文學及學術發展，甚至索性作《朝鮮譯學考》。這種情況，與本國博士論文的取向大相逕庭。

不過不管如何，就論文題目的型態分佈來說，我國文學博士論文分佈得並不很均勻，有同一題目多篇作品（**例如《呂氏春秋研究》與《呂氏春秋與諸子之關係》，《王船山及其學術》與《王船山之道器論》，《唐代詩歌與佛家思想》與《禪學與唐宋詩學》，《中晚唐詩研究》與《中晚唐樂府詩研究》等，只是範圍大小略殊而已**）的現象，也有許多時代、許多

學者作家、或許多書乏人青睞的現象。像子學類中，道法陰陽墨諸家便乏人整理，南北朝隋唐期間的學術文化狀況也少注意，宋明清諸重要思想家，研究得也不很夠。

文學方面，如文學批評、文章，都嫌論文太少，僅集中於詩；敦煌學二十多年間只有兩篇論文，更是讓人覺得遺憾。同樣地，目錄版本學方面的論文偏少，也顯示了博士教育在某些方面可能做得不夠。畢竟研究題材大量集中或偏重，並不是很可喜的現象，除非這種集中具有某些計畫性的意義，是有意識的集中，否則論文題目相似或雷同，便只是人力的浪費，喪失了新的研究領域開發機會。

師承系統的殊歧，助長門戶意識

以上是我們從歷屆博士論文題目的分析與歸納中，得到的大致印象，雖無法完整地理解研究趨勢及其演變的狀況；然而，輪廓還是可以勾勒的。其研究題材的選擇，似乎也反映了國內研究者一般的研究態度。

對於這些題材的處理，大致非常理想；因此，不論我們在前面如何批評題目的選擇、方向的趨勢，對於論文的內容，我們仍應給予正面的評價。數十年來，文學博士的論文，確實在我國文科教育中扮演了重要的角色，引導了研究的途徑，提供了學術的成果。

這些論文，雖然大多因為題材偏僻、內容艱深，而不易銷行於坊肆之間，可是也有許多流通於市面，並成為學習者重要的參考書籍。例如陳新雄的《古音學發微》、杜松柏的《禪學與唐宋詩學》，吳宏一的《清代詩學研究》……等均是。另外，也有些論文在學術界引起很大的回響，國際重要學術刊物上有書評評介，如鄭明俐《西遊記探源》、王三慶《紅樓夢版本考》……等皆是。故而在我國整個學術發展中，博士論文實在佔有很重要的地位。它不只呈現了學術研究的部分成果，也提供了反省的材料，可以導引學術的走向。

然而，在這些論文中，我們似乎也能察覺到師承系統的殊歧和影響力，譬如與北大和中研院關係較為密切的臺大，對於晚明文學思潮就比其他各校來得重視。這可能是因為五四新文化運動與晚明文學思想的淵源，劉大杰即曾說過：「中國過去的文學史上，真能形成有力浪漫派思潮的，只有三個時期，一個是魏晉，一個是晚明，一個是五四。……晚明公安派的理論……與五四時代的文學運動精神完全相同」⑨。

而師大在經學研究方面，例如春秋，便明顯側重古文，這是章太炎劉師培的傳統，因此晚清盛極一時的公羊今文之學，在博士論文中便無嗣響。同理，像《劉申叔先生之經學》和《黃季剛先生之生平及其學術》之類論文，若在臺大中研所，似乎也不甚可能出現。這說明了師承傳統之纏綿深固。而這種現象對學術研究的內容和發展，究竟利弊如何呢？

據我們看，這種情形，利不勝弊，除了助長門戶意識之外，對於研究內容和方法，也在無形之中封閉狹隘了研究者的視野和思路。因此，我們的文學博士論文，在內容上多半陳陳相因，罕能突破。以下，我們試舉一些論文大綱，稍做比較，就可以看出這種情形究竟嚴重到什麼地方：

甲例、中晚唐詩研究／五代詩人及其詩

中晚唐詩研究	五代詩人及其詩
一、緒論	一、緒論
二、政治社會背景	二、政治社會背景
三、重要作家	三、五代詩的特色
	四、重要作家

乙例、揚雄學案／戴東原學記

揚雄學案	戴東原學記
一、緒論	一、生平
二、生平	二、著述
三、著述	三、治學（以上上篇）
四、學術	四、經學
1.學術思想	五、哲學

2.哲學思想
3.科學思想
4.小學成就
5.文學成就
五、揚子雲之風評

六、天文曆算學
七、地理方志學
八、文學（以上下篇）

丙例、王柏之生平與學術／金履祥的生平與經學

一、生平（世系、年譜）
二、著述考
三、理學與四書學
四、尚書學
五、詩經學
六、學說之淵源與流傳

一、生平
1.年譜
2.現存遺作及板本
二、理學與經學
1.理學
2.四書學（附詩經學）
3.學說之淵源與流傳

丁例、馬融之經學／王肅之經學

一、西漢經學概況
二、馬融與東漢經學
三、生平及其年譜
四、周易學
五、尚書學
六、詩學
七、周禮學
八、儀禮學
九、禮記學
十、春秋學
十一、孝經學
十二、論語學

一、緒論
1. 撰作旨趣及條例
2. 生平及其年表
二、周易學
三、尚書學
四、三禮學
五、春秋左氏學
六、孝經學
七、論語學
結論

依循俗套，導致研究形式機械而僵化

不管是研究呂氏春秋還是王世貞、也不管是王應麟還是杜甫，居然可以用以上這一大致相同的模式來硬套，說起來似乎有點不可思議，但實情就是如此。也許研究者本身都未意識到：研究工作其實也是一種創造性的活動，研究主體和客體，均有不能替代性；今天是我某甲在研究杜甫，杜甫既不等於歐陽修，我某甲也不等於旁的研究者某乙或某丙，所以研究出來的結果，必然有「別出心裁」之處；無論形式或內容，都為配合這個研究主體和客體的互動關係，而呈現出特殊獨特的面貌。如今，完全漠視了這種研究工作的本質，而去追求僵化的形式統一，實在令人感到駭異。例如在一篇名為《司馬相如揚雄及其賦之研究》的論文中，作者討論司馬相如和揚雄，用的都是〔一、評傳（**時代背景、生平評述、著述評述**）；二、分篇研究；三、韻譜辨析〕的模式，然後再附以「司馬相如揚雄之綜合比較」（**辭賦組織、修辭、內質外象**）。這篇論文，在我們看來，極具意義，因為它暗示了一個可能，那就是依這種方式，我們可以結合任何上述甲乙丙丁例的論文，作出中晚唐詩與五代詩之比較、揚雄戴東原及其學術之研究、馬融王肅及其經學之研究、王柏金履祥及其經學之研究、以及揚雄與王肅及其學術之研究……等論文，只須要在同一模式之後再加上一章綜合比較就行了。

我們深知每一篇論文，都是心血的結晶，故而在此並無意揶揄任何一篇論文。我們只是深深地惋惜，惋惜他們為什麼會變得如此機械而僵化呢？

當然，他們也並不是有意地去追求這種重複變奏的研究方式和內容規劃，只是依循俗套，沿用前人規格體例而已。然而，由於研究內容導因於研究方法，對於研究內容的思索和規劃毫無自覺，其實也就暴露了方法意識的薄弱。

方法意識薄弱，算不上「研究」

方法意識的薄弱，可能是中文文學博士論文一般的狀況。所以大多的論文，只是某一科門的通論或概論，並不能算作研究。以史學為例，研究者在討論某人之生平時，大多是敘述性的，羅列史傳資料，按年類敘。這是十九世紀以前敘述性史學（narrative history）的老路，可是近代的史學卻不如此，它們應該是處理一些「問題」，而內容也是分析性的⑩。我們試看前面的論文分類表，就可發現研究「問題」的論文極少；分析性的研究方法，也難得一見。其次，像時代背景的研探，諸論文也是羅秩資料，雜以平面的敘述為多；分析某一特定時間的社會結構、研究經濟與政治組織間的互動、人群心智態度與信仰跟社會政治行動的聯繫等等，皆不經見。

再者，許多作者都在談他所研究的人、書、學派對後代的影響如何之大。可是究竟什麼是影響呢？關於影響研究的作法及困難，研究者到底注意到沒有呢？影響是發生在心理層次、還是美學層次？是表現於作家、還是作品？所謂影響，究竟是有實在關係的聯繫，還是包括了偶然的成分？與模倣相同還是相異？僅限於個別細節或某些意象及觀念的借用、或材料的來源，還是指深入於結構之中、彌漫於組織之內的風格表現和精神特徵？——事實上，在比較研究的工作範疇中，以上各項問題都是極為複雜的，爭論也很多。作品和美學層次的影響，很多學者便懷疑它能否存在；影響與模倣，一般也都將之分開。維因斯坦（Weisstein）更曾把「影響」及其相關問題，在比較研究上的關係，做了一個層次表，分為兩個部分，認為第一部分才是合法的，第二部分則不予承認：

甲：（一）借用
（二）翻譯
（三）改編
（四）模倣
1. 嚴肅的（包括文體化 stylization）

2.詼諧的（包括模倣諷文 parody、歪曲模倣 travesty、以及戲謔 burlesque）

（五）影響（實在關係）

乙：（六）彼此都是唯一的平行關係

（七）平行關係

（八）類比（歷史性的）

（九）類比（非歷史性的，但有系統及／或有目的）

1.找尋文學常數

2.找尋人類學常數

（十）類比（非歷史性的，而且沒有系統）

1.在文學內

2.超越文學界限

姑不論他的分析是否精當，我們的研究者在使用並進行影響研究時，對於研究和使用的概念，有類似的自覺嗎⑪？

理論架建薄弱，缺乏深刻思考

由於缺乏方法論的自覺，所以在分析和思考架構的安排上，趨於機械，而無從抉發深刻的思想性問題⑫。譬如「現存元人雜劇本事考」的分類原則和方法，就很含混。他將元雜劇分成八類十七項：

歷史劇　感情劇　社會劇　仕隱劇　家庭劇　道釋劇　戀愛劇　神怪劇

這樣的分類，至少在方法學上混淆了分類的質料對象（objectum materiale）和形式對象（objectum tormale）；而且與定義相戾。因為他對歷史劇的定義是：「題材往往以史傳為本，然並非直接引據，而係間接改編」，這是發生性定義（或稱起源定義）。但他對歷史劇作分類時，卻又分成以歷史事蹟為主和以個人事蹟為主兩種，這便又是以是否有主角來分了。一項分類，豈可同時混用好幾種標準，而卻與其他類別無法釐析（其他各類雜劇，如道釋、戀愛、仕隱、家庭……，都是從史書或說部中選擇材料編成的）？這樣子對據以分類的觀念和方法毫不注意，自然會把「秋胡戲妻」既編屬為家庭劇、又算作歷史劇了⑬。

面對這一類論文，我們應該知道：一切歷史研究，固然應實事求是，以「經驗性」的資料為起點，然而尋求法則、模式、詮釋、體系、理論，乃是研究活動中必不可少的欲望。我們的論文，在方法上傾向保守、機械，而且整體的研究，不太看得出有方法論的設計和支援，自然在理論建構方向，就顯得薄弱。例如文學類論文中，理論性研究與建構的處理，只有少部分，文學批評也僅有兩篇。可見單獨事件的掌握，對國內博士研究生來說，較理論抽象思考的探索容易些。

不過，這些僅有的理論探索性論文，表現也不是非常理想，像《元代文學批評之研究》，討論的是極具理論性的文學批評，而作者對於方法和理論本身的素養，卻無法支撐這樣論題。因此，他可以一面說：「元詩矯宋季之萎靡，追盛唐之雅麗，故不免纖巧穠麗之病」，一面卻引用胡應麟《詩藪》「元人詩皆雄渾流麗」的資料，不僅引文與敘述互相矛盾，敘述本身便已不通。文中又曾徵引許衡的語錄。然而，一會兒引成「文之一字，殊不知天地人物文理粲然，不可亂也」，一會兒又引成「文之一字，後世目辭章為文，殊不知天地人物，文理粲然，不可亂也」。這種情形，顯示了在缺乏方法之自覺與理論之建構以外，另一項嚴重的問題，那就是：缺乏對資料的敏感⑭。

想追求進步，必須先深自檢討

國家中文博士雖已停授，中文博士教育卻仍在繼續發展。一百多篇文學博士論文，正是提供我們檢討反省的最佳材料，只有不斷持續努力，不滿於既有的成果，才能使我們保持追求進步的意願。

針對這些論文的內容與方法上的評析，我們覺得今後可能有幾點是可以努力的：

一、加強系所間的學術交流。可以打破門戶殘存的藺結，開拓研究視野、互相調整研究心態、切磋研究方法、交換研究成果及資料。

二、加強科際整合。與其他相關系所加強溝通，尤其是歷史、哲學；社會科學研究所方面，也應展開「對話」。我們必須確知學術並非爭較勝負，而是追求真理、挖掘真相，科際的整合與溝通，對於認識問題、輔助思考，極有幫助。文史哲分系專研，也許是實際上的需要，但研究問題者，卻不宜心存畛域，而應儘量做知識的融匯。

三、博士教育的課程設計，應更求多元化。這樣才能使博士研究論文的題材和內容，達到均衡發展的情況。並應鼓勵學生做一些突破性的研究，尤其是以分析問題為主的論文、深入探討思想內涵的研究計畫，不應以格於成規或擔心考試時引起議論，而怯於支持。

四、博士論文的指導和審核，應予繼續加強。目前的指導費，極不合理，應謀求改善，以使指導老師能夠更確實地做好指導的工作。以前的論文中，我們常發現：雖屬同一指導教授，而論文內容互相齟齬的情形；希望今後能予避免。至於論文的審核，亦復如此，勿使人因某一小部分論文的水準，而懷疑到整個國家博士或學校博士的資格。

五、解除某些不必要的束縛。儘盡輔助研究者進行研究，一些沒有太多效果的例行作業，可以減少，例如圈點圖書就是。至少某些學校半強制地以文言文來寫作論文，似乎也無必要。因為文言文的訓練應該在平時，不應用論文來做訓練材料；半生不熟、生吞活剝的文言文，除了糟蹋題目之外，還會使得反對用文言文來說理的人，振振有辭。

六、應加強方法及思想性的訓練。這一點可能包括研究所的師資在內。現在的學術發展，日新月異，若缺乏方法及思想的訓練，很難在學術競爭中保持優勢。而課程的設計，無論如何新穎合理，如果教師仍固執舊有的思考模式，自然也不會有太大的效果。目前的情況常是：老師們感慨學生程度日差，論文不符期待；學生則抱怨所學有限，師長落伍不通。這不是個合理的現象，應雙方共同努力才行。

七、調整中文研究所中的倫理結構。我國學術，從曾子以來，便講究「各尊其所聞」，漢代則有師法、有家法。時至今日，中文研究所仍是最講究尊師重道和門輩關係的地方。這種深厚的傳統，非常可貴；但久而變質，逐漸形式化了。形式化了以後的倫理結構，是非理性的，只注重行輩師承，「執經問難」便被視為不道德、或不會做人。因此，表現在論文裏，就仍是師云子曰；本師某公云，仍是諸紛紜糾結處，最後的裁斷依據。這不是理性的態度，無論老師講得對不對。研究方法之板滯、研究內容之機械，根本上的癥結在此。故而沿襲性大於創造性、行輩門戶意識重於真理的探求。我們若想未來能在現有的博士論文成就上百尺竿頭，更進一步，中文研究所的倫理結構，自應稍做調整。

總之，未來的道路仍是光明的，只要我們能夠努力！

原載七十三年三月九日「科際整合研討會論文集・人文社會科學博士教育之探討」

【注釋】

1文及文學的涵義，早期皆甚寬泛。如論語學而：「行有餘力，則以學文。」」；鄭注：「文，道藝也」。又，子罕：「文王既沒，文不在茲乎？」朱注：「道之顯者謂之文，蓋禮樂制度之謂。」又，先進：「文學，子游子夏」疏：「若文章博學，則有子游子夏二人」。漢書西域傳：「諸大夫郎為文學者」注：「為文學，謂學經書之人」。

2這種分類方式，曾參考「師大國文研究所歷年博士論文分類目錄」（七二・師大國研所集刊第廿七期），而稍做修改。

3參見林毓生《思想與人物》（七二・聯經出版公司）頁二六三—二七五。

4參見中華日報編輯「大學文學教育論戰集——中文系和文藝系的問題」（六二年三月出版）。

5這裏的百分比，皆未將其他類計入。而整個數值也只是暫定的，因為目前所能得到的資料並不完整。現有兩冊《全國博碩士論文分類目錄》，一為政大社會教育資料中心編，一為王茉萊、林玉泉編，天一出版社出版。但兩書所錄並不完全相同，且不完整。本文所依據的材料，主要是教育部頒發博士學位證書名冊。然該名冊所載論文題目亦多錯誤者。

6具體的證據，是臺大畢業者有經學類論文五篇，與政大相等，並超過文化與東吳。而臺大正是不必圈點經史的。史學方面，臺大有三篇，也超過其他各校。

7其實像「某人之生平及其文學」這樣的題目，都是很成問題的。依題目所示，應該是兩個實體的組合：某人之生平與某人的文學。這兩個實體理應是平列的，生平與文學同樣重要，同樣是研究的對象。所以這乃是人物研究和文學研究兩方面的組構；而文學研究方面，又包括了文學行為、作品、觀念等層面。可是我們在論文中所看到的，都是偏重後者而把前者當作背景，一筆帶過，世系年譜與文學研究也往往是各自獨立的部分，未成為有機的整體關聯性結構。這樣的做法，其實是文不對題的。

8 文學類論文逐漸偏多，可能的原因很多，諸如研究生捨難就易；或者因受社會性鼓勵（例如報章雜誌的鼓吹、獎勵等等）；反抗研究所規定的經史小學作業的潛在意識等均是。

9 詳劉氏《中國文學發展史》廿四章第三節。

10 史學研究與寫作方式的新發展，參看吉伯特（Felix Gilbert）與克勞巴德（Stephen R.Graubard）所編《當代史學研究》（七一・明文書局・李豐斌譯）的導論部分。

11 關於影響研究，請參閱李達三《比較文學研究之新方向》（六七・聯經出版公司）頁三四三—三四五；單德興「論影響研究的一些作法及困難」（中外文學十一卷四期）；羅青「各取所需論影響」（同上，八卷七期）；張漢良「比較文學影響研究」（同上，七卷一期）；Ulrich Weisstein,「Comparative Literature and Literary Theory」（Bloomington：Indiana Univ.Press,1973）等。

12 本文並不迷信方法及方法論，因為方法及方法論並不能保證研究成功。但是方法論能幫助我們對研究對象以及研究過程中所遭遇到的問題，以思考的瞭解，提昇到明顯的意識層面。對於自己研究時的基本假設、字彙、語句、意義判準、檢證方法與理論建構……等工作，有所自覺。這是進行研究時的基本工夫，而非終極歸趣；然而欠缺了這一套工夫，只是「不識不知，順帝之則」，則非研究所應有的態度（目前，國內研究所多設有治學方法一類課程，但是這裏所謂的方法意識，並不指這些課程內容。方法是指演繹、歸納、比較、統計、辨偽、校勘、運用資料等等；方法論便是以這些方法為研究對象，思考它們的功能、限制、以及根據這些方法獲得的知識性質等等，再因此而推動、修正、或調整方法的運作和創新。中研所對於方法，尚有所掌握；方法論的自覺便比較貧瘠）。

13 詳見拙撰〈關於元雜劇本事考〉（收入《讀詩隅記》・七十・華正書局・頁三一四—三一六）。

14 見《元代文學批評之研究》（七一・聯經）頁二九、四四、六十。

二 當今意識糾結的批判

一　革命後的陰影

Robert A. Dahl 有本書，名為《革命以後？》，這個問號，用在這個時代的文學發展上，可能特具意義，因為我們都活在此一問號的巨大陰影底下。

文學革命，肇啟了五四以來文學的生命。無論對這次革命的解釋如何，推動革命的烈士們，確實曾在心中構思了一幅莊嚴燦爛的圖像。這個圖像，就是歐洲。正如陳獨秀所說：「今日莊嚴燦爛之歐洲，何自而來乎？曰：革命之賜也。……自文藝復興以來，政治界有革命，宗教界亦有革命，倫理道德亦有革命，文學藝術亦莫不有革命，莫不因革命而新興而進化。」（《**文學革命論・獨秀文存卷一**》）文學革命與打倒孔教之倫理道德革命、民主政體之政治革命等等，共同的理想與目的，乃是要將中國建設成為一個「今日歐洲」。

而那所謂「今日之歐洲」，到底是個什麼樣的社會呢？這一點每個人的認識各不相同，因此鬧得文學革命者的陣營四分五裂，糾紛迭起；至於如何才能確實達成革命目的，使中國成為「今日之歐洲」或「今日之俄羅斯」，當然問題就更多了①。但不管怎樣，是革命，造成了歐洲的新興進化，因此革命前的歐洲和革命後的歐洲社會，基本上是異質的。

中國要模擬歐洲的歷史發展，遂同樣採取了這種認知模型。

這就是傳統與反傳統的兩極對立架構。早期文學論爭中「文言／白話」「傳統文學／現代文學」「死文學／活文學」「舊文學／新文學」……之類普遍通行的思考架構與語彙，即滋生於此。環繞著這樣的架構，言辯萬端，且逐漸成為教條主義、成為文學活動者各自固守的意識形態碉堡，並混雜著大量未經證明的主張、過度簡化的觀點乃至錯誤的傳述、奇異的糅合。

但在一片混亂之中，此一兩極對立的架構卻穩定而清晰，且從民初一直延續到現在。

早在陳獨秀那個時候，他就準確地把文學問題安放在這個歐洲革命模型中去討論了。一九二三年，他在《科學與人生觀》序〈獨秀答適之〉中，即曾解釋：「常有人說：白話文的局面是胡適之、陳獨秀一班人鬧出來的。其實這是我們的不虞之譽。中國近來產業發達、人口集中，白話文完全是應這個需要而存在的。」胡適本人或許不見得同意這樣的說法，但唐德剛、鄭學稼現在仍然覺得陳氏說得不錯②。而這段話的意思，是說：由於近代資本主義的發展（**或其他某些名目的社會變遷**），使得中國逐漸變成了一個接近歐美先進國家的社會，故文學革命、科學及政治改造不但必需，亦為趨勢所不可免。當時普遍以歐洲的「文藝復興」來比擬新文學及新文化運動，恰好可以顯示這一態度③。

為什麼歐洲的發展，具有這樣的魅力，誘引他們以之為參考、效法及思索的對象呢？

基本上是兩個相關聯的主題：一、從十六世紀以後，到底是什麼樣的力量，驅使歐洲從一傳統的封建制度，激烈地轉變成一嶄新的社會形態？二、相對於歐西諸國，亞洲地區的國家顯然尚未達成這樣的開發，而已開發、已發展與未發展之間，究竟又是什麼因素形成了這樣的差距？是缺乏什麼，才使得未開發國家不能迅速邁向工業化、科學化等等，以致不能成為如歐西諸國之強？

這兩個主題，不但吸引了那個時候的中國才彥，事實上也是世界上人所共同關切的問號，古典與現代社會學之理論核心亦在此④。因此，數十年來，我們在各方面都在問：中國為什麼沒有發展出近代意義的科學？中國為什麼沒有發展出民主？中國為什麼沒有形成資本主義及產業革命？中國為什麼沒有現代意義的文學批評……⑤？

於是，李約瑟一生的精力花掉了，勞思光、牟宗三以及各路思想者，科學或非科學乃至科學主義者的爭辯展開了，文學研究和文學活動更是纏繞於這些地方，形成繁複的面貌。我們試比較下述論式，便可發現這其中共同的認知模型了：

> 在中國哲學史中，自董仲舒至康有為，皆中古哲學，而近古哲學則尚甫在萌芽也。……直至最近，中國無論在何方面，皆尚在中古時代。中國在許多方面不如西洋，蓋中國歷史缺一近古時代。哲學方面，特其一端而已。近所謂東西文化之不同，在許多方面，實即中古文化與近

古文化之差異。（馮友蘭《中國哲學史》第二編第一章）

《文心雕龍》《詩品》等書之承嗣無人，竟有如中國在兩漢時代就抽了點芽而無以為繼的科學一樣，使人既驚訝復惋惜。宋朝以後，出現了大批的詩話、詩說，可是一加翻尋之下，往往失望多於收穫。如果以文學批評的起碼標準衡量，它們十九是不合格的。（張健《中國文學散論・中國文學批評為何不發達？》）

這樣的論式，還可以照樣推衍下去：中國醫學為何不發達？為何仍停留在中古時期？中國社會為何不發達？為何仍停滯於封建時代？中國政治為何不發達？為何還無法形成美式的兩黨政治？等等。

換言之，自文學革命以來，文學的「問題」，便不是孤立的，不是專屬於文學自身，或由文學內部發展之律則逐步開顯出來的。它是近代中國在西力衝擊時，集體反應之一環；因此，它也常被運用為政治社會文化運動中的一部分。而在思考這些文化政治社會及文學問題時，大家又都是以西歐之轉變為構思的集中點。

二　現代化的歷程

十九世紀產業革命，造成了農業革命、新工業階級和新的勞工運動、機械運輸革命、新國民經濟政策及國家工商管理革命、民族擴張與新殖民時代之世界競爭等巨大變動⑥。而除了經濟轉型這一顯著轉變之外，社會與文化也在變。這種變，所形成的社會，有許多描述語辭予以界定，而一般普遍使用的，則是「現代」一辭。

對於所謂的現代社會，研究者或採列舉法，將現代社會中一般主要的結構及文化特色，視為「現代的」。例如說現代即是指工業化、都市化、普遍參與、高度的功能分化、高度的普遍的成就取向等等。或採用理範研究法（Ideal-Type Approach），以現代社會之典型結構、屬性和取向，作一社會形態分析。然而，特徵之列舉，究竟有哪些特徵屬於偶然因素而非本質特性，雖然不易辨明，但特徵項之提出，卻必須是建立在「現代社會」和「傳統社會」的對比觀察上的。理範之建立，更是意含了有一個與現代社會對立的傳統社會存在⑦。由此，遂無可避免地會形成一兩極性的理論樣式。

這種兩極理論，基本上是思考歐洲從封建農業轉變到資本工業秩序這一問題，依「前與後」的模型，賦予前後兩期社會不同的價值尺度和詮釋說明。例如 Toennies 的「社區」與「社會」、Durkheim 的「機械」與「有機」、Cooley 的「初級」與「次級」、Maine 的

「地位」與「契約」、Redfield的「鄉土」與「城市」、Bccker的「神聖的」與「世俗的」等。「新與舊」「傳統與現代」「農業社會與工業社會」云云，亦即此中之一。

這類經過化約的雙元觀念（Dualistic Concepe），當然有問題。因此後期的發展，便是在兩極之間，以「模式變項」或「轉型期」予以解釋，使傳統與現代不是二元靜態對立的，而是動態的連續體⑧。但這並不能說是已揚棄了兩極理論的思考，只是在怎樣從這一極走到那一極的看法上有些新的補充而已。兩極仍然是兩極。

依據這樣兩極分立的構想，一個社會預設了它必然的發展方式是：從舊到新，從農業到工業，從低度開發到高度開發，從傳統到現代。社會的「發展」，被看成是個成長中的有機體，而發展的秩序與方向，更是有不可逆的、不可避免的階段。這些階段最終所形成的現代社會，也不是別的，就是歐西「先進」國家這樣的社會。

如果上溯此類理論之思想淵源，則我們亦將如庫恩一樣，發現這現代化的觀念，亦有其中古思想的根源。

事情是這樣的：西方中古史學，在基督教史學家的努力下，搞出了幾個重要觀念，其中最主要的說法，是認為全世界的文明歷程，都共同體現並在完成上帝的旨意，而上帝的旨意和人類文化之演進有若干階段。這個觀念突破了早期以種族史、國別史為主的歷史認知，出現「普遍歷史」的看法，且根據教會文化的推展，將歷史分為上古、中古、近世。

此一時間架構，代表人類文化是一依時間直線進展的、蘊含必然的階段性⑨。這一史觀，對文藝復興乃至工業革命後的學術研究，影響仍極深遠，社會學上著名的孔德文化三階段說，或黑格爾、馬克思的社會發展分析，大體都具有這樣的史觀為基底。我們現在所熟用的「上古、中古、近世」等語辭和歷史區分，亦復如此。前引馮友蘭語，論的本是哲學之現代化問題，但也用了中古、近古等名詞，即是一鮮明的例子。

把這樣的文化階段論、世界共同發展史，移用在有關中國問題上，比在歐洲內部討論要複雜得多，因為這還牽涉到中西文化的問題。

一般的看法是：中國文化與歐西文化，剛好就是傳統社會和現代社會的對比⑩。中國之不能產生類似現代歐洲的文明，可能有種種原因，而我們惟有去除這些原因，擺脫崇古心態、民族優越意識，認清社會發展的階段性，批判舊勢力，才能掙掉積弱，真正邁入已開發、已發展國家之林，與現代國家同列⑪。

此一努力，即為現代化運動。現代化事實上即是西化，但因為放在世界共同發展之普遍歷史觀中，故現代社會雖為西歐所先進而發展者，然亦非西歐所獨享。於是現代化又不等於西化矣。

竭力為現代化奮鬥、批判舊文化的韋政通，曾提出一個「革新研究中國文化的方法」：「邏輯技術的訓練，可以使我們的頭腦現代化；基本社會科學的學習，可以使我們的知識現代化。頭腦的現代化，加上知識的現代化，等於思想的現代化。」（《中國哲學思想批判・附錄一》）思想的現代化，只是與政治、經濟等各方面之現代化一樣，同屬於現代化大業中的一部分，但卻不難據此觀察這些年來我們推動現代化的歷程。

二十世紀五〇年代臺灣的現代化，是承清末洋務之緒，從器用層次、制度層次提到思想上來談思想的現代化。這當然仍有很濃厚的五四精神在。因此在這個階段，主要便是邏輯與科學的強調，最重要的代表人是殷海光。

殷氏在《中國文化的展望》中特別指出，「科學與技術是走向現代化的康莊大道」（頁四八九），並全力介紹邏輯實證論給中國思想界。到六〇年代，則社會科學的發展理論逐漸取了思想的反省與批判，引導臺灣走向社會政治及經濟的現代化。如一九六五年金耀基出版《從傳統到現代》；到一九七八年，金氏仍認為中國社會文化問題，在根本上是一社會變遷的問題，而二十年來臺灣的現代化，則以經濟現代化最為突出與成功。這一觀點，和一九七五年勁草文化公司所編選的《中國現代化的動向》一書，適相吻合，顯示了我們在這二十年間主要的方向。

當然，對於此一現代化活動，反對者亦非毫無動作。早期如提倡孔教、讀經、抨擊新文化運動、反對白話文、中國文化本位宣言等，固然不用再談。二十世紀五〇年代新儒家的崛起，六〇年代的文化復興運動，都與現代化陣營發生過激辯。但新儒家的基本問題，也是中國為什麼沒有發展出民主政體與近現代意義的科學⑫；而反現代化者亦採用了「傳統／現代」「中國／西方」的架構，以與現代化論者對立。故無論怎麼看，傳統與現代，都是一切意識爭辯及發展之糾結所在。

三　飄泊的心靈與革命的神話

這樣的發展理論及認知模型，在文學方面，又形成了什麼樣的風貌？

現代主義的出現，我想是第一個值得注意的現象。新詩，被特稱為「現代詩」，宣揚橫的移植。意識中當不能避免有此傾向。《現代文學》系統的小說家，也滿是「從西方資本主義社會中產生出來的藝術觀」⑬。這些文學作品，主要是在描述「現代人」的特徵，探討科技發展和科層組織對人類意識的衝擊，而其基調，雖一方面視二十世紀文學作品為一「世界性文學」，但一方面卻又正如 Peter Berger 所寫的那本討論現代化過程中意識變遷的書之書名《飄泊的心靈》。既與傳統斷絕，又對現代化之工業結構、生活意義產生懷疑與不確定之感，變成個人的失落，心靈的飄泊。這也是那時流行「我們是無根的一代」這句話的原因之一⑭。

在舉國上下致力現代化之際，這種對現代世界中人內在心靈苦悶的探索，無疑是孤明先發的，顯示了文學藝術的特殊敏銳性。然而，站在另一個角度來看，這又何嘗不代表一種困境？一方面要擁抱現代，一方而又懷疑或詛咒現代，當然會引起批評。

一九七二年，關傑明寫《中國現代詩的困境》，展開了對現代文學進展路向的質疑，之後陸續有「唐文標事件」等；以《文季》為主的批判現代主義風氣，也逐漸興起。唐文標的文章，題為《論傳統詩與現代詩》，清楚地標示了他的思路。基本上《文季》諸君子，如尉天驄，還是站在五四文學革命的旗幟下，反對兩千多年的封建社會貴族文學、山林文學。但他也反對西方商業資本主義社會文學，批判帝國主義對我們的侵略殖民。因此，他們的立場，是在傳統與西化之間，站在這個社會現實上寫作⑮。

此或冠以民族主義文學，或冠以社會寫實文學之名，而實質上則是有一部分馬克思社會理論、有一部分民族意識的奇異糅合。一如一九七三年高上秦編《龍族評論專號》所得到的結論：「就時間而言，期待著它與傳統適當的結合；就空間，則寄望於它與現實的真切呼應。」由此蓬勃興起的社會寫實主義、鄉土文學，大抵均屬此一脈絡。且由於民族意識勃興，有企求與傳統結合的意願，所謂鄉土，遂也與民間「小傳統」緊緊擁抱；而回歸古典的呼聲也日漸提高，不再那麼激烈地批判或反對傳統了。一九七八年鄉土文學論戰爆發，一九七九年中國古典文學研究會之成立，似乎都可放在這樣的背景下來觀察。

也惟有這樣的觀察，才能摸清整個問題的來龍去脈。因為鄉土文學論戰的同時，以《中華雜誌》為主的許多人也正在批判現代化，或者更準確地說：在質疑二十世紀六〇年代流行於臺灣的社會及行為科學，造成了另一場論戰。這場論爭中人，有些即在文學活動裡扮演著很著要的角色⑯。而同樣地，一九六七年起，臺灣社會及行為科學學者也開始進行「社會及行為科學研究的中國化」。辦過幾場研討會，企圖消除社會科學研究過分西化的傾向，以配合中國歷史、文化與社會特徵⑰。

古典文學呢？在一九六五年，夏志清、顏元叔關於中國古典文學研究新趨勢之爭，大概也具有相同的意義。顏元叔所主張的「新批評」，可視為最符合「現代」精神的批評方法，有精確、客觀與分析之科學性格。以此性格來審看中國傳統文評，顯然亦將如張健所云，大體是不合格的印象批評而已。什麼是印象批評呢？在西方印象批評正代表未經現代洗禮的文評。而夏志清雖然長期沐浴於西風美雨之中，仍保留五四時期若干信念，卻對文學批評之系統化、科學化深表不滿。這兩者對諍起來，乃促成了對中國古典傳統的反省與重視⑱。

因此，整體看來，民族意識之蓬勃確實相當明顯。但所謂這其中含有一部分馬克思主義，又是怎麼回事？

原來，相對於歐西各「先進」「已開發國家」，世界上還有許多被稱為落後地區的低度發展窮國。窮國與富國之間諸多現象，可用現代化理論來解釋：照著我們（**歐西已開發**

先進國家）做，你們一切問題即迎刃而解。但真正做了以後，才發現，似乎問題更多。於是，另一個同樣導源於西方社會的思潮——馬克思學派，乃提供了不同的解釋模型。說：富國之所以為富，主要是因為他們的財富是從窮國掠奪來的，是剝削，才使資本主義社會構成世界性壟斷的霸權；而窮國更不是缺乏資源、技術或現代化制度、文化體質，才使它積弱，只是因他們飽受全球性資本主義體制及國內外帝國主義代理人剝削所致。故惟有擺脫依賴與束縛，窮國方能真正獲得發展。

此或稱為帝國主義理論，或稱為依賴理論。一九五〇年中期萬隆會議（Bandung Conference）以後，窮國於兩大世界霸權之外，別號自己為「第三世界國家」，使此一理論有新的神秘吸引力。特別是在拉丁美洲，發展甚為迅速，與民族本土意識之勃興，也有重要的關聯⑲。

我們在反現代化時，也有反帝反西化的意識，再加上早期革命文學及社會主義的先在經驗，援引此一理論，實是毫不足奇⑳。只是使用者對理論的理解深淺不同，有些未必曉得什麼理論，只是順著趨勢與理路走罷了。有些則有意提倡這樣的觀點。如陳映真之談依賴理論、第三世界文學，即是一例。鄉土文學之後，逐步形成的反帝反殖民反剝削，乃至走到極端的「臺灣文學一島論」，依我看，也應由此一理路來了解，才不會被表面的爭論眩亂了眼珠㉑。

相應於文學思考與活動這樣的進展，在創作方面，我們便可發現也有相同的步調。特別是詩和小說。二十世紀五〇、六〇年代為現代詩熱切橫移歐美詩風的時期，七〇年代開始「與傳統結合」。如楊牧、羅智成、寒林、楊澤、楊子澗等崛起於七〇年代的詩人，都大量擷取古典素材，摻用古典語法、意象，小幅變更結構，以形成所謂的「現代詮釋」㉒。另一方面則熱切「關懷現實生活、肯認本土意識」，並企圖用詩「參與改革」㉓。

四　意識糾結的危機

經由這樣的考察，我們幾乎可以說：這幾十年來的文學現象，一切是非爭議及發展演變，與外在環境、政經結構之關係，遠不如一般論者所以為的那麼緊密；內在意識的糾結，才是問題的關鍵㉔。通過此一意識糾結的內部辯證，詭譎地開展了各類文學活動與對政經文化問題的態度，以致議論蠡起，吵嚷不休。

這些爭吵，表面上雖常水火不容，骨子裡卻往往血脈相通；而且透過觀念史的梳理，我們也大致可以看出運動與運動、派別與派別之間合乎邏輯的衍生過程。換言之，順著「傳統／現代」的意識糾結與思考模式，必然產生這些結果。

中國之不幸，是由於歷史的偶然，使得我們在西力衝擊之下，接受或自我發展出這一思考模式；於是幾十年來聰明才智之士，都在此一模式中隨波逐流，嬉水弄潮。姿態誠多美妙，看來卻實在令人悲哀。因為每一個人振振有辭地發諸肺腑時、每一次引領風騷的熱鬧運動時，竟然都只是不自主不自覺地在順著這個思考架構之內在邏輯走而已。走過去以後，當時的振振有辭，後來還有什麼價值？例如現代化理論，二十世紀七〇年代以後，在西方被攻得體無完膚，破綻百出；回過頭來，再看看早年我們提倡現代化，視現代化為惟一途徑、必然邏輯之發展的主張，寧不失笑？那些主張，其實不是說現代化是人類發展的必然，而是說有那樣的主張，是此一思考模式推衍之必然啊！

而更可悲的是，在這因歷史之偶然而導致事實之必然的情況裡，中國本因西力衝擊而接觸到這樣的思考模式，卻幾乎沒有人想到要從中國文化中發展出與之相對應配合的理論範型㉕。

這話很傷人，但請問：「中國」的知識分子在這場弄潮之戲中做了什麼事？不管現代化理論、帝國主義理論，事實上都源自西方的知識傳統，其結構具有強烈西方色彩，故柏格（Berger）說：「成長的神話，乃至現代化的全部神話，實係導源於西方的救世主義傳統。推到極至，它代表著一種聖經上終世論（Biblical eschatology）的世俗化。而革命神話也跟成長神話一樣，根源於西方文化的原始基督教傳統。㉖」

在這個文化傳統中二元對立的爭衡，早已為眾所周知的事實，傳統與現代的二元思考，亦屬其中之一。可是我們的知識分子，只會跟著人家跑，跟著在「中／西」「傳統／現代」裡大兜圈子。根本沒有能力或沒有想過。既然可以從西方知識文化傳統中發展出現代化與帝國主義這樣的許多範型（Paradigm），當然也就可以或應該在非西方世界中，試圖尋求足以對應及交談的理論範型和世界觀。

要這樣做，自應反求於歷史文化之理解，但問題是：在「傳統與現代」的對立思考架構和「從傳統到現代」的主觀價值信念驅策下，我們能真正理解歷史文化嗎？

仍把問題集中到文學上來看。

幾十年來「新文學」「現代文學」跟「古典文學」「傳統文學」「舊文學」之發展、研究、人事權力結構，都是壁壘分明。其間不僅有老死不相往來的趣味，且互相仇視譏詆，視同兩個世界。偶爾也有嘗試溝通、鍛接的努力，如現代詩人研究古典文學、古典文學學者探討現代作品，作品創作時試圖摻用古典題材語彙如前所述者之類，從事者與旁觀者都並不以為那是件稀鬆平常的事，總是覺得有點特殊：「某人也搞現代文學嗎？」而在我們討論當代文學之發展，似乎也不會注意過現今仍有不少人在創作所謂「舊文學」這個事實。意識中，文學之流不是活的，古典文學的生命早已結束，只是「文化遺產」，只能供作研究；若有所得，才可在現代文學這個生命上「薪盡火傳」或借屍還魂。

這是什麼樣的歷史意識？這種偏枯、斷缺的意識，不僅顯示在古典文學與現代文學之間，只就現代文學來說，問題不也同樣明顯嗎？「臺灣結」與「中國結」之爭，當然有現實權力分配與爭奪的背景，可是從意識面看，臺灣結肯定本土、肯定現實四百年的臺灣經驗，中國結溯源中國幾千年傳統，仍具有一傳統與現代的爭抗形態。而這兩者，又都是反現代化理論的。可是從現代化理論內部，也有反現代化的文學出現。那就是因社會繼續變遷，「現代」早已不夠現代，以致出現了所謂後現代的社會、後工業社會、第三波，以及與此一新世界觀相呼應的後現代主義文學。

後現代主義統合了現代化理論的進步意理與科技崇拜，也結合了革命理論的革命神話。認為工業社會不能被看成社會進化與實現的終站，應依次序再加個章節，只不過這一章跟上一章之間，也有個革命的歷程，是不連續的巨變，而非繼續發展而來的㉗。

這種理論，本是歐西國家對第三世界所發展出對現代化理論之批判的回應，因此它與第三世界文學也有根本的異質性。島內從二十世紀八〇年代起，已有人開始引介後現代主義文藝理論，並嘗試創作後現代主義詩與小說。這與提倡第三世界文學者、呼喊臺灣本土自主文學者雖並未正式衝突交鋒，但一些小齟齬卻早已發生了。

因此，在現代文學方面，接下去大概仍是擾攘不已，盤旋於現代意識之中。古典文學更慘。無論怎麼弄，它終究是古典，終究要自我質問：我在「現代」社會中的角色、地位和功能如何？我與現代文學的關係如何安立？難道我們不能打破這種「傳統／現代」形式化的認知模型嗎？難道還要在這樣的框框裡從事文學創作與研究嗎？

五　即傳統即現代

一九七四年，金耀基在替《中國現代化的動向》一書寫序，討論現代化運動時，特別指出：「在今日我們一方面固然聽到現代化的聲音，但另一方面在『文化復興』之交響曲中也出現『反現代化』的雜音。……我贊成文化復興，但只有在它不妨害現代化發展的前提下贊成。今日臺灣的急務，畢竟是盡速的現代化，我們不能讓懷古戀往的情緒遮迷住了我們未來的路向。」

那時，這樣的語句、觀念和情懷，不只金氏一人有之，整個臺灣都籠罩在現代化的呼聲裡。一九七九年，古典文學會卻在這樣的潮流中成立起來，實在可算是一樁異數。但它也因此而被視為一保守的團體，於工商社會現實烽火之外，高談三代揖讓、李杜風流。為了擺脫這個形象，古典文學會便一再努力與現代接枝，曾辦過幾場古典文學現代化的座談，好幾屆論文發表都希望徵求討論古典與現代文學之關係的論文，有一年更把大會主題設定為「從古典到現代——中國文學的薪傳」。

這樣的努力，其實做得非常吃力，其效果更為可疑。從古典到現代的口號，誠然響亮動人，但古典與現代是兩個各自獨立的實體嗎？從古典到現代，猶如說從臺北到臺中，從你家到我家，中間雖或有路可通，畢竟隔牆別院，互不相屬。且薪盡火傳，豈不是說古典業已死亡了？

其為不通，於理甚明，然胡為乎而致此耶？

整個現代化的理論與問題，事實上有其根源性的關切主題，特別是歐洲從傳統的封建制度，轉變為一嶄新的社會形態，強烈吸引了理論家的興趣，以致發展出各種兩極理論，來解說社會的演化：如 Toennies 的「社區」與「社會」、Durkheim 的「機械」與「有機」、Redfield 的「鄉土」文化與「都市」文化、Becker 的「神聖的」社會與「世俗的」社會等等，均是如此。傳統與現代的區分，顯然也是在這樣的思想架構中興起的。而此一架構便隱含了社會轉變的路途是由低度發展（**落後、未分化、鄉村、傳統等**）走向現代化（**工業主義、社會複雜性、都市化等**）的價值判斷。

這樣的兩極理論，一徑以揚奔擺脫舊傳統、甩掉包袱、奔向現代光明世界為理想，自是窒礙難行，徒然引發對立的爭辯。於是，醉心現代化者，乃修正曰：「把傳統和現代劃為對立的兩極，這正是早期現代化討論所犯的更大毛病。其實，兩者是相互為用的，好的傳統可以幫助現代化，壞的傳統可以阻滯現代化。」（文崇一《現代化的模式在那裡》）這種對傳統的揀擇與批判，也逐漸形成一股流行風潮。言辯萬端，而大體上總是說：好的傳統我們要保留，壞的則要丟掉，以免妨礙了我們現代化的進展。

此一講法，當然也大可商榷。且撇開這其中所蘊含「歐洲中心」氣質，也莫管它那直線式社會發展史觀，直就它所理解的傳統與現代關係來說，便顯得可笑萬分。在歷史的流程中，人之所以能發現他的處境，並對處境有所感受、有所理解，且以理解展望未來之種種可能，靠的是什麼？不正是靠歷史傳統所給予我們的嗎？傳統，是我們所以能立足於世界，向這個世界開放的唯一根據。表面上看，時代是改變了，新的事務紛然叢集於眼前。然而新事物不是無根而生的，人的意識與創造，亦永遠無法脫離傳統而另尋立足點。因此，人無法揀擇傳統，更無能力批判傳統，因為他根本不在傳統之外或之上，他只能去理解，在理解傳統的同時，他也理解了自己。而這樣的理解，跟毫無條件地接受傳統，完全是兩回事，因為在通過歷史以理解現在我們的處境時，存在的境遇感也正同時帶動著我們去理解歷史，「一切歷史都是現代史」的深刻含義即在於此。

換言之，好的傳統要保留、壞的要拋棄云云，大似兒童買菜，沒有定見；以傳統為古典，為已陳之芻狗，徒堪憑弔，亦不免古董商人見識；即使說是要汲古運新，為現代文學覓祖認宗，讓古典與現代接枝，仍非正論。人對於現在的意識，其實就是他的歷史意識，古典與現代，本不可分異。古典之被稱為古典，只是就它做為一種典則的根源義和價值義上說，而不能被理解成一與現代相對的獨立個體。在人文的世界，永遠需要典則；在文學的研究中，也永遠要以探討和理解古典為惟一途徑。因為，正是我們的歷史意識跟對古典的理解，形成了我們現代的文學與文學研究。一切古典文學之創作與研究，當然都是現代的；而一切現代文學，也表現了我們這一代人對古典的理解和態度。

這些道理，本不難懂，可惜近數十年，現代文學是先反傳統風潮中誕生的。傳統與現代既成宿敵，遂不免混淆了我們的思考。再加上現代化口號高響入雲，發展社會學的理論本身也有問題，更弄得剪不斷理還亂，激情、意氣與觀念不清，糾纏在一起。古典文學會在這樣的環境中誕生成長，當然奮鬥得格外辛苦。

現在，現代化理論之弱點，早已暴露，古典文學會也已奮鬥了八年，是不是到了該從意識上重做調整的時候了？是不是該掙脫「古典／現代」的思考模式，驅除這種思考模式所帶來的心理壓力，來真正進入我們對古典的理解？

我曾一再指出㉘，傳統與現代根本無從區分，人之所以能夠發現他的處境，並對處境有所感受與理解，靠的就是歷史傳統；詮釋經驗，本質上也是歷史性的經驗。因此，我們同時在我們存在的境遇感去理解歷史，而又通過歷史的參與，在理解我們自己的處境。傳統和現代不是兩個實體，不是兩個世界；在存在之中，時間也不是直線進展的。「對於能敏銳感受歷史之微妙的學者而言，對『現代性』或『依賴』等概念作為一種實徵性的變項，且藉以預測國家發展的程度和問題，乃是一件荒謬的事。㉙」

同樣地，把傳統與現代視為邏輯上對立的狀態，並迷信發展就是從傳統走到現代，也是歷史的虛構。我們的文學，充斥著「結合傳統與現代」、「用現代觀點詮釋古典」、「古典文學現代化」、「把古典的精神顯現在現代作品中」之類荒唐的口號，到處是「中文系為什麼不教現代文學課程」之類無意義的激情，而以批判傳統起家的現代文學，在一個斷絕的歷史意識中發展，更是走得蹣跚顛蹶，勉強「鍛接」，又有什麼效果？

現在，除非我們能試著如前所說，真正從中國文化傳統中發展出新的認知型範，突破「傳統／現代」的意識框架，否則，我看不出有什麼希望。而當今那些鸚鵡學舌地跟著西方理論風潮打轉的人，恐怕就更不可能會替我們帶來什麼希望了！

【注釋】

1這是由文學革命到革命文學的關鍵。革命文學之興起，當然有許多人為因素及國際政治力量的操作，但內在理路（Inner Logic）上確能由文學革命逼往革命文學。特別是社會史大論戰的出現，更能讓我們看出這個意義。

2鄭學稼的意見，請參看《中共興亡史》第一卷第十三章。唐德剛以社會學行為科學解釋胡適及胡適的時代，見《胡適口述自傳》《胡適雜憶》。在《雜憶》頁一二〇談到由胡適到郭沫若對中國古代社會性質的探討，也可補充注１所論。

3 胡適本人喜歡用「中國文藝復興」一辭，甚於「新文化運動」「新思想運動」。北大的《新潮》，英文名稱就叫做 *Renaissance*（文藝復興）。

4 馬克思主義者之社會史論戰。也同樣在問：（1）當時的中國是什麼社會。（2）中國社會之發展階段如何。參看龔鵬程《思想與文化》中的《中國文化史之分期》一文。

5 「中西雙方都有很多人認為十六世紀以前的中國的科學很多都既先且盛於西方，只不過都是中世紀形式的科學，沒有經過科學革命，所以逐漸落後西方，因此從各方面，諸如文化思想、社會結構、政治經濟等來分析為什麼中國沒有科學革命」。（劉君燦《不以規矩不能成方圓》，一九七五年，東大出版社，第十一頁）其實在哲學及文化問題上，大家也都在這樣問。

6 詳 L.C.A.Knowles《十九世紀產業革命史》，一九六〇年，臺灣銀行出版，周憲文譯。這裡應特別注意因產業革命而造成的全球性世界競爭情勢。現代及現代化問題，一直跟「世界體系」的考慮、跟國家與國際間辯證交換關係支配形態，是不太分得開的。下文還會申論。

7 列舉法、減約論、理範研究法以及演化論的發展，可參看陳少廷《現代化的動力》序，收在 C.E.Back 這本書的中譯本前，一九六三年，環宇出版。

8 這是帕森思社會學的主要貢獻，也是社會學從古典兩極論到發展理論的重要步驟。國人對此，最典型的應用者，是金耀基。他在《從傳統到現代》（一九六七年，時報出版社）中，將秦漢至清末這一段，稱之為發展停滯的古典中國或傳統中國，而基於「動態的連續體」的觀念，突出傳統與現代之間轉型期的意義，認為我們最近這一百年間正是面臨傳統過渡到現代的轉型期。

9 詳科林伍德（Collingwood）《歷史的觀念》第二章。又參考龔鵬程《思想與文化》一書。

10 如常乃德說，「中國雖有文明，已屬過去」（《東方文明與西方文明》），朱謙之說，「從文化分期的原理上說，則吾國固有之文化，實乃一種落後的文化，即文化之時代錯誤，只代表文化史之第二階段」（《文化哲學》第三、八章）。

11 金耀基《從傳統到現代》。但應注意，此非金氏個人觀點。而是類似主張太多了，僅舉一家，作為引例的方便而已。

12 牟宗三之《政道與治道》及援引康德、批判認識、建立道德主體性，並企圖經由「良知之自我坎陷」方式，從理論上解說如何開出民主與科學，即是這樣的努力。

13 見尉天驄《對現代主義的考察——幔幕掩飾不了污垢》（《文季》第一期）。

14 在上注所引文中，即批評當時的現代主義作家是「沒有根的一群」。

15 趙知悌編《現代文學的考察》（一九七六年，遠景出版）突出了這一系統的批判，並認為這「實際上就是一九七八年鄉土文學論戰的前哨戰」。

16 特別是胡秋原。他曾說相對於「世界文學」而言，各國各民族文學都是鄉土文學。也指出鄉土文學是可以走入階級對立鬥爭的（見《談「人性」與「鄉土」之類》，收入《文學藝術論》）。但他指責王文興與張忠棟，一個講社會科學，一個講文學，但都鼓吹同樣的東西：殖民主義、賣國主義、反鄉土文學、反民族主義（參看上引書，頁一二六〇—一三三四）。

17 前後出過兩本論文集，一由楊國樞、文崇一主編，一由蕭新煌等編（最近楊國樞也再談到這個問題，見《中央日報》一九八七年四月廿一日副刊，其中特別談到由中國化到臺灣化的現象）。但我以為此一活動很難有什麼真正的成績，因為從題目上就顯示了行為科學的立場。而行為科學本身的理論及預設，就很可懷疑。假若我們倒過來說，搞一個中國性善理論之美國化，不知提倡行為科學者還會不會仍有類似「全世界只有一個社會學」「只有一個心理學」這樣的論調？行為科學者恐怕是不承認性善論的，如此中國化，化得起來嗎？

18 這次論戰，比較詳細的報導，是沈謙的《文學批評的層次——從夏志清顏元叔的論戰談起》（收入《期待批評時代的來臨》，一九七九年，時報出版）。

19 參見《發展理論的反省——第三世界發展的困境》（P.Berger 著，蔡啟明譯，一九八一年，巨流出版）第一章。《低度發展與發展》（蕭新煌編，一九八五年，巨流出版）第三部分。

20 由於這層與馬克思的「血源」關係，也造成了反對鄉土文學者對之發出「狼來了」的疑懼。詳見胡秋原《文學藝術論》。

21 臺灣文學本土論，以葉石濤於一九七七年為發韌，後繼者如宋冬陽、李喬、宋澤萊，遂逐漸發展成「臺灣文學一島論」。陳映真則主張將臺灣文學納入第三世界文學發展的系統，並稱臺灣文學具有「以中國為取向的民族主義特質」（見《臺灣文藝革新》第二期《鄉土文學的盲點》）。這基本上與仍走對傳統和民族的認知與解釋不同，故演變成「兩種文學心靈」（詳詹宏志這一書名的書，一九八六年，皇冠出版）；然其反帝反殖民反封建，認為臺灣文學屬於第三世界之立場並無不同，不同處在於：「誰是殖民者」？

22 關於這一趨向，鄭明娳《鍛接的鋼——論現代詩中古典素材的運作》（《文訊月刊》第二屆現代詩學研討會）、游喚《論舊詩予新詩之啟示》（《古典文學》第四集）都舉了很多這類例子。

23 詳向陽《七十年代現代詩風潮試論》（《文訊月刊》第一屆現代詩學研討會）、林耀德《不安海域——臺灣地區八十年代前葉現詩風潮試論》（第二屆現代詩學研討會）。

24 近來許多文學評論及主張，幾乎都成了對經濟問題的討論，並充滿了決定論的色彩，諸如「臺灣意識乃一定的社會、經濟發展下的產物」（宋冬陽《現階段臺灣文學本土化的問題》）之類。第三世界文學論和後現代主義文學、臺灣本土文學論、現代文學派展開爭論時，也幾乎是在比賽彼此的經濟認知。但他們很難説真正懂什麼經濟，只是套用各派理論對經濟問題的固定解釋罷了。

25 胡秋原説要超越西化派、俄化派而前進，差近於此一理想。但胡氏只反覆指超越前進論的重要，並沒有真正發展出足與西化、俄化派抗衡或對談的理論模型。

26 見《發展理論的反省——第三世界發展的困境》，頁廿二—廿四。另外，法蘭克福學派的批判理論，也逐漸出現在我們的文學方面了。而這個學派也有黑格爾、馬克思、佛洛依德的淵源。

27 庫馬《社會的劇變》（蔡伸章譯，一九七三年，志文出版）第一章第一節談《進步之意理》、第二章第一節談《革命的神話》值得注意。

28 如龔鵬程《思想與文化》中，即曾參考詮釋學討論過這個問題。《古典文學通訊》第十九期也談過。另參《文化、文學與美學》序文。

29 見蕭新煌《低度發展與發展》，頁四四三。又，以下關於歷史虛構的討論，見該書頁四十六。

三 近代文史困局的批判

東方敗不敗？

一

討論近代思想史，王韜（一八二八—一八九七）一直是位甚受矚目的人物。早期的研究，稱他為「早期資產階級改良主義政論家和歷史學家」「現代化先驅」「當代偉人」，視為晚清變法論之代表。

但我讀王韜《甕牖餘談》，卻見其中頗有值得深究之處。例如他盛稱割股療親之事，其書卷二載有《孫女割股》《孝媳割股》。且是因清朝政府並不鼓勵這種毀損體膚的行為，故他特別寫了這些文章，希望政府能對此類「孝行」予以旌表，以維持風化。

同理，他也極推崇婦女守貞潔，《記賀貞女事》《書彭孝女事》《一門節烈》《陸節婦事》等，都對所謂「封建道德」之忠孝節義至為激賞。不惟如是，他對外國女子的欣賞角度，也頗與此有關。如《法國奇女子傳》所言之奇女子，即聖女貞德也。對貞德率兵存國，他固然頗為稱道，但他特別指出：「法國俗尚淫靡，男女聚會歌舞，女（按：指貞德）

輒以莊重自持。」又《英國才女法克斯》也說此姝「天資穎敏，貞靜自好」，「幼耽文事，而於閨閣本務亦不之廢，女紅精巧絕倫」。可見他所秉持的女性觀，乃至倫理道德態度，都與所謂現代化懸異。認為婦女應以女紅為本務，應孝烈貞潔。而且主張借著推崇這類事例，來促使社會風俗更形敦厚。

王韜同時也是位喜歡談神怪的人。如《物異三則》《嘉興災異》《安徽風異》各條都可以看到他這一面。主張「人事變於下，則天象變於上。修省恐懼，可以轉災異為休咎。齊景一言：『彗星退舍，高宗修德，雊雉無聲。』前事之效，亦後事之師也」。由他這種休咎災異思想發展成的一些解說，也與科學知識相去甚遠。如他相信天上可以下雨似地降下錢鐵等物。因為天空有吸力，所以像天上降下冰雹，就是冰廠裡的冰被大氣吸走，然後再降下來的。

這樣一位人物，有忠君思想也是不足為奇的。他曾多次向清廷獻禦戎、和戎、平賊等策。他對太平天國的批評，以及對忠君死難之士的讚揚，亦均極明顯、極強烈。從這些地方看，我們所看到的，實在是一位非常「傳統」的名士文人，根本不能發現他的泰西閱歷及他對西方政法社會風俗之知識，曾影響了他什麼。

即使碰到西學之價值已為世人普遍接受的事務，王韜的態度也很有意思。例如當時「京師於同文二館之外，另設一所，專行肄習天文演算法，延泰西名儒為之教授」。王韜卻認為「算學宜先師古」，提醒道：

新法之精密，人人知之矣，而要皆從古法之疏外者對觀而出。……新法未嘗不從舊法中來也。不特西法如此，即中法亦何獨不然？……皆從古法參悟對觀而出者也。不明古法，不能知新法之善而悉其變通之得失。故中國人士講曆算者，當先從經學中算術始，繼之以各史曆法之沿革。……苟中國學者徒知以西法入門，而於經史曆算本末，未嘗一考，則亦未為得也。（《專重天算》條）

這是非常精彩的辯護，也明確地顯示了王韜有迥異於現代化觀念的想法。

然而王韜又有完全接受西方思想觀點的地方，尤其是深受西方殖民主義之感染，以殖民者之角度去觀看文化差異的問題。例如他說《印度叛英》。說美國初開闢之際，「教士初至時，屢以道勸化土人。土人頑梗，加以橫逆。因不得已，殲斃其類」。把印地安人形容為野獸，「好拜偶像，不諳義理」。又說澳洲土著，「性最愚魯，面色盡黑。……山林野性，非復可羈也。其遠處土人尤兇惡，搏人而食。……寢皮剝膚，並飽其腹」。南洋各島，也被他形容是：「土民性悍惡，搏人而噬，無異牲牢。」法國的殖民行動，則是「眾頗悅從，一變其前日恃強積悍之習」。連臺灣，他也很鄙夷原住民「其人裸袒睢盱，殊非人類」，「土著素非善良，有不可情喻理遣者矣」，主張全部逐去。

這些都是以西方殖民者的眼光來看事情。這種態度，在《日本略記》一篇中特別明顯。他從「西士理雅各東遊日本」的角度，說日本「淫祠叢興，不可究詰。此其蔽也」，「平居男女無別，廉恥不勵，東方椎結侏離之俗，猶未盡變焉」。他自己就住在東方、就推崇東方中國的忠孝節義、就相信鬼神休咎，現在卻站在西方教士及殖民者的立場，說東方樸鄙之俗應該改變、說東方的宗教信仰是淫祠。這不是很有趣嗎？

為何出現此種現象？袁光英和桂遵義《中國近代史學史》認為這是由於他曾得英領事的庇護才能逃出上海，住在英殖民地二十年，又幫英人理雅各翻譯，故為英人說話，把英人之侵略，視為「天道之所當然」①。我則認為他並不是直接從西方殖民主義之思想上受到影響的，而是那種殖民者對待異文化的態度，呼喚起了王韜本身從自己的文化中學習到的夷夏觀。王韜曾著《春秋左傳集釋》《春秋朔閏日至考》《春秋日食辨正》《春秋朔至表》等，對春秋尊王攘夷之義，自必熟稔。所以他徑直把這些土著視為「夷狄」須要「教化」，才能讓他們從野蠻進入文明；對於西方殖民者處理異文化的方法，也予以認同。若非如此，他就不可能一方面稱道中國之忠孝節義禮俗，一方面批評非西方社會之粗鄙野蠻了。

從以上的舉例分析中，可以讓我們進一步思考到許多東西。

二

前文說過，王韜曾被視為晚清變法思想的代表人物。早期的研究，多致力於說明他如何介紹西方思想進來到那陳舊不知變通、不明世界局勢的社會中。西力衝擊著古老昏睡的中土，只有早起的先覺者才被驚醒、才舉目外望，望見西潮之波濤、望見鼓浪前行的汽輪，於是大聲疾呼，呼籲國人一齊醒來，努力變法、學習西方，以求生存。王韜、郭嵩燾、魏源等一連串名字，即是這類先覺者。後來的嚴復、譚嗣同等，乃至更後來的陳獨秀、胡適、魯迅等，形態雖不相同，出現的意義是一樣的。大家都向西方學習，在中西的對比中看到了中國的落後、封閉，而主張變以救亡，最後甚至形成啟蒙與救亡的自我衝突。

相對於他們的努力，社會上則仍存在著嚴重的保守勢力。自居天朝、不知國際大勢，對西潮無力回應，仍死抱著傳統的世界觀、道德觀、文化觀。以致發展到五四新文化運動時，求變以救亡者，再也忍無可忍了，全面與之決裂，要把傳統打破，視一切傳統均為進步之障礙。

到一九六七年，柯文（Paul A.Cohen）才開始分析王韜所寫有關國際形勢的文章，斷定王氏的權力觀念仍植根於孟子思想。雖主張中國應努力學習西方以達至富強，但卻不滿足於停留在西方列強競立的霸權階段，而提倡必須進至孟子的王道理想。故他並非一面排斥傳統，一面吸收西學。反而是努力想調和中西以尋求最佳的改革方法。因此柯文提醒學者不要忽略中西文化裡某些素質的可能重疊或匯合。孟子的王道和西方社會的公義當有相通之處②。

一九六七年柯文又結集他研究王韜的成果，寫成《在傳統與現代之間——王韜與晚清變法》（*Between Tradition and Modernity：Wang Tao and Reform in Late Ch'ing China*）。論者認為他的研究有兩點重要意義：第一，顯示「傳統」與「現代」之間有某些價值是相合的。第二，說明近代中國知識分子是站在固有的文化基礎上來調和西方思想。前者使得研究近代史者重新考慮中國傳統的存在價值，不再把傳統看成完全是負面的東西；後者也可把從前被過分簡單化為「頑固守舊分子」的思想家變成有待深入探究的新課題③。

王韜的研究史，當然也可以擴大來看。一九七九年，美國學者馬若孟（Ramon H.Myers）與墨子刻（Thomas A.Metzger）合寫的《漢學的陰影：美國現代中國研究近況》中第一部分，便檢視美國漢學界有關中國近代思想史的研究。指出美國的歷史學家許多關於近代中國的著作，都局限在「現代化典範」與「革命典範」的狹隘領域。思想史自不例外。所謂「現代化典範」，是指把中國傳統文化視為不合時宜，且為踏上現代化路途時所必須擯棄的。「革命典範」則將社會主義體制視作歷史邏輯發展的結果，以馬克思、毛澤東思想取代逝去的傳統價值觀。文中更指出直至二十世紀七〇年代初，美國史學界才漸反省到此種觀念的錯誤並開始轉向④。故前文所述，有關王韜研究的第一種態度，當然就是現代化典範下的產物。而把像王韜這一類人，視為「資產階級改良派」的進步思想家，且謂其尚未能擺脫歷史的局限，則是採取革命典範者之習慣做法。

一九七一年張灝的博士論文《梁啟超與中國思想的過渡期：一八九〇－一九〇七》（*Liang Ch'i-ch'ao and Intellectual Transition in China, 1890-1907*）出版，對於現代化觀點提出修正。認為像梁啟超一類知識分子，雖受西學影響，但並未懷疑儒家許多有關個人行為和人際關係的規範，故任公其實是希望綜合中西道德的優點來建立他心目中的新道德體系。因此中國傳統與西學，在梁啟超而言，並非對立衝突的問題，也不是「挑戰－回應」這麼簡單，我們應注重思想本身的內在動力及傳統文化的多樣性和複雜性。

其後又經不斷深化的研究，論者漸漸開始了解到中國文化的多面性，近代知識分子吸收西學時也非完全排斥其傳統。所以二十世紀七〇年代的美國史學界，已普遍傾向於發掘中國傳統中與現代不相違逆的地方，以肯定其時代意義。例如傅樂詩編的一部文集《改變的限制》（*The Limits of Change*）即發現近代守住傳統的知識分子受西方學說的影響及對西方文化的認識程度，絲毫不遜於提倡反傳統的人。賈士傑（Don C.Price）的《俄國與中國革命的根源》（*Russia and the Roots of Chinese Revolution*）便指出近代追求西化富強者的意識中，不乏傳統思想的影子。艾愷《Guy S.Alitto）的《最後的儒家》《*The Last Confucian*）同樣注意到梁漱溟雖由傳統哲學的立場反對馬克思主義，但其鄉建計劃卻又是個嘗試性的科學化實驗構想。

林毓生《中國意識的危機》也是這個潮流下的產物。他保留了現代化的價值判斷，認為整個中國傳統的一元論主知主義思維模式（monistic-intellectualistic mode of thinking）正是中國不能開展出現代民主科學的原因。但他分析近代思想史上的反傳統者，卻發現此類人士仍保持著這種思維模式，故其與傳統之關係並非對立或斷裂的。新文化運動的全盤反傳統主義與傳統之關係乃是吊詭式的（Paradoxical Relation），全盤反傳統主義必須採取傳統思維模式以成其事⑤。

也就是說，不論對傳統之評價為何，或對傳統如何描述，這一時期的論述較常致力於說明傳統與現代之間的非斷裂關係。或指明變革者仍有傳統觀念，或申辯保守傳統的人也對現代西學有所了解。「傳統／現代」之架構已被鬆動，但事實上並未完全瓦解，只能說是原有分析架構的修正。因為所謂「進步／保守」「西洋、現代／中國、傳統」「變革／守舊」「資本工業社會／封建社會」「民主、科學／貧窮、疾病、愚昧、貪污、擾亂」等思維概念仍然充斥於這些論著中。只不過論述的重點，已由「從傳統到現代」轉移到「傳統與現代之間」罷了。

全面批判「傳統／現代」思維模式，是一九八四年柯文自己的另一本著作：《在中國發現歷史：美國的中國近代史研究》〔Paul A. Cohen, *Discovering History in China : American Historical Writing on the Recent Chinese Past*（NewYork : Columbia University Press,1984）〕。在這本書裡，他說美國的中國近代史研究早期是以西方衝擊、東方反應為主軸，以正面角度來呈現西方的擴張，而以負面措辭來表現中國對西方的抗拒。到一九七〇年後，史家則發展了帝國主義理論典範。這套典範，其實仍是西力衝擊說，只不過在價值判斷上換了位，認為「中國近代史是一部帝國主義者侵略中國，反對中國獨立、阻礙中國資本主義發展的歷史」。因此，根據現代化理論，中國只有導向現代化，才能擺脫貧窮愚昧與落後；而依帝國主義理論，只有走向革命，反帝反侵略，才能真正改善中國的處境。

對這兩種論析典範，柯文都不同意，所以他提出了另一個模式，亦即二十世紀八〇年代以後美國史界走的一個新方向：以中國為中心的中國史研究。

此一研究方向所包含的觀念，大致如下：（1）清末以至民初的社會狀況，主要並不因西方衝擊而形成，乃是中國社會長期發展的結構使然。例如人口壓力、領土擴張、農村經濟商業化、社會各階層日增的內政挫折感等。故主要應由中國內部來看中國的歷史，而不是從西方外部來看。（2）所謂從中國內部看，還可以從空間上研究各省、府、區域、城市；或（3）從階層上展開不同階層之探索。由此，乃開啟了區域史、地方史、民眾史之研究。（4）因中國歷史及社會甚為複雜，既不只從特定角度來觀察，便須結合各種社會科學人才與方法，始能獲得好成績，務實地說明中國歷史⑥。

我覺得這也是柯文對王韜研究的擴大。因為在他的《在傳統與現代之間：王韜與晚清變法》一書中，已嘗試區分晚清變法家為濱海與內陸兩類。他認為趨向於濱海一類的變法家，因受西洋影響的機會多，故最易接受變法，思想亦較內陸一類進步些。後來他所指出的「邁向以中國為中心的中國史研究」之第二種研究法，顯然即由此發展成形。

三

順著柯文對美國史學界的批判及其王韜研究來看，我們會發現像王韜這樣的人，其實根本無法納入西力衝擊的挑戰與回應模式中去了解。他的倫理態度，完全未受西潮影響。他既不足以代表慕羨西學、知曉西學，而鼓吹變更傳統社會文化，以適應新局者；又不能說他是個擁抱傳統的保守分子。過去講王韜如何如何可以視為中國現代化之先驅，都只是戴著現代化理論的眼鏡，在他的著作中找些片面的材料來印證自己的成見而已，對上文我所談的一些現象，則視而不見。

王韜當然也不能納入帝國主義理論的模式中去認識。他對各洲土著之鄙夷，頗似殖民主義者的口吻；對東方文化的批評，很有東方主義的架式。但他對東方中國文化卻又毫不貶抑，其用以批評土著之觀念，恐怕也非帝國主義的殖民思想，而是中國的夷夏觀。何況，他也壓根兒欠缺民族解放、階級平等之類想法。

那麼，用柯文「在中國發現歷史」之法來看王韜呢？柯氏雖說要在中國發現歷史，然而他基本上仍視王韜為一變法者，只是說王韜之變法思想仍係以中國傳統做基礎。我們上文的分析卻顯示它可能並非如此。王韜能不能被稱為「變法家」，殊堪懷疑。謂其為沿海類型之變法家或改革派，且據此推論沿海地區因在物質與文化上直接受到西方之影響，故易於接受改革思想云云，當然就更顯得十分牽強。內陸地區，如湖南、湖北，主張變革的人，其實反倒不亞於沿海。

像這樣的研究，只是一個例子。用以說明迄今為止整個近代思想史研究的困窘處況。據周作人《苦竹雜記・關於王韜》之考證，王氏雖然「在同光之際，幾為知識界的權威」，但其人好酒、好色、好抽鴉片，去日本遊歷時，只知「日在花天酒地中作活，幾不知有人世事」。故周氏說他不脫名士才子氣，終究只是個清客，在太平時幫閒、在亂世幫忙而已。

這樣的描述，不是立刻超越了什麼西力東漸現代化，或帝國主義分析典範嗎？越是套用那些分析架構、思維模式、術語，我們就越不懂王韜。只有擺脫這一切，我們才能重新認識這位抽大煙、好酒色、喜歡女人貞節孝烈、相信災異休咎、既參與太平軍又痛罵發逆而不斷表態效忠的王韜。

再以湖南人魏源為例。

魏源（一七九四－一八五七）曾編《皇朝經世文編》《海國圖志》，主張師夷長技以制夷，是在各近代史著中都被列名為變法派的代表人物。李華興《中國近代思想史》稱他是地主階級改革派，謂其有向西方學習的思想，故強調「變古愈盡，便民愈甚」，「天下無數百年不弊之法，無窮極不變之法」，「小變則小革，大變則大革。小革則小治，大革則大治」⑦。他是個變法論者，似無可疑。

但是，幾乎所有研究者都搞錯了。魏源分明說過：《海國圖志》固然是「為師夷長技以制夷而作」，「然則執此書即可馭外夷乎？曰：唯唯，否否，此兵機也，非兵本也」。什麼才是兵本？就是人心。所以他引「明臣有言：欲平海上之倭患，先平人心之積患」，主張覺人心、起人才。

《皇朝經世文編序》的第一句話也是如此說：「事必本夫心。」因為人心人才最重要，所以法不法古，均屬第二義。《默觚．治篇四》講得清清楚楚：「醫之活人，方也；殺人，亦方也。……秦以盡壞古制敗，莽以剿襲古制敗，何其異軌亦同歸耶？秦之暴，不封建亡，即封建亦亡，兩晉八王之事可見矣。莽之悖，復井田亡，不復井田亦亡，隋煬朱梁之輸是矣。」人心是本，法是枝葉，故《皇朝經世文編・序》在「事必本夫心」底下，立刻接著說：「法必本於人。」變不變法，其實不是重點。

不但變不變法非重點非根本，且「君子不輕為變法之議」（《治篇四》）。縱使要變法，也必須掌握這個原則：「今必本夫古。」《文編五例》說，「欲識濟時之要務，須通當代之典章。欲通當代之典章，必考屢朝之方策」，《文編序》也說，「善言古者，必有驗於今」，發揮此理，都講得很明白。

故魏源之論變法，重點不在「革」而在「因」。所編《明代食兵二政錄》，序文曾說：「以三代之盛，而殷因於夏禮，周因於殷禮，是以《論語》『監二代』，荀卿『法後王』，而王者必敬事前代二王之後。豈非以法制因革損益，固前事之師哉？我朝……大都因明制而損益之。」也由於法皆有所因、皆是因舊法而損益，所以他才會說：「善言古者，必有驗於今。」哪裡是如現今史家所描述的那樣，是一位主張向西方學習、盡變古法以圖強的人呢？

依據「本／末」「心／事」「人／法」「古／今」「我／物」「因／革」的析理架構，魏源認為前者才是本，只有掌握本，方能「有驗於事、有資於法、有驗於今、有乘於物」。強調者在於本，而不在於末事機權。所以《聖武記序》論聖王之武功，特別指出：「昔帝王處蒙業久安之世，當渙汗大號之日，必虩然以軍令飭天下之人心，皇然以軍食延天下之人才。」所重者仍然是人心與人才。

從這些所謂經世思想的文獻上看是如此，若綜合魏源其他方面的表現和文章來說，那就更明顯了。

他為何要作《書古微》《詩古微》《小學古經》《大學古本》？為何說「嗚呼？古學之廢興，關乎世教之隆替」（《書古微例言中》）？為何說「大學之要，知本而已。……此千聖之心傳，六經之綱領也」（《大學古本序》），「蒙以養正，是謂教本」（《小學古經序》），為何主張治古文者須「沿溯乎當代經術掌故，以求適乎姬孔之條貫，可謂不離其宗者也」（《國朝古文類抄序》）？又為何會作《老子本義》？為何會受菩薩戒，強調「是心作佛，是心即佛」（《觀無量壽佛經序》）？為何要反對乾嘉之所謂漢學，謂其不夠古，而致力於復兩漢之今文家法？為何要說「今日復古之要，由詁訓聲音以進於東京典章制度，此齊一變至於魯也。由典章制度以進於西漢微言大義，貫經術政事文章為一，此魯一變至道也」（《劉禮部遺書序》），借變以復古？又為何會稱讚龔定庵之學是能夠復古，強調做學問須「大則復於古，古則復於本」（《定庵文錄序》）？

從「經世」「變法」「向西方學習」等角度看，對於魏源這些行為，是不能通貫地解釋的。只有脫離那些流行的分析模式，我們才能重新認識魏源。一位本乎心、本乎經、本乎古的魏源重新在向我們說話，言道：「無一物不歸其本，無一日不有太古也。求吾本心於五千言而得，求五千言於吾本心而無不得，百變不離其宗，又安事支離求之乎？」（《論老子》）這番話，對於天下間紛紛謂魏源為變法論者豈非當頭棒喝？

又如黃公度。論者曰，「言我國革新史者，若嘉慶黃公度先生，誠近代一健者矣」，說黃氏是在日本見到它維新改革的成績，又接受了王韜早期改良主義之影響，所以編《日本國志》，號召國人向明治維新後的日本學習。

試檢《日本國志》，便知此說殊有不然，便知大家又搞錯了。其書卷三二《學術志一》說得很明白：日本在戰國時期，將軍專政，士大夫不知有名義。德川家康以後，漢學日盛，「民益知義。逮外舶事起，始主攘夷，繼主尊王以攘夷，終主尊王，皆假借《春秋》論旨，以成明治中興之功，斯亦崇漢學之效也」。明治維新以後，漢學衰，西學盛，但「明治十二三年，西說益盛。朝廷又念漢學有益於世道、有益於風俗。於時有倡斯文會者，專以崇漢學為主」。可見在黃公度眼中，明治維新，未嘗全廢舊學，舊學對日本亦有積極之作用。

不但如此，明治維新中間一段崇西學廢漢學之風，公度並不贊成，故於《志》後以「外史氏」評論道：

> 狂吠之士，詆諆狎侮，以儒為戲，甚且以仁義道德為迂闊，以堯舜孔孟為狹隘，而《孝經》《論語》，舉束高閣。其見小，不足與較。吾哀夫功利浮詐之習，中於人心，未知遷流所至也。且即以日本漢學論，亦未嘗無用也。……辭章之末藝、心性之空談，在漢學固屬無用，而日本學者，正賴習辭章講心性之故，耳濡目染，得知大義，……卒以成明治中興之功，則已明明收漢學之效矣，安在其無用也耶？

所以他預測：「漢學之興，不指日可待乎？」他作《日本國志》若欲使國人有所借鑑，當然即包括對日本這段非理性西化的反省在內。

這樣的反省，其中涵蘊的價值判斷甚為明顯。黃公度根本不認為西學勝於中土聖賢之教。因此他一面說西學源於墨子、用法類乎申韓、設官近於周禮、行政同於管子。既然都源於中國，那麼，「禮失求諸野」，把我們自己失傳而他人發揚光大之術學回來，自不必以學洋人為恥。但由這個論述架構看，西學不過申韓管墨而已，又怎麼比得上聖賢儒術？依這套學問發展下去，必有大弊：

> 吾以為其流弊不可勝言也。推尚同之說，則謂君民同權、父子同權矣，……兼而同之，是啟召亂之道也。……卒之尚同而不能強同，兼愛而無所用愛，必推而至於極分裂極殘暴而後

已。執尚同兼愛以責人，必有欲行均貧富、均貴賤、均勞逸之說者。吾觀歐羅巴諸國，不百年必大亂……伏屍百萬，流血千里。（《學術志一・前外史氏序論》）

這是對民主的批評、對西學的絕望。這些，在一般史著中是根本不會提到的。大家都說他主張維新變法，主張向西方學習，卻未注意到他說要學習西學時，都是「權說」，只是要工具性地使用西學，而非變古以求新。因此他說：「西人每謂中土泥古不變，吾獨以為變古太驟。三代以還，一壞於秦之焚書，再壞於魏晉之清談，三壞於宋明之性命，至詆工藝之末為卑無足道，而古人之實學益荒矣。」據此，說黃公度是位求變維新者，毋寧說他是位復古者，期望恢復古人之實學。此學若復，不惟「西人之學，未有能出吾書之範圍者也」，更可避免西學之流弊。

公度之本懷如此，所以光緒二十八年（一九〇二年）梁啟超想辦《國學報》時，他便覆書云：「公謂養成國民，當以保國粹為主義，當取舊學磨洗而光大之。至哉斯言，持此足以立國矣！」

由以上的分析，可以發現這位曾言「中國必變從西法」（《己亥雜詩自注》）的黃公度，並不能從變法學西方的角度來掌握。其間甚為曲折複雜，若無細緻的思想脈絡重建工夫，即不免囫圇視之，謂之為西化論者。

同樣地，若從「知識分子感慨世變，故利用小說以倡議改革，批評時政」的角度來看魏源、王韜之後的晚清小說，把小說家看成了推動中國現代化或反帝國主義侵略的人物，我們對晚清小說與小說家同樣也會認識不清。

蓋晚清知識分子利用小說倡議改革，不能說沒有，卻非主體。我們看晚清文學，可能應該重新注意其中蘊含的遊戲性質。以魯迅所說：「譴責小說，其作者，則南亭亭長與我佛山人名最著」的南亭亭長李伯元為例。李氏固然寫了號稱譴責小說的《文明小史》與《官場現形記》，但他到底是為了「感時憂國、糾彈時政」而作，抑或旨供談助呢？

李氏曾自號「遊戲世界之主人」，於光緒二十三年（一八九七年）創辦《遊戲報》，自云將「以詼諧之筆，寫遊戲之文。遣詞必新，命題皆偶」。又於光緒二十七年（一九〇一年）創辦《世界繁華報》。此報連阿英都承認「完全是一種所謂消閒的小型報紙」。其中內容誠屬遊戲三昧，如一專欄名《北里志》，專記都市妓戶的新聞，什麼「林黛玉前日往杭州，洪蕊初專員回上海」、「李翠鳳被罵，林鳳珠教歌」之類，還有梨園志、俳優傳、射虎錄、食譜等，文苑則以嬉笑怒罵之文為主。李伯元的《官場現形記》即刊載在這樣一份報紙上。

上文所說的「林黛玉」，乃當時有名的妓女。庚子事變後，北京、天津一帶妓女多避難南下，李伯元即在上海重開「花榜」，寫了一篇《擬訂津門劫餘花選啟》，廣邀洋場才子，

「評騭殘花」，選了「林黛玉」做榜首。後來更編了一本劇本，說「林黛玉」如何遇盜，如何受辱，如何被開膛破肚，如何狗食狐拖。劇本即名《林黛玉》。這種文章及舉動，真遊戲世界中人所為。其詩文如《叩頭蟲傳》《飯桶傳》《戲擬花神討蜂蝶檄》《戲祭功狗文》《某宦祭煙槍文》《花叢列傳》《滑頭文》《雛妓行》《擬創花叢弭兵會說》《妓女薄情文》《妻妾相爭文》《告青樓姐妹文》《庸醫傳》等，均屬詼諧遊戲之文。對這樣的人、這樣的文學作品，從感時憂國、抨擊譴責的角度來觀察，合適嗎？

我們應切實注意這種文人遊戲活動以及其共生結構，如報紙、出版、文人團體、都市消費群眾和特殊行業（如梨園、妓院之類），皆對此一風氣有推波助瀾之效。晚清小說中出現一大批「嫖界指南」、「社會黑幕」，實即為此一趨勢中的產物。當時吳沃堯曾為一市儈撰《還我靈魂記》，論者惜之，輓以聯曰：「百戰文壇真福將，十年前死是完人。」周桂笙《新庵筆記》即替他辯護云：「前日報主筆，如病鴛、雲水、玉聲諸君，且受傭藥肆劇場，專事歌頌，則又何說？」此類作品形成之市場與環境，論者殊欠考察。故阿英《晚清小說史》說當時魯迅所謂之「譴責小說」占了總數百分之九十以上，根本就是胡扯。實際的情況是偵探、武俠占了大宗，而嫖界指南之類作品亦遠多於譴責小說⑧。

至於魏子安的《花月痕》，所謂「豈為蛾眉修豔史，權將兔穎寫牢騷」，韓邦慶（花也憐儂）的《海上花列傳》品題海上群芳；以及陳森的《品花寶鑑》論「幾個用情守禮之君子，幾個潔身自好的優伶」，自云合乎好色不淫之旨，而實乃描述同性戀者。此類情色及狹邪文學，至晚清大行其道，更是難以用現代化典範或帝國主義典範去比附了。邇來講小說，既薄此類狹邪小說，未考慮胡適曾說「以小說論，《孽海花》尚遠不如《品花寶鑑》」等語。而又相反地大肆抨擊中國古代壓抑性觀念、性描述。未知陳獨秀即云，「中國小說有兩大毛病，第一是描寫淫態，過於顯露」，胡適亦云「仔細想來，其實喜描淫褻，為中國古人之一種通病」，故所言皆非中國社會文化之實況。

此外，過去的文學批評，拘執於寫實主義的觀點，又動不動就拿帝國主義入侵、知識分子憂國救亡這一套特定的歷史解釋去看這個時代的文學，連帶地也把晚清以來文學發展的主線，做了不恰當的描繪，未曾注意到寫《廿年目睹之怪現象》的吳沃堯，其實也就是寫《發財秘訣》《無理取鬧之西遊記》《盜偵探》《電術奇聞》《瞎騙奇聞》《最近社會齷齪史》《還我靈魂記》《中國偵探案》及嫖界指南《胡寶玉》的吳沃堯；編《官場現形記》的李伯元，也就是在上海開花榜、嫖妓徵色的李伯元。對晚清小說，自然是扣槃捫燭，不見真相了⑨。

這類例子，還可以無休止地舉下去。但我懶得再多舉了。舉例說明，原也只是為了即事言理，故重點在於我們應該從這些事例中學到教訓，明白無論是對於魏源、王韜、黃公度個人，或對整個晚清小說、晚清文學、晚清暨民初思想界的研究，超越現代化及帝國主義範式，都是必要的。在中國發現歷史，是個新的可能、新的方向，但過去在這方面做的研究也還不夠，我們須要對歷史和我們自己用以思索歷史的思維框架，有更多反省能力才行。

四

柯文形容美國的中國近代史研究，曾經經歷過二十世紀五〇、六〇年代的「衝擊—反應」與現代化理論典範階段、七〇年代的帝國主義理論典範階段、八〇年代「在中國發現歷史」階段。其中前兩階段都是以西方為中心而形成觀念架構。這種現象，就西方人來說，自是難免的，他們本來就是西方人嘛！可是，柯文更指出：「種族中心觀念所造成的扭曲，……另一較不明顯的來源，厥為中國人本身。不論是不是馬克思主義者，在重建他們自己的歷史時，都一直相當依賴從西方引進的詞彙、概念和分析架構。」

在美國以外的中國地區，如大陸與臺灣，其實正如他所說，和美國的情況沒什麼太多不同。大陸主要採用帝國主義典範，臺灣主要採用「現代化」「衝擊—回應」典範，兩者全部都使用著西方的詞彙、概念、分析架構，全部變成了西方中心觀點，彷彿洋人。以致連洋人都抱怨我們這樣「使西方史家無法獲取局中人有參考價值且不同於局外人的觀點」。

八〇年代以後，美國史學界已對前述兩種典範展開批判反省，而開展了柯文所講的第三條路。可是對美國學界一向亦步亦趨的我們，此時卻未趕上。因為兩岸對近代史的解釋剛好調換了位置，臺灣開始流行帝國主義理論，大陸則出現如火如荼的現代化論述。越是自命開明、自以為激進的知識分子，越是如此。

讓我用些例子來說明。

所謂現代化論述，是說近代中國之歷史，主要是因西方衝擊，而使中國逐漸走向世界、參與世界，由傳統社會轉變成現代社會之歷史。而在這個歷史發展過程中，傳統社會的封建落後因素，對現代化之進展，基本上起了滯後的作用。所以進步的知識分子，都要向西方現代學習、都要向中國的社會「啟蒙」、都要打破傳統（後來的論述，對此略有修正，謂傳統不完全是負面的，不必全然打倒，傳統也可以對現代化起積極之作用，所以應該取傳統之精華而棄其糟粕）。

依此觀點，中國和同樣屬於東方國家且深受中國文化影響之日本，兩者在面對西方之挑戰時，現代化之遲速，便成為極重要的論題。相關之文章論著，不知凡幾。因為日本明治維新成功，顯示了東方國家也能現代化；而戊戌變法之失敗，則顯示中國回應不良。為何中國會如此回應不良呢？典型論述是：傳統中國「全面的凝固和結構上的紮實穩定，根本抑制了它在面對西方威脅時，做快速的反應」。

但若從帝國主義理論的觀點來看，日本之所謂現代化，能較中國成功，並不是什麼國民性、文化因素、社會條件、企業家族倫理、日本思想家善於調融世界性與本土性等日本內部的社會或傳統因素使然，而是：（1）「中國承受了西方列強的全面衝擊，因此無法回應。日本得免於帝國主義的支配，部分是因為外在環境的形態特殊」，帝國主義對兩者的壓力並不相等。（2）日本採用了帝國主義的發展模式，靠著對外擴張來增加資本，以侵略掠奪來達成現代化。中國則未採這個模式，只想通過內部改造來現代化，當然不能成功。

過去臺灣研究近代史者，充斥著前一種觀點，從郭廷以《近代中國史綱》《近代中國的變局》以來，都是《近代西洋文化之輸入及其認識》《中國近代化之延誤》《近代科學與民主思想的輸入》《從中外接觸上談中國的近代化問題》……有這個觀點者，便會不斷強調王韜曾與英美教士交遊、同情太平天國、曾是太平天國的狀元、「深通西學，洞達外情，鼓吹改革」、力讚日本「國中一切之制度，概法乎泰西」……近幾年始出現如許介麟《中國人觀點的近代日本論》這樣，借徑於世界體系理論依賴理論，而趨近於帝國主義典範的論述。

大陸則反是，激進的知識分子，如鍾叔河整理了晚清人西遊的記錄，出版《走向世界》叢書；嚴家炎等人發展了「二十世紀中國文學」的觀念，謂此時中國文學正在中西文化碰撞中走向世界，總主題則在於「改造民族靈魂」；金觀濤提出了中國社會超穩定結構論；蘇曉康等製作《河殤》，呼籲擺脫黃河與長城意象，走向蔚藍色的海洋；李澤厚痛責「封建糟粕，嚴重阻撓了歷史的前進」，強調五四新文化運動的「啟蒙」功能……

之所以如此，自有社會文化上的因素。歷史研究，向來和研究者的情境感受及其現實預期緊密相關。

郭廷以在一九四一年即出版了《近代中國史》，煌煌巨著，一千兩百八十頁，其目次如下：中西陸路上之接觸、中西海上之接觸、中英關係、通商概況、中外糾紛、中英鴉片戰爭。遷臺後，郭氏主持中央研究院近代史研究所甚久，學術傳統早已樹立。完全以中外關係史為中國近代史。而從五十年代的《自由中國》事件、六十年代的中西文化論戰開始，自命為進步的知識分子又都熱心提倡現代化之觀念，殷海光《中國文化之展望》批評傳統「天朝型世界觀」，主張現代化；李敖重提「全盤西化」；柏楊痛斥中國人的「醬缸文化」。都有招五四之魂、破中土之舊的意味。其後政府在具體施政上，擴展工商業，積極參與國際貿易，以現代化為官方論述基調，以資本主義之成就為臺灣奇蹟而竊喜不已。這時整個現代化論述，業已凝固成了一般民眾的基本意識形態，浸潤到許多生活及語言中。

八〇年代以來，政局丕變，資本主義化之後的社會正義問題日益浮現，久遭壓抑的左派思想漸獲解禁，歐美各種現代化理論之後的學說又紛紛湧入。一時之間，如後工業、後現代、後殖民、解構、批判、晚期資本主義、依賴等理論，萬頭攢動，質疑資本主義的社會觀，重新認識馬克思、講福利國、構組社會正義連線。加上兩岸交流開放，大陸著述如潮水般湧來，明清之際有資本主義萌芽，晚清有資產階級改良派主張變法、向西方學習，五四運動繼承了近代資產階級反封建之文藝觀而走向反帝革命、為中國帶來了馬克思主義等思想命題，聽多了遂也不免鸚鵡學舌起來。因為這些講法，在一個相當疏隔馬克思學說且已大體資本主義現代化的社會中，實在具有相對的新鮮感。何況，傳統的力量，在臺灣的社會現實中，業已十分稀薄。現在的存在問題，已不是要打倒封建勢力、積極現代化，而是處理工業化、都市化、現代化以後的問題，如環保、交通、工作壓力、貧富不均、資本家剝削、官商勾結、社會保險等等。自許為社會良心的知識分子，當然常會跨越現代化論述，而從其他角度來審視近代思想史。

大陸卻不同。革命之後四十年，發現又回到了原地。社會發展的暫時落後，被解釋為中國社會中封建積澱太多，尚未清除使然，所以仍要啟蒙、仍要呼籲迎接德先生和賽先生，提議中國應走向世界、走向現代化。在大方向上，這些呼籲是和政策及社會期望相吻合的。

因此，對於如何超越這些陳舊的論述，兩岸似乎都還缺乏興趣，甚至還不太能覺察這些論述對中國近代史已構成了嚴重的扭曲[10]。而更有趣的是：在臺灣的資本主義體質尚未瓦解、資本主義現代化仍是社會的主流意識之際，大陸又熱烈進行現代化，以致早應被反省超越的現代化資本主義論述，竟繼續扮演著時代新寵之角色。

五

最能代表此一有趣現象的，就是黃仁宇「大歷史」（macrohistory）系列。

黃先生從《萬曆十五年》以後，出版了《中國大歷史》《赫遜河畔談中國歷史》《資本主義與廿一世紀》等一系列號稱大歷史的論著，一直寫到蔣介石。其基本觀點，謂吾人觀看歷史無須太在意一時一事或人物之賢愚得失，而應從大局面與長時間來看。這樣我們就會發現歷史自有其長期的合理性（long-term rationality of history）。以中國歷史來說，商周是封建時期，秦迄清末則皆為中央集權，但因這種官僚政治（bureaucratism）並不能進行「在數目字上管理」，故在面對西方現代資本主義之挑戰時顯得左支右絀。

據此，黃先生批評過去中國的歷史書，都「以傳統官僚政治的目光進行編撰」，以道德來替代對事實的了解，所以他提倡這種大歷史的觀察法，由技術而不是從道德上，說明中國過去未能在數目字上管理。而近百年來，因中西文化摩擦接觸，「中國歷史與西洋文化匯合了」，才終於完成了可以在數字上管理的條件。毛澤東建立了這條件的下層，蔣介石建立了上層，改造了整個中國政治經濟之系統。長期革命既已成功，今後當然只有循著這條路子，參與十八世紀後已成為世界一般趨勢的資本主義社會。

黃先生的作品在臺頗為暢銷。像《資本主義與廿一世紀》那樣厚達五百三十頁的大開本論著，一九九一年十一月出版，當月即再刷。這在學術著作中恐怕是絕無僅有的。其他如《放寬歷史的視界》等亦均數十刷。大陸也有翻印本，銷行亦甚廣。他可說是當今最熱心的資本主義辯護史家，而其作品之廣受歡迎，也顯示了這種論述和社會基本意識緊密結合的狀況。

但所謂大歷史，關鍵其實不在於要不要拉大觀察時間和空間。因為若只是從大局面和長時間去看，未必即能看見「歷史長期的合理性」，我們很可能只會看到一堆雜亂無章、相互矛盾的事件，或看到歷史之興亡變滅俱歸空無，或覺得歷史的發展只是讓人扼腕，或發現歷史體現了神的旨意……故所謂歷史長期的合理性，乃是論者基於一套特殊且特定的歷史哲學才能看到的。

換言之，若無一種類似黑格爾觀點的歷史哲學，並對資本主義有堅定的信仰，我們既無法看見所謂歷史長期的合理性，更無法看見這個合理性即是中國的資本主義化。大歷史、放寬歷史視界云云，只是一面幌子，只不過是要說：「中國近五百年歷史為一元論」，都處於一個停滯、內斂、不容產生現代型經濟的傳統社會。若更拉長時間來看，第一帝國秦漢和第二帝國唐宋，也都同樣不能在數目字上管理（not mathematically manageable），都是「前現代」的。

為何中國會形成這麼一種中央集權的官僚體制，出現現代化的負因素（negative influence）？黃氏從魏特夫（Karl A.Wittfogel）的《東方專制主義》講起。此公認為東方諸國以農耕為主，農作物需要灌溉，灌溉則要興建大規模的水利工程，經全民動員之後便造成了一個管制的社會，此即是東方的專制的起源。他有些時候也稱這為「水利社會」或「亞洲社會」。惟此社會的專制政體本身雖不受任何限制，卻仍不能控制人民生活的全部。故在各村鎮間仍不免留下空隙而造成「乞丐式的民主」。

黃仁宇接受了他這一見解，並予以補充，認為：「防洪治水，還只是引起中國中央集權地理因素之一。季候風與農產的關係，也是促成中國早期中央集權的主要原因。」除了地理因素之外，制度本身的因素，則：「《東方的專制》還有一個有意義的見解，則是說明這種專制政府『繼續不斷地向全部平民提出財政上的要求』。這也就是說大部分稅收都是直接稅，既不像封建制度一樣由諸侯附庸進貢的方式支持皇室，也不像現代政府一樣以公司所得稅、間接稅、累進稅作收入的大宗。向中央政府直接供應人力物力的負擔的乃是全部平民。這種特點，也是中國歷史上頂有決定性的因素之一。」此外，尚有民族的因素。因為要應付北方草原民族的壓力，內部必須中央集權（**不過，民族之所以分成草原和農耕，仍是季候風及雨量等自然條件形成的**）。

因為這樣，所以要革命。「中國革命的目的，無非跟隨著世界趨勢，以商業組織的辦法，代替昔日農業生產方式裡以多數小自耕農為基幹組織的辦法，使整個國家能在數目字上管理。而最後的目的，也不僅是增進國富，而且要使全民能適應現代社會的環境而生存。」

這老掉牙的東方專制論之餘緒，至今仍在市場上領取風騷，豈不令人浩嘆⑪？

所謂東方專制論，源遠流長。

自從《馬可・波羅遊記》在歐洲燃起向東探索的熱情之後，東方學沿著兩條路線發展。其一是實證東方學。西方人不斷地湧向東方，他們一面掠奪東方的寶藏，一面在沙海洞窟中、在帛書竹簡間，開展文物考古，研究東方古文字，進行東方史料的搜集與整理工作。所謂「埃及學」「亞述學」「漢學」等，皆是由此發展起來的實證東方學的分支學科。其二是理論東方學，旨在通過對已有史料的整理，對東方地區的社會狀況和歷史進行研究。

不過，理論東方學的創始人，最早還可追溯到古希臘的亞里士多德。他推想世界是圓的，劃分成溫帶、熱帶等多種區域，生活在不同區域的人們過著不同的生活。其《政治學》，首先為西方人勾勒出東方社會的形象，那就是「專制」和「奴性」。中世紀學者大艾伯塔斯繼承了亞里士多德的地理思想。他在《區域的性質》一書中把占星術和環境論結合起來，認為地球的可居住性由緯度決定，而不同的可居住性，又影響著人類各地區的社會性。此後，法國思想家孟德斯鳩創造地理社會學派，強調地理因素在人類社會發展中的作用。在他看來，地理環境，特別是氣候因素，對一個民族的性格、風俗、精神生活，乃至於政治制度都有重要影響。他推斷，東方是在「崇嶺相隔，大海相阻」的地球那一頭，過著另一種生活，是未能詳知而神秘的世界。這就是為什麼後來談東方社會的人，老是從地理角度展開推論的原因。也是為什麼老是以「專制」來替東方社會定性的原因。

在孟德斯鳩之後，黑格爾不但在《歷史哲學》一書中繼續指稱：中國、印度、波斯等東方國家，「都屬專制政體，而且是惡劣的暴君政治之舞台」；更說：「亞細亞在特性上是地球的東部，是創始的地方」。又說：「歐羅巴洲一般來說，是世界的中央和極限，絕對是西方，亞細亞洲卻絕對是東方。」這話一方面顯露了歐洲中心觀，一方面也提出了個「發展」的看法，亦即亞洲雖為文明創始之地，起步較早。但長期停滯不進，仍居專制之域，西方則漸漸發展到了極致。後來講東方社會，喜歡說它已長期停滯，並熱烈討論為何停滯、如何才能打破停滯，而如歐洲一般發展，其淵源亦正起於此。另外，黑格爾對東方專制社會的分析，超越了地理氣候等因素，由精神的角度立論，開啟了無數法門。後來無論是從國民性、絕對精神或人民主體性等各種方式來闡明東西文化社會不同者，大抵皆可溯源於此。

黑格爾之後，最重要的東方論者，就是馬克思。他又超越了前述觀點，從東方的土地所有制、社會經濟結構、國家政權形式等方面考察。於一八五七年寫成的《政治經濟學批判・序言》中，首次提出了「亞細亞生產方式」理論，並在《政治經濟學批判》一書中，著意撰寫了《資本主義生產以前的各種形式》一節，對古埃及、巴比倫和古希臘、羅馬等東西方古代奴隸制社會經濟形態和社會政治形態等社會的發展規律和特點作了說明。

其後，此一論題當然續有進展。其中之一，是主張東方社會乃由經濟以外的因素所形成，如考茨基謂東方國家的產生，是由於「用暴力把被征服部落統一在一個大公社中」，這樣使得「內部才出現了被剝削階級和剝削階級」；魏特夫的《東方專制主義》云東方社會由於組織水利灌溉等公共工程的需要，才出現了專制主義的國家機構。都屬這一類講法。

另一類說法，側重由「獨特的生產方式」這一面來描述東方社會的起源。如前蘇聯的普列漢諾夫，在《馬克思主義的基本理論》中主張：由於地理環境的影響，東西方在原始社會解體後，分別走上了兩條不同的社會發展道路：西方由原始社會進入奴隸制社會，再發展到封建社會和資本主義社會；而東方在原始社會解體後，則進入了一個「亞細亞的社會」。

二十世紀七〇年代，意大利學者梅洛蒂出版了《馬克思與第三世界》。該書發揮普列漢諾夫的觀點。認為，東方國家自原始社會解體後就進入了「亞細亞社會」。蘇聯十月革命之前的俄國社會和在一九四九年之前的中國社會都是這種「亞細亞社會」。

此「東洋社會論」或「獨特的亞細亞社會論」，都把東方社會歷史的發展視為馬克思主義的五種社會經濟形態之例外。

還有一說，則稱為永恆停滯論。起於孟德斯鳩等人，認為東方社會是靜止停滯的，只有依賴外部力量進行物理性的破壞，瓦解其結構後，才有可能改變。在西方猛烈向東方殖民的時代，此說即大為流行，因為它替殖民者提供了合理化的說辭，也符合傳教士教化野蠻人、拯救東方尚未獲聞福音者的心理。但到了十九世紀，日本人卻吸收了這個觀點，如福澤諭吉的《文明論概略》，提出「脫亞論」，呼籲亞洲人民應該迅速清除東方文化的陳腐之處，脫出儒教文化圈，躋入西方先進文明的行列，推動日本西化。俟二十世紀三〇年代，日本則開始扮演「西方人」的角色，要來拯救其他東方諸國了。秋澤修二在其《東洋哲學史》和《中國社會經濟構成》二書中，指稱中國社會的根本性格就是停滯、循環和倒退。因此，只有依賴於「皇軍的武力」，才能徹底打破這種局面，促進中國社會的發展⑫。

中國人則尚無勇氣如此說，故至今僅能講些類似福澤諭吉的話。

東方專制社會論之淵源、發展及理論內涵，大抵如是。迄今這種東方論依然奉行者眾，且理論上頗有雜糅，亦不斷進行補充，但基本論調與思考脈絡卻是一路相傳的。黃仁宇先生，只是它在當代熱心的表演者之一。

六

強調近百年來中國之歷史，即是一部面對西方挑戰的歷史；著重敘述改革、變法、維新、革命者如何改造傳統（或用封建、專制、半封建半殖民、父權等形容詞）社會與文化，乃是整個近代史研究的基調，我們並不能獨責黃仁宇或任何人。可是借由上面的說明，卻可以幫助我們赫然覺察到：原來大陸、臺灣、海外華裔學者所用來分析描述的「我國近代史」，其實正是西方人所看到的東方中國。我們以為是在談著自己，而實際上乃在說著他人。就像我們有時會說：「遙遠的東方有一條龍」或「臺灣是遠東地區最重要的戰略島嶼」一樣，用西方人的觀點來看。而可哀的是：這個觀點與視域，現在連西方人也感到羞赧了，我們竟仍使用得心安理得。

我在一九八六年出版《詩史本色與妙悟》，即呼籲開拓詮釋學以重建中國文學理論。一九八七年出版《思想與文化》，批判近代史學的各種解釋模型，提議建立新的中國文化史學。其後又陸續發表《傳統與現代：當今意識糾結的危機》《傳統與反傳統：以章太炎為線索論晚清到五四的文化變遷》等文，質疑現代化理論在近代思想史文學史上的解釋效力、檢討近代流行的傳統觀。又出版了《文化符號學》《近代思想史散論》，想替已在東方主義論述中逐漸不曉得如何自我辨識、自我稱呼的中國社會與文化，自我發聲。十載以還，自己都漸漸對於這樣喋喋不休感到厭倦了，但環顧學界，整個近代文學史思想史的詮解，卻依然如故。對我的呼籲，如未聽聞；對外國近代史學界已轉向「在中國發現歷史」的趨勢，缺乏興趣；對文化批評界反省東方主義的思潮，不甚注意；對近代思想及文學史料，仍草草視之，仍套用現代化及帝國主義理論等聲口在發言。如此景觀，實在令人喪氣。

幸而反省的聲音仍會在角落中響起。如王德威對晚清小說的研究，或蔡錦昌《東方社會的「東方論」：從名的作用談國家對傳統文化的再造》、朱耀偉《後東方主義：中西文化批評論述策略》等都是。王德威所欲顛覆的，是晚清以來的小說及小說史觀。說明晚清小說未必須以「感時憂國」的角度來把握，其中自不乏諧謔為戲的部分；而所謂寫實主義，其內涵也不如近代論者所知那麼狹隘。其說涉及面雖窄，卻有洞見。至於朱氏之書，則係反省東方主義。

這本書的整體脈絡，延申自薩伊德（Edward Said）的《東方主義》《文化與帝國主義》等書，指出所謂東方或中國，其實只是西方殖民者塑造出來的形象。二十世紀前半，許多中國人在研究中國時，卻根據這個東方主義態度，一再複述主流（西方）論述所既定的意識形態，創造了一個不能發聲的客體，且自己在壓抑真正的中國論述。以致中國或東方已被凝結於西方的視野中，完全喪失了主體性，被西方壓倒性地支配。

中國論述這種已淪為少數論述（minority discourse），與黑人、女性、少數民族、第三世界論述相彷彿的處境，令朱氏不安。他企圖從解構、後殖民、詮釋學、後現代等學科資源中去發展一套與東方主義不同的「另類中國詮釋學」，抗衡既有的中國論述。

因此他反對以西方的觀念、術語、理論去詮釋中國文學經典，「在一方面，我是相信借用西方概念去處理中國材料是不對的，但另一方面，我怕我們卻被迫去如此做。不遵照支配性論述的遊戲規則的中國論述最多只會被認為是『神秘的』，而在最壞的情況中更會被全然排除在主流文化之外。假如我們不能進入西方論述之中，從內為中國的詮釋系統發音的話，任何努力皆只會被主流文化視為他者，淪為邊緣的、神秘的、詭異的，甚至不能理解的」。

由這個立場，他把「中國詮釋學」分成若干類：（1）可以對西方詮釋學的發展及其對詮釋和理解的問題之貢獻引以為鑒，從而系統地處理中國文化傳統中的詮釋問題。（2）也可以強調中國詮釋系統之「中國性」，而這種「中國性」是西方所不能理解的。但這種策略似乎對拓展比較論述無甚裨益，使中國論述淪為不能與外來文化溝通的神秘他者。（3）也可以將中西傳統並置。但如此並置可能會讓支配性的一方扭曲了「他者的論述」。（4）「相互的陌生化」（mufual defamiliarization），亦即經常對我們的構建方法作出質疑。把所謂「中國詮釋學」看作一種質疑既存的支配性論述範疇的工具「讓中國通過現代的論述（論述這個概念本就是現代的）來在某特定的歷史脈絡中進入現在，從而質疑兩方論述實踐中所容許知識生產及播散的過程」。

朱耀偉所主張的辦法是第四種。為什麼呢？他從福柯那裡了解到知識與權力的關係，覺得「要重建文化，我們得要有自己的論述。我們自己的論述卻得借用西方的聲音，因為合法性是論述的條件，也是由主導論述所支配的條件。所以要為自己發音，我們無可避免地要借用西方論述。我們所要做的，是在主導系統的西方論述所開展的本文及政治性空間中發音，以不同的角度、不同的抗衡姿態去形成另一種論述，拓展出自己的論述空間」⑬。

他的理論有些夾纏，行文有點詰屈聱牙，堅持借用西方現代論述，然後由其中開拓不同於西方的抗衡論述，更易使得讀者在一大堆「論述」「他者」「文本性」「暴力等級」「位置」「解構」及外國人名中打轉。但其中確實處理到了相當關鍵的方法問題，值得注意⑭。

當然，在現代化觀點仍然是主流勢力的社會裡，要反省有關東方主義之問題，不免被視為「種族主義」「文化保守主義」「仍有遺老遺少心態」，引起許多辯護和防衛。但其實問題不需如此看。任何研究者，都有必要自我反省他所使用的思維架構、評價系統、術語及理論，也應該要覺察他這些裝備的使用效度。這是一位研究學問的人基本的態度和能力。聽見「近代中國思想史即是一部向西方學習的歷史」這樣一句話，自然就該追問：「近代」是什麼意思？用馬克思主義的區分嗎？指資本主義工業化社會嗎？近代人曾向西方學習嗎？所謂向西方學習，是只作描述語，還是用作指向詞，指用以拋棄東方，如「脫亞論」那樣嗎？該不該向西方學習？不向西方學習之事例為何？我們以為曾向西方學習的人真要學西方，以拋棄東方嗎？被指應予拋棄的東方古代社會，據說是封建專制或父權的，封建是啥意思？什麼叫專制？指摘中國是專制社會的來歷和論據各如何？以完全認同「向西方學習」的態度來治史，是否符合現代化典範所自我標榜的客觀、價值中立原則？……沒有這樣的追問，能稱為學術研究？

近代思想史文學史，在我看，即是這樣尚未學術化的領域。對其中任何一個人物、事件、文獻、論題，如魏源、王韜、黃公度、晚清小說、五四運動、中日現代化之比較等等，恐怕都應重新展開研究。

針對這項建設性的提議，我想再提供一些操作上的方法：

一、放棄西化派、傳統派、自由主義、保守主義、革命、反動等各種標籤，不再以此為認知指向。例如梁漱溟，能用文化保守主義來辨識嗎？他在《中國文化要義》中說我國無產業革命，「實為中國無革命之因，亦為中國無革命之果。這就是說：一面由於經濟之不進步，而文化和政治不變，同時一面亦由於文化和政治之不變，而經濟不進步了。正為兩面交相牽掣，乃陷於絕地」，不是典型的東方主義觀點嗎⑮？主張維新變法的康有為，所根據的或許是《春秋公羊學》及其所理解之《孟子學》，而非傾向現代資本主義；其所宣揚之

「孔教」「大同」理想，更是超越了現代資本主義，又與西方社會主義不盡相同。說他早年向西方學習而晚年保守反動，真是不知所云。至於陳獨秀，固然是革命分子，固然曾倡言「廢漢字，代以世界語」，但他所做的中國文字研究，如《中國古代語音有複聲母說》《荀子韻表及考釋》《古音陰陽入互用例表》《實庵字說》《連語類編》《晉李靜韻集目》《識字初階》《干支為字母說》《廣韻東冬鍾江中之古韻考》《文字新詮》等，其意義又豈僅革命一詞、向西方學習馬克思主義一語所能概括？

即如所謂東方主義，亦未必能概括晚清民初批評中國長期停滯，或云中國為封建專制社會者。因為這些指摘中國文化與社會的觀點，不全然出自歐洲中心的東方論，更常見諸西方人對西方歷史的自我理解。西方人對其中古時期、封建社會、父權結構的負面措辭，和他們批評中國古代，其實並無本質之不同。因此論者可能只是挪用西方人的西方論，而未必即為運用了西方殖民觀點的東方論。諸如此類，一切混雜於西方史學傳統、東方主義、現代化理論、帝國主義革命論之間，亂七八糟的標籤，都應盡可能放棄不用，或重新質疑其有效性。

二、注意中西對舉論述中不曾涉及的廣大領域。過去的討論太集中在中國和西方有關係的部分，如鴉片戰爭、太平天國、中外貿易、義和團、外交關係、傳教問題、通商口岸之生活與制度等等，彷彿晚清到民初的這一段歷史，就是由洋務運動、維新運動、辛亥革命、五四運動串組而成的。由此觀點看，詩歌在晚清民初波瀾壯闊、成就非凡的發展，就只注意到一個「詩界維新」、一個白話詩的嘗試，其他絕少討論。詞，沒有維新或革命的問題，就更沒人管。詞話，只關心《人間詞話》，因為據說其中含有西方新思想。古文、駢文，什麼都是這樣，觀看之視域可說狹窄極了。對於與中西對舉論述無關的許多新生事物，也缺乏關懷，例如清末出現的《洞冥記》，主張玉皇大帝退位禪讓，選出關公繼任，影響民間鸞書甚巨，臺灣現今不少教派都與此有關。其他如天德教、一貫道、同善社、悟善社、世界紅卍字會等宗教之崛起，白蓮教之分化轉變，佛教之復興，道教之仙學化，不也是極為重要的事嗎？談近代思想史為何不講？又如戲劇，論者只注意到文明戲的興起，只注意錢玄同等人改革舊劇之意見，卻罕能留意整個傳統戲劇是要到三十年代才發展到高峰的事實。「傳統」戲名角輩出、劇碼戲本不斷重編新修、表演方式不斷改進創新而經典化，乃是在所謂新文學新文化運動之後，也是在所謂傳統已被打倒之後⑯。諸如此類，都是中西對舉論述中所難以覺察的，領域廣大，內涵豐富，不宜淡漠視之。

三、討論「重估價值的時代」，應首重估其價值。五四時期曾以重新估定一切傳統文化之價值自許。而後來研究晚清以迄五四運動者，多半只是順著他們的批判、依循他們用以批判傳統的價值觀在說話。很少重估他們的批判是否有價值，並檢討他們的價值觀之價值。這不是研究，只是抄些資料來複述而已。

不錯，當時是有不少知識分子借著重估傳統之價值，來突破桎梏，追求自由、民主與科學。但此種作為之性質與策略，不是無可爭辯的。批判吃人的禮教，口號很響亮，然禮教之意義與功能只在吃人乎？詩界維新、白話詩運動，在藝術上真走對了路？辛亥革命和五四運動帶來了民主與科學，然而提倡民主與科學之後果，真無危機嗎？民主主義與科學主義的災難，提倡諸公是否須尸其咎？沒有這些觀點，我們為什麼要討論百年前的陳年往事？述史論史之意義何在？何況，正如博蘭尼在《巨變：當代政治、經濟的起源》一書中所說，對於工業革命，「無數詩人、思想家與作家都刻畫出它的殘忍性。英國學者與皇家委員會都一致譴責工業革命的恐怖」。工業革命所帶來的巨變，常是西方文學家思想家反省的起點、批判精神的立基處。如博蘭尼本人即認為資本主義市場經濟，根本就是文明的災難；法西斯主義和兩次世界大戰，皆源於自律性市場之興起⑰。可是我們卻幾乎完全以正面論述來討論近代中國的社會文化變遷，視為擺脫網羅的喜悅起點，行嗎？

欲總體改造、重新出發的中國近代思想及文學研究，操作技術當然還多得是，但重點是大家得先換換腦子。

【注釋】

1袁光英、桂遵義《中國近代史學史》，一九八九年，江蘇古籍出版社，頁三五六。

2 見Paul A. Cohen,"Wang Tao's Perspective on a Changing World", in Albert Feuerwerker & Rhoades Murphey & Mary C. Wrighted., *Approaches to Modern Chinese History*（Berkeley：University of California Press, 1967）。

3 見王爾敏、鄭宗義《中國近代思想史研究的回顧》，（臺灣）中央研究院近代史研究所《六十年來的中國近代史研究》，一九八八年。

4 Ramon H. Myers、Thomas A. Metzger合著，劉紀曜、溫振華合譯，《漢學的陰影：美國現代中國研究近況（上、下）》，《食貨月刊》，第十卷第十期，頁廿八至四十一；第十卷第十一期，頁一至三十七。

5 林毓生的分析，從整個研究進展上看，意義重大，但從分析結果來說，卻不能使人滿意。他的主要意見，大抵謂：（1）五四時期之思想特徵，在於知識分子激烈反傳統的態度。而且此種態度，是把傳統視為一個整體而拒斥之。（2）但這種整體拒斥傳統的態度，實際上卻是來自中國傳統的世界觀。（3）中國傳統的世界觀，是指儒家傳統一元論、有機觀的思想模式。此一模式，視社會—政治—文化—道德秩序是一體的。且常想以思想文化的方法改造社會。這種觀念，成為五四激烈反傳統主義知識分子的思想根源，所以才會把傳統視為一個整體地排斥。

林先生的雄辯，能否成立呢？恐怕問題甚多。五四時期知識分子是把傳統當成一個整體來拒斥嗎？據我看根本不是。當時人雖常以全稱式的「傳統」、「中國傳統」為批判對象，但很清楚地不曾把傳統視為一個應全盤反對的整體，例如陳獨秀等人明白說過，他們反對的不是孔子，而是那被帝制運用的孔教；胡適也一再申說，其所主張之科學方法，即是程朱以來一脈相傳，且為清代乾嘉諸儒發揚光大的格物致知考證之法。在儒學內部，胡適顯然就是吸收某些成分（如王充、程朱、顧、閻、戴震……）而反對另一部分（如董仲舒，白虎通、理學、禮教……），並非全盤反傳統。若我們再把眼光放大點，則五四人物對儒家以外，如墨家、道家、法家之思想傳統，吸挹發揚處也遠多於批判拒斥。

林先生另一個根本問題是：他反對五四知識分子的全盤反傳統態度，但他費力地替這種錯誤態度找到一個傳統的根源，於是，批判的矛頭遂指向了傳統。所以，他認為惟有放棄儒家傳統一元論有機觀，以及「以思想文化解決問題」之思維，才能真正走出桎梏。這種思維其實才是反傳統的，才是把傳統視為一個整體，而且就是這個思維模式，也是想從思想文化上解決問題的。若反傳統真如林先生所云，是無生機的，那麼林先生何以自我解嘲？

此外，林先生把五四時期知識分子主張借思想文化以解決問題的態度，歸咎於「經典儒家以後的一元論和惟智論的思想模式」，也令人大惑不解。把中國文化簡單地解釋為儒家，而儒家影響於後世者，又簡化為一元論、惟智論思維模式，實在是簡得太不成樣子了。且中國文化本不限於經典儒家，若云儒家為一元論、惟智論，那麼佛家、道家是否也具同樣的思維模式？如否，為何中國變革時期深受佛、道影響，而對經典儒家又恰好喪失信仰的知識分子，反而深入經典儒家之一元論、惟智論思維窠臼？再者，孟、荀、朱、陸、王陽明是否為一元論和惟智論，實在也大可商榷。特別是他以「惟智論」來稱呼孟子、王陽明之思維特點，殊有文不對題之感。乾嘉樸學反對理學，但林先生居然只舉了戴震《孟子字義疏證》「正心」之説，便説清儒亦因襲了惟智論的思維模式，渾不考慮戴氏此書在清代樸學中毫無代表性。因此，整體地看來，林先生對傳統的理解與描述，是極為粗疏簡陋的。

6 柯文此書，大陸、臺灣都有譯本。臺灣聯經出版公司出版李榮泰等之譯本，名稱僅為《美國的中國近代史研究》，一九九一年。

7 李華興《中國近代思想史》，一九八八年，浙江人民出版社。此處乃舉例而已，過去談魏源，基本論調大體如此。

8 另參本書《論鴛鴦蝴蝶派：民初的大眾通俗文學》。

9 這類討論可再擴大下去，例如被稱為詩界革命的黃公度，名作《今別離詩》，樊雲門曾有擬作，但收入《樊山滑稽詩文初編》。而從樊山這類作品中，也可看見當時文人捧戲角、狎妓、好男色之風。與李伯元、吳沃堯之例，可以合參。

10 即使是美籍華裔學者，或大陸流亡海外的學者，也都是如此，實在令人詫異。金觀濤、劉青峰夫婦以及李澤厚近來的論述可為代表。也許這是由於思想業已定型，且與情境互動的問題感已經消失了。

11 一九九三年十一月十一日我曾於《中央日報》發表《如何討論大歷史》。因心存恕道，不想全盤推翻其說，指他在美國學界也已落伍了，所以僅從一些分析技術和具體的知識錯誤上略做提醒，希望他能反省一下。不料黃先生閱後大怒，謂我所指皆為《大歷史帶來的小問題》，刊一九九四年一月十日《聯合報》副刊。我不擬與之糾纏，簡短寫了《大歷史的大問題》回應。見一月十九日同報，建議黃先生：「大歷史若不只是唯心的、以一套觀念先造成架構的意識形態解析，那麼，在方法、觀念和知識上，即應再予加強。否則黃先生所講之中西歷史合流，是否為真固不可知；黃先生所指之中國歷史，則一定不是中國的歷史。」

事實上，黃先生把資本主義只簡化成一種管理技術的問題，在西方討論資本主義的文獻中至為罕見。資本主義之中包含了特殊的人性觀、宇宙觀，並不只是「在數目字上管理」而已。例如亞當・斯密的理論，即預設了利己心（self-interest）和自然（nature）的觀念，所以才會相信任由人利己心之推動，去展開一切經濟活動，就自然會達成非其原先意欲的公益目標。自由經濟學家所相信的自律性市場機能，實即此「自然」之代名詞。

歷來研究資本主義者，都非常注意這類問題，如韋伯所特別探討的新教倫理與資本主義之關係，已為研究樹立了傳統。近年日裔美籍學者福山（Francis Fukuyama）也在所著《歷史之終結與最後一人》一書中說：「最能促進資本主義繁榮的是強固的工作倫理，而這倫理則依靠已逝宗教信仰之亡靈，否則就得依靠對國家或種族的非理性熱情。」（一九九三年，時報公司，李永熾譯，四三五頁）。這類言論和思考進路，與黃先生只從技術問題上去把握資本主義，是大相徑庭的。因此，我不但覺得黃先生對中國歷史之非技術事物缺乏知識，更認為他對西方資本主義的非技術層面，所知亦十分有限。

12 另詳吳澤《東方社會經濟形態史論》，一九九三年，上海人民出版社。但這本書所堅持的馬克思主義東方學，其實仍是東方主義的形態。

13 朱耀偉《後東方主義》，一九九四年，駱駝出版社。

14 整個東方主義實含兩個面向，一是視東方為野蠻、落後、愚昧、僵滯的社會；一卻是代表了西方已失落的精神價值，歐洲可通過亞洲東方而帶來重生的希望。本文主要集中在前一類的討論上，但我們千萬不要忘記還有後一類的東方主義類型。動輒宣稱東方文化是拯救西洋人心靈失落的丹藥，動輒稱引西方人說文明的希望在東方。這類言論，在過去是以和前一類見解相對抗、相平衡的方式，存在於我們社會中的，然二者實為一體之兩面，出自完全相同的思維和心態。

15 見蔡孟翰《東方主義的幽靈：談石元康先生的市民社會與重本抑末》。作者稿本。

16 另詳龔鵬程《武俠小說的現代化轉型》，古龍《楚留香》重刊本導論，附注十六。真善美出版社。

17 博蘭尼《巨變》，一九八九年，遠流出版社。本文引用這本書和在前文中引述柯文的著作相似，其言說策略是：你看西方人現已如何如何，你們為何不效法之？但這種態度豈不正好與本文一再強調應建立有關近代史的自主論述相違？不，這是權宜的辦法，也是暴露情境的辦法。因為眼前的現實是：若不採用主流論述的語言與典範，旁人根本不認為你的言說有什麼價值。故我們說應如何如何，學界不但不會理我們，更要惡詬我們是種族主義或保守分子；倘云美國學界已如何如何，所以我人亦應如此，便可能成為一有效的提醒。因此我們必須採用這樣的論說方法，然後再把此一學術政治的權力問題暴露出來。

四　近代知識分子的批判

一　近代思想史之再考察

近代無神論、打倒迷信的思想，先是由「五四」發軔，後來才有馬克思主義之推波助瀾。而這種打倒迷信、主張無鬼論的思想，本身倒未必有什麼外國思潮的刺激。因為像胡適早在少年時期就有了這類想法，後來讀范縝《神滅論》大為贊同，以為「得吾心之所同然」，又從王充的《論衡》中強化了這個觀點，乃形成了他自己一套看法。

不過除了胡適以外，如梁啟超之人死不為鬼、宗教與文明進步不相容、重人力反天命；嚴復之神隨形亡而滅、世俗迷信立根於臆造；章太炎之天且無物何有於上帝；孫中山之素無神異思想等等，這些近代被視為「進步」的知識分子，確實是有些反宗教氣質的。他們的思想來源各不相同，說法也未必一致。但是包含在他們反宗教、駁鬼神、斥迷信等態度之中的，卻共同表現了對理性與科學的崇慕。

這種理性精神之勃興，正是近代中國思想史上的特色。因為理性精神勃興，所以道光、咸同以後衰弱了的乾嘉考證之學，又得到了新生。如章太炎、胡適，就是乾嘉之學在新時代的代言人。這種精神講究實事求是、尊重客觀證據。而這種態度，又被認為是科學的，是樸學而非玄學。

依此，他們乃有科學與玄學之論戰，要建立科學的人生觀：對於鬼神玄虛之談、無法客觀證明的靈魂上帝等，均不予信任。斥為「迷信」而非正信。歷史上一切強調人力、反對天命的學說，也都因此而受到他們的讚揚。例如他們說荀子是戡天主義，不信天能主宰人類的命運；說漢朝講讖緯、談王者受命是迷信，是把儒家宗教化了；說王充是「疾虛妄」的英雄，揭穿了漢儒君權神授說的把戲之類，無一不是這種理性精神的表演。

另外，根據克羅齊的看法，那些背棄過去或設法把傳統套死在僵固的框框裡的人，都是今日的無神論者與不信宗教者。因為他們剝奪了人類最後一種宗教信仰，這種宗教就是歷史①。歷史可以把人和萬有（the All）連接起來，但五四的反傳統態度卻是要斬斷這種聯繫的。

總之，理性精神表現在方法上，是乾嘉樸學的復興；表現在學術立場上，是反形上學、反宋明理學；表現在學術見解上，則是貶抑儒家之方士化，推崇不信天命與鬼神的王充、范縝等等。在政治上，理性精神反對君權神授，反對社會迷信，主張打破一切政治與社會的偶像崇拜及神話。而以上種種態度，事實上即表現為一「科學的人生觀」。這也是新時代知識分子的人生態度與價值選擇。

然而，這其中卻因為理性精神之過度伸張，而形成了理性的專斷。因為實事求是、尊重客觀證據，最多只能說有關靈魂不滅的各種證論尚不夠充分，客觀證據尚不足以證明確有鬼神上帝；神秘經驗及宗教體驗，無法客觀化，故亦不易明瞭。卻不能立刻就說：因無法充分證明其為有，所以就是無。孔子說過：「君子於其所不知，蓋闕如也。」莊子也說：「六合之外，君子存而不論。」這是理性精神的適當分際。可是民初理性的思想家們，卻往往踰越了這個分際，形成了理性的非理性專斷。

正如理性精神即是他們「科學的人生觀」一樣，這種理性的非理性專斷態度，事實上還不止表現在有關鬼神的事務上。他們慣常表現出一種：我是真理、我是道路，你必須拋棄你的迷信，以服從我的拯救之態度。像陳獨秀給胡適的信，說：「改良中國文學，當以白話為正宗之說，其是非甚明，必不容反對者有討論之餘地，必以吾輩所主張者為絕對之是，而不容他人匡正之也。」（《獨秀文存》卷三）其專斷的權威心態，即已公然替代上帝，在宣講啟示真理了。陳獨秀是寫《偶像破壞論》《有鬼論質疑》的人，我們有理由相信這種專斷態度是與其批判偶像崇拜之理性精神一致的。科學的人生觀，逐漸變成反科學的科學主義，也是同一個道理。

因為這個道理，也使得五四新文化運動者所提倡的口號：「民主」與「科學」，無法真正生根。因為理性越位，自居為絕對的真理，不容討論、不容匡正，視反對之一方為愚昧落後，本身便是反民主的態度。不幸近代知識分子口稱民主，而實際心態屬於此類反民主的獨斷權威者，比比皆是。

至於科學，海德格爾說得好，他認為在科技內部運作的真正預設，其實是形上學的。特別是表象的形上學（metaphysics of representation），與近代科技一同形成，並成為科技最根本的基礎。這所謂表象的形上學，是說從主體出發，透過概念化與數學化之程序及妥為規劃的研究步驟，使世界成為客觀的對象。世界成為表象，而人成為研究、操控此一表象的主體。這就是科技的形上學假設②。近代我們的思想家們，提倡科學，卻誤把客觀性視為獨立於主體之外的東西，要人服從這與主觀對立的真實之物，放棄主體；又藉口科學，攻擊形上學。這連科技思想都達不到，都無法真正建立；更遑論科學，或反省科技的形上學預設了。

不止此也。以中國近代的思想歷程來跟西方對比，我們自會發現西方近代也可以被解釋為一理性化的過程。理性的「除魅」作用，消解了西洋人對宗教與上帝的依戀，開啟了近代科學與資本主義等活動，皆與中國近代理性化思潮頗為近似。但他們固然也批判迷信，卻又通過對迷信的理性探索，發展出各種理論，開拓了人類理性認知的新領域。

例如其社會學與人類學，致力於研究近代或原始社會裡的信仰現象。其精神分析，討論人類內在心理結構及隱藏於迷信行為之後的無意識結構。其心理學，探索感覺、記憶等如何支配人的外在迷信行為，或個人與其周遭環境的相互影響；另外還有些人研究巫術與迷信的根源等等。不但對迷信及其相關問題，所知愈來愈豐富，也重新「體認到非理性因素在歷史中所扮演的角色」（F.L.Bauner《西方近代思想史》第六章）。

相對於西方有關理性與非理性問題如此繽紛繁富的思考，我們的啟蒙者、新文化運動領航人及後繼者，實在應該感到羞愧。我們只會努力地以理性主義為幌子，勵行打倒主義。今天打倒偶像、明天打倒軍閥、後天打倒軍閥及獨裁者奉為偶像的孔教、大後天再打倒一切宗教，不斷革命，打倒了事。以為只要打倒偶像、破除迷信，中國就能躋登富強美善之域。

殊不知要打破迷信，最好的辦法不是去打倒，而是強化自己的理性。否則丟掉了這個偶像，難免又供了另一尊偶像；惟有強化自己的理性，迷信與偶像才不能發揮作用，不打而自倒。

何況，迷信也無法破除了事，鋸箭法並不能解決問題。惟一的方法，乃是加強研究，以理性之光，察照那深密隱微的非理性領域，虛敬謙卑地探索人類思維之奧秘，方能拓展視界，真有益於社會與學術。

二　嚴復：理性精神的表現

以下，我想通過幾個具體的例子來分析：

一是嚴復。——不管人們把嚴復看成「資產階級改良派」或什麼，嚴復的出身及其譯書事業都帶有濃厚的西方理性精神之色彩。他本身是學自然科學的人，一八七九年返國後，亦先在馬江船政學校擔任教習，次年轉入天津北洋水師學堂。一八九五年以後，譯述亞當・斯密、斯賓塞、穆勒、孟德斯鳩、耶芳斯、甄克斯等法理名學書籍，均顯示了嚴復對西方近代科學民主、理性思潮確有所得。他鼓吹起來的社會達爾文主義，在西方也正是摧破基督教神學創世紀體系的利器。

更重要的是，嚴復是第一位自覺地介紹英國經驗論方法者。他說，「有用之效，徵之富強，富強之基，本諸格致。不本格致，將所無往而不虛妄」（《救亡決論》）。所謂格致，並非程朱之格物致知，而是明末清初《格致全書》之格致之意，指一種科學方法。依嚴復說，則又特指培根所發展出來的經驗論和歸納法。前者本於實測，「其為學術也，二皆本於即物實測」（《原強》）。「古人所標之例，所以見破於後人者，正坐缺於印證之故。而三百年來科學公例，所由在在見報不可復搖者，非必理想之妙過古人也，亦以嚴於印證之故」（《穆勒名學・內部按語》）。後者，則稱為「內籀」，其實就是歸納法。他說，「內籀者，觀化察變，見其會通，為立公例者是也」（《原富・譯事例言》）。二法相配合，則「西學格致，……一理之明、一法之立，必驗之物物事事而皆然，而後定之為不易」（《救亡決論》）。

據此，嚴復批判中國傳統的良知良能說。云，「良知良能諸說，皆洛克、穆勒之所屏」，「公例無往不由內籀，……無所謂良知者矣」；並直指陸王之學為無稽，言：「陸王之學，質而言之，則直師心自用而已。」

依此一思路，世俗鬼神之談，既無法實測，當然也應摒去了。然而，我在嚴復的函札中卻發現了一些材料，可以證明他對靈魂變化之事，仍具有高度的興趣。

一九一八年三月《靈學叢志》一卷三期收有《嚴幾道先生致侯毅書》，書云：

> 《靈學叢志》，俞君又寄十冊前來，除留一冊瀏覽外，其餘九冊已代分裱。今段志中所載，以徐班侯死後靈魂攝影最為驚人之事。此事歐美已為數見，然皆於無意中為生人照像，片中突然呈現異影，莫測由來。此事不獨為靈魂學家所研論，而治光學與業攝影者亦方聚訟紛然。至於已死靈魂托物示意，指授攝取己影之法，從無出有，則真見所未見、聞所未聞者也。查英國靈學會組織，創設於千八百八十二年一月，會員記載、論說、見聞，至今已不下數十巨冊。離奇吊詭，有必不可以科學原則公例通者，縷指難罄。然會中巨子，不過五六公，皆科哲名家，而於靈學皆有著述行世。巴威廉（Sir William Barrett F. R. S.）於本年二月《同時評閱志》*Contemporary Review* 中方出一論，意以解國人之惑。謂會中所為，不涉左道，其所研究六事：一、心靈感通之事。二、催眠術所發現者。三、眼通之能事。四、出神離魂之事。五、六塵之

變，非科學所可解說者。六、歷史記載關於上項者。所言皆極有價值。終言一大事，證明人生靈明必不與形體同盡。又人心大用，存乎感通，無孤立之境。其言乃與《大易》「精氣為魂，感而遂通」及《老子》「知常」，佛氏「性海」諸說悉合。而嵇叔夜形神相待為存立、與近世物質家腦海神囿之談，皆墜地矣……③。

信甚長，洋洋灑灑，從感通、催眠、出神、降靈、召鬼、扶鸞到離魂，無不涉及。且自謂本不信這類神異事蹟及靈魂不死諸說，現在則非常相信了。寫這封信以前，嚴復也曾有信給俞復，討論同樣的問題，並附了一份有關陳寶琛在鼓山退居時扶乩降神的事蹟記載，亦洋洋近千言，結語曰：「嗚呼！孰謂冥冥中無鬼神哉！④」

為什麼一位提倡科學方法、抨擊不能徵驗之學的先鋒，竟作此等語呢？難道真是「垂暮之年，老病侵尋，去死不遠」，故不知不覺關心起這些事了嗎？這些材料，豈不正證明了嚴復晚年已從一位「進步」的知識分子，轉而「站到封建反動階級的立場」（李澤厚《中國近代思想史論・論嚴復》）了嗎？

不然！嚴復說得很清楚：「每有極異之事，庸愚人轉目為固然；口耳相傳，亦不問證據之充分與否，此最誤事。故治靈學，必與經過科學教育，於此等事極不輕信者為之，乃有進步。復生平未聞一鬼、未遇一狐。不但搜神志怪，一以謬悠視之。即有先輩所談，亦反覆於心，以為難信。於《叢志》鬼神諸論，十九能為駁論。惟於事實則瞠視結舌，不能復置喙耳。」（《與侯毅書》）他仍是重視證據、講究客觀事實的。無徵則不信；有徵，而不能知其所以然，則主張繼續探討研究，而不能視為當然。至於探討及研究之法，更是必須透過科學教育的訓練，以科學方法求之：

神秘一事，是自有人類未行解決問題。往者宗教同盛，常俗視聽以為固然。然而誕妄迷信，亦與俱深，惑世誣民，遂為詬病。三百年科學肇開，事嚴佐證，又知主觀多妄，耳目難憑；由是歷史所傳都歸舊神話。則摧陷廓清之功，不可誣也。然而世間之大，現象之多，實有發生非科學公例所能作解者。何得以不合吾例，遽然遂指為虛？此數十年來神秘所以漸成專科。而研討之人，皆於科哲至深、觀察精密之士。大抵以三問：一、大力常住，則一切動法，力為之先；今則見動不知力主。二、光浪發生，恆由化合；今則神光煥發，不識由來。三、聲浪由於震顫；今則但有聲浪，而不知顫者為何。凡此皆以問諸科學者也。其他則事見於遠，同時可知；變起後末，預言先決，以問哲學心理之家。年來著作孔多，而明白解決，尚所未見。

這真是一種科學性的表現。早期的嚴復，是篤守理性之分際的，六合之外，主張存而不論。以為：「問上帝有無，實問宇宙第一原因。……雖不設，可也。」（《穆勒名學・中部按語》）又謂天地元始、造化主宰、萬物本體、佛說涅槃等等，均不可思議，「雖在聖智，皆不能言」（《天演論・卷下・論十佛法》）。現在，他似乎不再是不可知論，積極地主張「此事研究，為人人所贊成」了。但事實上骨子裡並沒有改變。他仍然相信理性與科學有其限度，不能以其不合乎科學公例，即遽指其為虛妄。反之，也不能在尚未證明其為實事或尚不能解說其理由之前，即貿然迷信之。科學與理性之功，一在摧破此等迷信，一則在以更嚴密的方法、更理性的態度，探問其奧秘。

這才是一位真正的理性主義者，一位真正堅持科學精神的知識分子。

不幸，他這種態度被其後學視為落伍或轉變。幾乎沒有人注意到這一精神之可貴，反而用各種嘲諷來表達他們自己的非理性衝動，說嚴復是「歷史的無情淘汰者和向隅者的可憐蟲」，「變成一個落後的中國人」……。他們所要走的道路，乃是繼續嚴復那批判陸王之學、抨擊良知良能之說、反宗教鬼神的事業⑤。

三　胡適：膨脹的理性精神

這一趨向，可以胡適所代表的新文化運動為例。他在《讀梁漱溟先生的〈東西文化及其哲學〉》一文中說：

一千年的黑暗時代逐漸過去之後，方才有兩宋的中興。宋學是從中古宗教裡滾出來的，程頤、朱熹一派，認定格物致知的基本方法。大膽的疑古，小心的考證。十分明顯地表示「一種嚴刻的理智態度，走科學的路」。這個風氣一開，中國雖有陸王的反科學的有力運動，終不能阻止這個科學的路重現，而大盛於最近的三百年。……現在全世界大通的，當知鞭策歐洲人的環境和問題，現在又來鞭策我們了。將來中國和印度的科學化和民治化，是無可疑的。（收入《胡適文存》二集）

胡適本人是理勝於情的，從小就不信鬼神。但把不信鬼神的態度，關聯到整個文化發展的問題上去時，他立刻就發現歐洲史的例證可以幫助他說明一切問題。

依一種簡單的描述，歐洲史是由希臘羅馬展開，中經中古黑暗時期，宗教力量控制了整個社會；文藝復興及啟蒙運動以後，宗教與上帝才退位。理性得以申張，逐步建立了一個「被拿掉了眾神的世界」。人從教會和神權的權威枷鎖中獲得解放，世界的重心由神到人、從教會到世俗、由傳統道德到個人主義、由神性到自然情欲。人以人的身分，重新討論屬於人的生活，民治與民主乃得以確立。而迷信消褪了神秘性之後，科學也才能有長足的發展，一日千里。故近代西歐的科學與民主，即啟蒙運動及文藝復興以來理性化「除魅」（disenchantment）的結果。

照這段史跡來看，胡適也把中國先秦時期比為希臘的理性時代，學術文明均極發達；漢魏南北朝隋唐，則是中古黑暗時期。這個時期一方面有儒家的方士化，講陰陽讖緯、迷信災異，即提倡君權神授，又建立了儒教的權威。另一方面則有佛教傳入中國，道教興於民間。要到宋朝，才發展理性精神，廓清妖氛。不幸陸王崛起，又主張玄學，此一精神遂未能發揚光大。五四新文化運動，被稱為一文藝復興、一啟蒙運動，就是自覺地要運用此理性的精神、樸學的方法，打倒儒家、神權、迷信，以臻於科學與民主。猶如歐洲必須打倒教會勢力及上帝權威之後，才能發展出民主與科學那樣⑥。

他所提出「格物致知的基本方法」「考證」「理智態度」等等，均與嚴復所言若合符節；其批判陸王，斥為玄學，亦與嚴復從同。甚至他最先寫作的，就是《先秦名學史》，這也不能不說是與嚴復譯《穆勒名學》之用心一樣的。然胡適不以為理性有什麼分際，因為「實驗主義成了我的生活和思想上的一個嚮導，成了我自己的哲學基礎」之後，赫胥黎（Thomas H. Huxley）的存疑論（agnosticism），竟逆轉為一廓清摧陷的「懷疑論」。

胡適在《介紹我自己的思想》時，曾說他的思想受杜威與赫胥黎二人影響最大。前者教他怎樣懷疑，教他不信任一切無充分證據之物；後者提供他方法：求證⑦。換言之，赫胥黎之說，在胡適看來，即他引張載云：「為學要不疑處有疑，才是進步」之意。其實不然。嚴復說：「迷信者，言其必如是，固差。不迷信者，言其必不如是，亦無證據。故哲學大師如赫胥黎、斯賓塞諸公，皆於此事謂之Unknowable（不可知），而自稱Angnostic（不可知論者）。蓋人生智識至此而窮，不得各置其事於不論不議之列，而各行心之所安而已。」（《家書》）在赫胥黎言，不可知，是承認理智及科學方法的局限；胡適則反以之為懷疑的方法。並持此懷疑之眼光，打破權威：「一切主義、一切學理都該研究。但只可認做一些假設的、待證的見解，不可認做天經地義的信條，只可認做參考印證的材料，不可奉為金科玉律的宗教。」（《三論問題與主義》，《文存一集・卷二》）本來是承認宗教亦自有其領域的學說，到此遂變成為摧毀一切宗教的戈矛。

熊十力曾說：「在五四運動前後，適之先生提倡科學方法，此甚緊要。又陵先生雖首譯名學，而其文字未能普遍，適之銳意宣揚，而後青年皆知注重邏輯。」（《十力語要初續・紀念北京大學五十年並為林宰平祝嘏》）的確，由思想史看，胡適是接著了嚴復的棒。但後來青年風靡，所走的卻是胡適一路，而非嚴復的態度。這實際上已是理性的逆反。提倡名學，實乃悖於名學之精義。故金岳霖批評他：「西洋哲學與名學，又非胡先生之所長。」（馮友蘭《中國哲學史・審讀報告》）倡導名學的人，為何竟被目為名學非其所長？其中原委，豈不足以深長思耶？

四　宗教與理性的發展

「西洋哲學又非其所長」，是在名學之外，暗示像胡適這樣對西洋哲學發展史的了解，可能也有了問題。

把西洋近代思潮與社會發展，看成是一理性化過程，歷經中古黑暗時期以後，在啟蒙運動的理性之光照射下，人擺脫了神魅，開創了新的文明。乃是一種簡單化的講法，殊非事實。

首先，我們當知道：歐洲近代文明，與其說是理性的發展摧毀了宗教，不如說是更新了宗教、創建了新的宗教。從一八二五年起，即有聖西蒙「新基督教」（New Christianity）的呼籲。這並非教會人士要在炮火下重建碉堡以資防禦，而是整個人文宗教發生的訊息。實證主義、青年黑格爾學派等等，均對此甚為關切。

這時，正如費爾巴哈說，「神學就是人類學」，宗教被認為是出於自我投射或出於客觀化的人性或為現實世界之反映。這種人類的宗教（The Religion of Humanity），拋棄了上帝，但它奠基於對人的信仰上。它們之間也頗有分歧，如黑格爾、費爾巴哈與孔德、馬克思便很不相同。然其分歧，似乎主要在於對「人」的界定範圍寬窄不同，及對「人性」之看法有異。如費爾巴哈，即云：「從前被當做上帝來觀照與崇拜的那個東西，現在被看出原來是人自己具有的性質（The Essence of Christionity）。」馬克思則說，上帝是「人受自然界和階級的不可忍受之壓迫而產生的一些觀念」。前者在於尋找基督教之本質，認為即是人之本質。後者也呼籲有一人的本質，不能被自然界及社會狀況所異化。這在批判上帝的同時，事實上是轉化為另一種宗教了。這個宗教的基礎在於人，其目的也在人，形成一人文宗教。但也可能因為把人之本質界定為人類性（humanness），視為真正社會動物的人，而使社會成為「一個新的鬼，一個新的至真實有」。馬克思主義的宗教性，即由此而來。

講西洋近代史的人不能忽略這個線索。後來如巴特、布爾特曼的新正教（neo-orthudoxy）、馬里旦的新托瑪斯主義（neo-Thomism）、新神秘主義（neo-mysticism）、懷特海等人的歷程（process）神學等等，都標示著神學的復興。而這些神學所要面對的，就是上述人類的宗教或自由主義的新教（liberal-protes-tantisrn）傳統之類東西⑧。

換句話說，西洋近代文明的開展，並非只是「上帝隱退」。而是上帝改變了形貌，繼續在舞臺上演出要角。理性不僅未曾將宗教逐出人世，反而是理性與宗教間的對話日益蓬勃，宗教也因理性之作用而獲得新生。

其次，把西方中古時期界定為「黑暗時期」，本身便充滿了偏見。馬丁・路德在十六世紀時，抨擊天主教會在繁文縟節的宗教儀式與組織下，隱藏著精神的墮落。然而，單憑宗教精神，便能使天主教在中古時期發展成一套宗教社會秩序嗎？可見儀式、聖禮、神跡、組織等，也不是無意義的東西。天主教，對當時的歐洲，其實具有形式理性與實質理性之功能。就儀式本身而言，它對當時之蠻族及社會，即為一種教化、一種秩序，使人進入一個全新而又極為豐富的象徵世界（symbolic world）。使人逐步脫離巫術的生活，將日常生活倫理化。這一過程，其實也就是韋伯所說的「解除魔咒」過程，展現了實質理性。故「理性化」不是在宗教改革以後才開始的，天主教的傳播，已經是一種理性化的過程了⑨。

第三，西方理性主義本身的發展，也不能說是由於擺脫宗教而得。以韋伯的研究來說，近代理性主義之發展，倘以資本主義為「理想類型」（idea-type），則資本主義精神的出現，與宗教改革之後，新教的倫理觀實有密切關聯，尤其是與加爾文教派的上帝理念有直接關係。正是基督新教倫理那種俗世內的制欲精神，促成了以職務觀念為基礎之理性生活態度，這一現代資本主義精神，而導致現代理性資本主義經濟組織之龐大秩序得以建立。所以這種獨特的宗教倫理，是發展出現代理性資本主義的內在的、必要的啟動力量。也就是說，在西方文明近代的轉變中，基本宗教價值體系之轉化，曾扮演過舉足輕重的角色。

庫恩（kuhn）對科學史的研究，也有同樣的意義。他一方面揭露了「典範」在科學研究中的作用，並指出典範具有信仰的性質，打破了所謂科學客觀性的迷思。一方面他細緻地解說了近代科學如何從所謂「黑暗」的中古時期發展出來。這種發展，並不能只視為掙脫宗教之束縛而得，乃是由神學或形上學中，獲得了科學研究的基礎預設。如笛卡兒便用許多神學中對上帝屬性的界定，來推演慣性律、動量不滅律等等⑩。這一研究，與懷特海從希臘人的命運觀、中古宗教神學等傳統，來解說近代科學的發展，可謂異曲同工，桴鼓相應。

故理性與信仰不僅不是對立的；理性的發展，往往還得依賴信仰。西方近代之理性、科學、民主、資本主義等，表面上看，是由打倒宗教而生，實乃由宗教中來。此一途徑，本身便是合理的理性化發展。何以見得呢？

以胡適所豔稱的宋學興起為例。自韓愈以下，貫串整個古文運動、道學興起的大趨勢、大脈絡，當然很容易被界定為「攘斥佛老」。但只知他們攘斥佛老以開宋學，必非探本之論。因為這些人往往都有一「通過佛老」的階段。柳宗元、李翱、周敦頤、邵雍等人與佛道的關係，均極密切，對其學術內容亦有直接關聯。程明道出入老釋幾十年，朱子初師屏山、籍溪，二人也都好佛老。故朱子《答江元適書》也說他出入於釋老者十餘年（《文集》卷三八）。朱熵《大慧普覺禪師語錄序》說朱子赴試時，行篋中有《大慧禪師語錄》。朱論太極時，於「人人有一太極，物物有一太極」，引「月印萬川」為說，這便是大慧語錄中常用的術語，亦可見後來朱子雖以辟佛為職志，論學仍常引佛家義理為說。論太極如此，論性也說：「伊川言氣質之性，正猶佛書所謂水中鹽味、色裡膠清；」論提撕省察，則如《答胡季隨書》，「只要時時將來提撕，便喚得主人公常在常覺也」（《大全》卷五三），亦與《大慧語錄》「但行住坐臥，時時提撕狗子還有佛性也無」、「瑞岩和尚居常在大室中，自喚云：『主人公』。又自應曰：『諾』」（《指月錄》卷三一）諸語甚近。諸如此類，不勝枚舉。且非朱子一人獨然，此乃一普遍現象。

從個人與佛老中人、物、經典、儀式的交往關係，到思想學術內容，都不能說與佛老無所牽聯。而整個宋學的基本性質及關切重點，更與它這種「通過佛老」的特性不可分。是因為有佛教道教那樣的宗教，且宋學又必須通過這樣的宗教，所以才有宋學那樣的學問，集中力量去討論天、理、命、性、心、道、太極、存誠、主靜（敬）、涵養等問題。與漢代學術所關切的層面、重點、討論的方式均不相同⑪。

因此，以攘斥佛老為標幟的宋學，其實正起於消化或通過佛老。後人謂其「援佛入儒」或「陽儒陰釋」，雖不切，卻很能顯示這種理性發展的詭譎。因為若無魏晉南北朝及隋唐這一段佛教道教的發展，宋學無論如何是開不出來的；開出宋學，勢必奠基於此，而不能以打倒佛老為之。

不了解這些，不但不能了解西方近代文化的發展，顯然對中國歷史的理解也會出問題，而錯誤的歷史認知，必然形成不恰當的實踐行動。中國近代新文化運動，以文藝復興、啟蒙運動、近代科學民主與理性精神為效法對象，卻走了相反的道路；提倡宋學之格物致知，亦與宋學之實際狀況頗相徑庭。奉行切斷主義與打倒主義，認為若不徹底與宗教迷信決裂、宣戰，便不足以發展理性，亦無法使中國開展出近代民主與科學。這樣的路數，註定了是要失敗的⑫。

五　思想史上理性的災難

依這樣理性地、科學地了解中國歷史文化，恰好也了解得一塌糊塗。例如「格物致知」，據胡適說，此為一「大膽疑古，小心考證」的實證方法。是理智的態度、科學的路。但事實上剛巧相反，格物致知乃是修養上的實踐工夫，而非理智的考證方法。試一論之：

按：伊川嘗言：「格物者，適道之始，欲思格物，則固已近道矣。是何也？以收其心而不放也。」（《遺書》卷廿五）「格物窮理，非是要盡窮天下之物，但於一事物上窮盡，其他可以類推。至如言孝，其所以為孝者如何。」（十五）「或問：進修之術何先？曰莫先於正心誠意。誠意在致知，致知在格物。」（十八）格物，是為了致知，知什麼呢？知萬物之理。窮理，乃能盡性。故格物致知，是心性修養上的工夫。

伊川釋格之「物物」，舉「孝」為說，即是此意。《遺書》卷十八又云：「致知在格物，格物之理，不若察之於身，其得尤切。」此與卷七說：「致知，但止於至善。為人子止於孝、為人父止於慈之類。不須外面。只務觀物理，泛然正如遊騎無所歸也。」都顯示格物之物，不應從外在實際存在的客觀物上去求，而是道德修養上的問題，「要在明善，明善要在格物窮理」（十五）。

這跟考證、疑古云云，有啥子關係？胡適之說簡直比王陽明去格竹子更離譜了。

但更離譜的，是把這種宋學，說成是「盛於最近三百年」的方法，為「顧炎武、閻若璩，以至戴震、崔述、王念孫、王引之以至孫詒讓、章炳麟」所採用者。顧、閻、崔、戴等人所使用的，是一種號稱漢學或樸學的方法，與宋學有什麼關係？胡適是寫過《戴東原哲學》的人，難道忘記了他們反對宋明理學的立場嗎？

其三，胡適既推崇漢學樸學方法，那又怎能說漢代是籠罩在宗教迷霧中的黑暗時代呢？

其四，朱熹明明與佛教關係密切，明明注解過道教之《陰符經》《參同契》，明明禱過雨，明明說過：「鬼神是實有者。屈是實屈、伸是實伸。屈伸合散，無非實者。故其發見昭昭，不可掩如此。」（《語類》卷六三）何以反說他是從宗教中掙脫出來的人？

可見胡適對中國學術史的了解是多麼荒誕不經。而茅塞其心者，非它，正為彼所自詡之科學方法、理性精神也。

除此之外，把中國歷史拿來與西歐類比，視中國仍處於中古宗教時期，呼籲進行一次理性的啟蒙運動，打倒一切迷信、偶像崇拜、反鬼神信仰。這一類比可能本身就大有問題。因為西方近代之理性反省是環繞著「上帝」這一概念而展開的，內在於西方有神論與無神論的爭論傳統之中。而此有神無神之辯，主要是討論世界是否有一超越的、具位格性的絕對者（Absolute）。故上帝存在與否的論證，是核心的問題。

由此一論證，再展開有關宗教語言、宗教體驗、啟示、奇蹟與信仰等問題的探討。整個有神論，其實就是一神論（Monotheism），理論及實際上都肯定惟一的神，在此之外既無另一個神，也不可能有另一個神⑬。

相對於有神論的（Theism），是無神論，否定有此一神之存在，唯物論及實證主義者多主張如此。但影響啟蒙運動的，並非這一路，而是承認有一創造世界的位格之神，卻反對神對世界有支配力、反對奇蹟與啟示的自然神論（Deism）。至於經驗論，則是認為人不能對神做清楚的陳述，神亦非人之經驗所能知，故為一「不可知論」（Agnosticism）。

中國從來就沒有一個超越的、位格的、創造世界、主宰世界的上帝觀。換言之。從來沒有出現過有神論，連商周之際卜辭及《尚書》文獻中的「上帝」「帝」也不同於西方的「上帝」概念。何來有神論⑭？既無有神論，當然也不會有與之對反的無神論，因為從來沒有上帝，沒有人討論過上帝是否存在，即不可能出現反對上帝確實存在的言論。要在中國文化中找無神論的材料，正是悶在一間黑屋子裡找一頭不存在的黑貓⑮。

中國只有鬼神論，故與之對反者，為「神滅論」與「無鬼論」。神若隨形而滅，自然無鬼可說。所以一切破有鬼論者，都從這裡立論。反之，如其哲學主張不如此，就不可能不信鬼神、不敬鬼神。他或許也曾禁淫祠、戒巫覡，但那都不相干，因為他畢竟不能不祭祖；其禁淫祠、壞野祀等活動也不能證明他便不信鬼。因其鬼神之觀念尚在也。如朱子，《宋史》謂其官同安時，「禁婦女之為僧道」，又《對諭榜》規定城市鄉村不得以禳災祈福為名，裝弄傀儡。但《語類》卷一〇六記載：有門人禁漳民禮佛朝岳，皆所以正人心耶？朱子即回答：「未說到如此，只是男女混雜，便當禁約耳。」

所謂鬼神之觀念尚在。原因是在中國的思想傳統中，鬼神是不容易袪除的觀念，何以故？鬼神皆氣也。

《禮記・祭義》：「宰我曰：『吾聞鬼神之名，不知其所謂！』子曰：『氣也者，神之盛也。魄也者，鬼之盛也。合鬼與神，教之至也。眾生必死，死必歸土，此之謂鬼。骨肉斃於下陰為野土，其氣發揚於上為昭明，薰蒿淒愴，此百物之精也，神之著也。』」形魄之亡，稱為鬼，因其歸於故土。精氣仍存，揚於世上，則名為神，因其昭明彰著。後世之所謂鬼，本來就都是指這個形滅而氣存，且昭見於人之耳目的「神」，只不過在其中又依善惡褒貶，將它再分兩等，善者尊之為神，惡者或一般者名之為鬼而已。鬼神皆氣所化，若不打破這個「形／神」之辨、若不反對宇宙為氣一元論、若不主張形滅則氣盡神亡，焉能為無鬼論⑯？

胡適，或那被稱為「在一九一八到一九一九年有神論與無神論論戰中，作出較大貢獻的陳獨秀、惲代英、蕭楚女」等人，不明此中原委，拿著「科學的研究方法」、實驗、「騙人的偶像說」去攻擊有鬼論，當然是不相應的了⑰。

六　突破理性精神的困境

雖然如此，這一強悍的理性精神，畢竟已成為近百年來最穩固的力量，導引著知識分子心境及社會走向。此一「理性精神」所表現的態度，在幾個方面都是強而有力的——一是把理性視為人存在之本質。人之所以為人，在古代，認為主要是「仁」，人心之仁是人之所異於禽獸之處。故學術及教育活動，主要是在教人明此仁善之心。現在則認為人最主要的能力是理智，一切學術或教育，亦皆為知識之增進與彰明而設。這是對「人」的了解與期待從根本上起了變化。其次，理性被看成人了解及掌握世界惟一的方法。近代「進步」的知識分子不以為除理性之外，還能有理解世界的管道。所以，第三，理性又可做為價值判斷的依據，凡「合於理性」即代表「對」與「好」。

何以近代理性精神之發展竟能達致上述成果？

這是一種迥異於傳統的態度，從根本上扭轉了對於人與世界之認識，而這種認識又被宣稱是一種反蒙昧、反權威的力量，提供了社會新的武器。也就是說，理性之所以能形成新的權威，成功地成為主導近代社會的力量，最主要的卻是以其「啟示」與「預言」性格。所謂啟示，是指近代知識分子往往宣稱理性能給人光，能讓人走出蒙翳、黑暗和愚昧，自己看到世界，擺脫舊權威之宰制。所謂預言，是預言未來世界在理性的導引下，必然更加美好。這種「歷史發展之必然」，既說明了革命之必要，也提供了歷史發展的規律，說明人類不能不走上理性之路⑱。這其實是一種宗教態度，所以理性也就被絕對化了，絕少人懷疑理性的價值以及理性之用有其限度，對「非理性」「反理性」之價值與功能亦不屑一談。反之，主張理性者，被賦予了道德意涵，代表正義且必然勝利的一方，塑造出一種啟蒙的道德權威（moral authority），來替代舊日之聖賢教訓或社會倫常道德權威。

光是從預言、啟示和道德方面來建立理性的權威地位，仍是不充分的。這時，它還得由傳統處獲得權威。

前文說過，理性精神的提出，基本上是反傳統的。但人的歷史性，使人不可能接受真正反傳統的東西，理性精神要真正形成影響力，即必須進入傳統之中，去對傳統進行「理性的解釋」。這也就是胡適寫作《先秦名學史》的原因。近代學人大講名家墨家之學，無非是想在中國學術傳統內部建立一個理性的、邏輯學的傳統。而把程朱格致之學、清代乾嘉考證學，統統說成是與西方近代理性主義一樣的東西，都屬「一種嚴刻的理智態度，走科學的路」。也是基於同樣的理由⑲。

此外則是再由西方近代學術發展史上獲得權威。如嚴復之取途穆勒、斯賓塞等；胡適之借徑杜威；傅斯年之揭揚蘭克史學；金岳霖、殷海光之醉心邏輯實證論。每個人都宣稱他所採擷的西方學術是真正的科學方法。這些方法在西方已有施用之成效，可以做未來為中國發展的保證。

理性的權威，當然更可能建立在近代科學本身的發展上，直接以「科學」獲得權威。亦即依一種簡單的推理：近代科學，是因採用了理性的、科學的方法，故能有長足之進步；其他各學科、人類知識之各領域，若欲得到同樣的發展，當然也須採用這種方法。

科學，既為理性具體運作之結果，科學自然就可做為理性行為的典範，合乎科學，也就是合乎理性。科學家遂亦成為近代新的人格典型。幾乎每個小孩都曾經過立志「我將來要做個科學家」的階段，或被家長師長教育朝此目標邁進。科學家取代了「聖賢」的典型。

這幾方面交互運作，構成一複雜的權力關係，逐步建立並鞏固了理性在社會中的地位。例如陳獨秀、胡適之能使其思想大行於天下，與其身居全國最高學府之文學院院長，擁有因教育權力而培養之新型知識分子群眾，必有極大的關係。從五四之後展開的科玄論戰到社會史論戰，再到無產階級革命，被理解為一理性化逐漸增強、提高以及得以實踐的結果⑳。

但是，仔細觀察這一發展，我們當可發現：水能載舟，亦能覆舟。理性與科學，本來提供的即是一種規律、一種秩序；理性化的社會，應該是一能顯現規律法則與秩序的社會。現在，卻在一革命的情境中被提出，不但利用理性與科學的名義在宣告一種啟示真理、一種烏托邦的理想；更鼓舞群眾的激情，以求理性能夠申張。此豈非自相矛盾乎？理性的講理精神，在宗教態度與絕對真理業已出現之後，遂根本隱匿了，不准也不必討論了。

何況，近代知識分子之理性精神有其現實的動機與意義。透過理性精神的申張，希望能沖抉網羅、啟民蒙翳，建立一如歐美或蘇俄那樣的新國家。因此理性精神推動著政治的發展，政治也以其權力支持了理性的權威。但正如李澤厚所說：某些理論固然替某些政治團體提供了科學論據，為革命奠定了科學的理論基礎和信念依據；但政治力量卻可能反過來，壓制或籠罩了理性、科學的討論。連學術上的基本要求，如主要概念之嚴格含義分析，幾乎都不能進行。任何東西，「只要成為不容懷疑的政治結論，也就似乎不需要科學證明了」㉑。

再進一步說，近代理性精神之內容，往往與科學關聯著說，科學被視為理性運作的模範，這也是不合理的。何以故？一、科學固然是一理性化的結果，但人類社會的理性化並不能從科學處得到保證。例如槍炮炸藥之發明，係人類科學的成就，然此科學能做為人類社會之理性模範否？人類用槍炮自相殘殺，事實上即一非理性行為。集權國家的科學每極發達，卻不能說它就是合於理性的㉒。二、近代知識分子往往認為合乎科學即合乎理性，這是對科學的信仰。可是科學門類甚雜，他們的理性行為到底應以何種科學為模型呢？殷海光曾批評胡適：「了解科學方法之來路，係歷史考證，而不是自然科學，……所以對科學方法的了解難免陷於過分簡單的認識。㉓」

然而殷海光的科學方法也不是來自自然科學，而是邏輯實證論，那麼是否他自己也難免陷於過分簡單之認識呢？再者，若說科學方法必須直接由自然學來，那又應取自何種自然科學呢？數學、化學還是地質學？三、以科學為學術工作之基本模型，任何學門都要講究其科學性與科學方法，是近代理性精神申張的一項表徵。但是，我們似乎忘了問科學性及科學方法是否有其界限。也就是說，自然科學的研究目的、方法、範圍、對象，是否可等同於人文及社會科學？西方自狄爾泰以降，對人文學與自然科學之不同，討論甚多；人文學若可建立為一門科學，此一科學，亦自有一「人文科學的邏輯」㉔。而我們對此則未暇措意，反而努力地以自然科學來規範人文及社會學科。以致知識分子高舉科學與民主之大纛，卻不料科學竟反過來，在知識界內部和社會意識方面成為壓迫、宰制人文學發展的最主要力量。整個社會對科學的崇慕與科技所佔據的社會資源，都使得人文研究不受重視、人文學者毫無發言地位、人文學無法發展。科技所代表的工具、技術理性，也完全壓倒了理性精神所應蘊涵的價值理性面。

這是近代理性精神發展的悲劇。此一悲劇之形成，固有世界權力結構之關係、政治社會運作的因素。然而，知識分子本身所秉持的理性精神本身，可能便含有若干問題，故導致這樣不良的發展。

此話怎講？

五四及新文化運動，通常被比擬於西方的「啟蒙運動」，或視為一種理性主義啟蒙運動所推展的，是以認識論姿態出現的理性主義，強調借概念之推演來處理一切（Rationalism）。但這樣的運動，其內容與發展實迥異於西方。

問題，且以數學為理性之科學模範。

所謂以理性、概念處理一切問題，是強調了人對世界事物的把握與理解，主要倚賴理性的能力；不重視意志、感性也有其力量和重要性。強調知識，且為知識而知識；此種知識之建立又不由感覺經驗而來，乃由人之理性，借概念推演而成。這是以笛卡兒為代表之理性主義的主要特徵。但這種趨向，使得西方自亞里士多德及士林哲學以降，把靈魂與肉體視為綜合體的傳統分裂了，感覺認識與理智認識分了家，遂引起英國經驗主義之反動。

所以事實上，啟蒙運動內部蘊含了兩個思想系統：英國的啟蒙運動以洛克、休謨的經驗論為主導，反對「先驗觀念」說，主張一切心象來自感性經驗；法國與德國則以理性主義為啟蒙運動的基礎，代表人物是萊布尼茲與沃爾夫等。在認識論方面，經驗主義認為一切認識皆以感性經驗為基礎；理性主義則主張若先驗之理性，知識實不可能。在方法論方面，經驗論者只用因果律來解釋世界，而因果律，若如休謨所云，只是在經驗中所發現的先後承續之一致性。理性論者則把原因概念列在先天的理性範疇，且在解釋世界時還加上了另一個理性概念：目的論。所以這兩大思想系統雖同居於啟蒙運動中發展，其壁壘實甚明顯。

我國在清末民初的理性精神勃興時期，所接受於西方啟蒙運動者，乃經驗論系統，而於理性主義極為疏隔。因此，近代我們號稱為一理性主義時代，然事實上只顯示了一種以理性為價值取向的心態，顯示了一種似乎講究經驗實證與理性歸納程序的態度，而並未形成一真正的理性主義。對理性之內涵、能力、運作及理性與感覺經驗、意志力等之關係……，均少探索，對使用概念以演繹推論之方法，亦不熟稔。

即使在經驗論的傳統方面，我們因為並無類似歐洲理性主義的底子，故所吸收者亦頗淺浮。啟蒙運動中道德哲學在英國獲得了長足的發展：洛克由經驗層面，亦即由人類行為所引起之快樂與痛苦來建立道德；休謨則強調道德感受，謂道德基於天生的同情心，宗教亦由情緒之需要而生。此與德國理性主義如沃爾夫發揮理性主義系統，而以道德為最後目標，實有異曲同工之妙。我國近代知識分子的理性精神卻以反道德為指標之一，批判儒家倫理、攻擊良知說，不唯未發展任何倫理哲學，且視道德及道德教育為封建社會吃人的禮教。

同理，我們吸收了盧梭《民約論》，卻忽略了盧梭所代表的，事實上是對理性主義有所反省的一支。由於啟蒙運動對理性過分強調，盧梭才凸顯大自然賦予人的感受能力，以此為人類活動最深遠的來源。漠視這一支思想，對啟蒙運動的理解當然會顯得偏宕而不充分。

再就所謂以數學為理性之科學模型這一面來看。卡西勒說得好：「去認知一個複雜的經驗，就是把它的諸多組成部分置於某種相互關係中，使我們不論從那一點展開，都能依循一條一定而普遍的法則，而遍覽其全體。這種形態的推論性理解，早已被笛卡兒確立為數學知識的基本準則。……十八世紀十分堅持這個基本方法，而且試圖把它應用到更廣泛的知識領域中。『演算』這個概念，不再局限於數學的意義。它既可以用在數與量方面，也侵入了純粹屬於質的領域。」㉕這是啟蒙時代的心靈與方法，但五四運動以降，中國知識分子雖高談科學，以自然科學為一切學術工作之模範，卻普遍缺乏對科學工作之具體了解與基本科學知識，對數學更是極為隔閡。在我們近代高等人文教育系統中，也從未培養「演算」的心靈與習慣。故近代西方思想史與數學之關係深密，我國近代思想史則不僅與中國數學傳統毫無瓜葛，也與西方數學無甚關聯。

當然這種對比是極粗略的，而且中國自有中國的思想傳統，其發展道路亦不必一定要同於西方。不過，由這樣的比較，我們自會發現中國近代知識分子的理性精神，可能比啟蒙運動的狹隘理性觀問題更多，其中也蘊含了理性不能真正落實的內在因素。凡事當先「反求諸己」，我們現在顯然應該開始改弦更張或重新出發了。

【注釋】

1 參見Benedesso Croce,"Antihistorismrs,"*Historische Zeitschrift*, Vol.143（一九三〇），頁四六六。

2 參見M.Heidegger,*Die Zeit des Weltpbildes, in Holwege*, Frankfurt, V. Klostermann, 一九三八年，頁八三至八五。

3 原信發表於該年三月出版《靈學業志》第一卷第三期。

4 見《靈學叢志》第一卷第二期。按：一九八三年《中國哲學》第十輯，曾刊吳光《靈學・靈學會・靈學叢志簡介》一文，發表了嚴復這兩封信。並說：「迄今為止各種近代史資料、嚴復文集資料、研究嚴復思想的論文和專著都沒有選編或引用過該信的內容。」可見論者對嚴復思想中這個層面的問題，尚罕觸及。不過，在一九八二年王栻主編的《嚴復集》中，事實上已收錄了這兩封信。其次，吳光對嚴復之論靈學，仍持批判態度，且是延續《新青年》時期陳獨秀等人的意見。此一理解，我亦以為不妥。

5 默明哲《嚴復》一書，把嚴復介紹英國的培根經驗論和歸納法，說成是「唯物主義認識論」（一九八二年，齊魯書社）。這是對西洋哲學缺乏基本常識的說法。故依此而區分的所謂前期、後期，亦毫無根據。因為所謂前期，其中既含有所謂「唯心主義性質」；則前後期之分徒然造成解釋上的困擾。同樣一本《法意》、一本《穆勒名學》。有時算做前期思想、有時視為後期反動主張，學術研究能這樣做嗎？我認為講近代思想史，不放棄這類前後期思考架構，根本沒有出路。不只討論嚴復如此，談章太炎、康有為、劉師培都應如此。另詳龔鵬程《傳統與反傳統——論晚清到五四的文化變遷》。

6這其實是胡適那一代推動新文化運動者一致的態度。如馮友蘭把中國哲學史，從董仲舒到康有為這一段，全劃入中古經院哲學時期。顧頡剛寫《漢代的方士與儒生》，大罵漢代儒生與方士結合，並為帝王服務。都有一個類似胡適的歷史解釋模型在。

7《胡適論學近著》，頁六三〇至六四六。

8另詳Frsnklin L Baumer《西方近代思想史》，頁三六九至三八二、五一九至五四一，聯經出版公司。

9高承恕曾利用費弗賀（Lucien Febvre）《十六世紀的反信仰問題》之研究，對此詳予論述，詳見其《理性化與資本主義——韋伯與韋伯之外》，一九八八年，聯經，頁一五五至二〇二《對理性化的再思考》。

10韋伯與庫恩對理性精神的反省，詳陳曉林《學術巨人與理性困境——韋伯、巴柏、哈貝瑪斯》，一九八七年，時報。

11蔣義斌《宋代儒釋調和論及排佛論之演進》（一九八八年，商務）以儒釋互動觀點論宋代儒學，但他界定程朱學派是反王安石而排佛的，似仍有商榷餘地。二程中程明道對王安石並不太排斥，程朱之排佛亦不全面。熊琬《宋代理學與佛學之探討》（一九八五年，文津出版社）曾指出朱子批評佛教往往不甚恰當。這是不錯的。朱子對佛學既非全面批判，毫無取擇；他對佛教的了解，又受限於時代禪風及個人經驗，所見自然也有不夠周全深入之處。但總括來說，朱子對儒佛之異，仍是能夠分判的，此所以朱子畢竟是儒而非釋。詳馮耀明《朱子對儒佛之判分》，一九八八年，《漢學研究》，六卷二期。收入《中國哲學的方法論問題》，一九八九年，允晨公司。另外，宋代知識分子與佛教的關係，我在《江西詩社宗派研究》中另有處理，參頁二一一至二一二，二九二至三〇九，三九五至四八五，一九八三年，文史哲出版社。

12 本文所討論的近代知識分子反宗教狀況，只是扣住理性精神的發展而說，但這是不全面的。近代知識分子對宗教的爭論極為複雜，例如因救亡意識逼出了民眾教育問題，而主張啟迪民智，打倒迷信；因立儒教為孔教問題，而主張破除偶像崇拜，政教分途；因反西方帝國主義侵略，而反基督教等等；都是重要的原因。反宗教之後，用以替代宗教者，也未必即是理性精神、科學方法，因為像蔡元培就曾提倡「以美育代宗教」。

雖然如此，理性仍是反宗教最主要的理由以及武器，也最具思想史意義，充滿了理趣與詭譎，值得深思。不像反帝國主義之類，只能做一歷史現象及民族情緒視之。如五四新文化運動後，一九二〇年八月廿八日，少年中國學會就在北京通過了巴黎分會的提議，說：「有宗教信仰者不得入會，已有宗教信仰之會員得自願退出。」巴黎分會是李璜、曾琦等人主持的。當時李璜就認為將來人類必然會脫離宗教，因為：（1）中國必須現代化，而現代化世界是排斥宗教的；（2）中國需要一個理性的途徑來重建，而宗教是反理性的；（3）中國需要的是真實、主動、平等、自由，這些都非宗教所能提供；（4）中國不需要宗教的不寬容。（見《少年中國》三卷一號）可見「理性」是反宗教最主要的理由及武器，且通過理性，被認為是救亡、啟蒙，使中國現代化的不二法門。故本文採取這一反省近代理性精神的討論方式，並集中於從嚴復到胡適的歷史發展及其蘊涵之理論問題。主線既已掌握住，其他零散的事件，就不必再敘述了。

13 所謂有神論，就是一神論，詳布魯格《西洋哲學辭典》，項退結編譯，一九七六年，先知出版社。

14 天主教中人，如羅光等，近嘗致力於把《詩經》《尚書》中的帝、天、上帝，解釋成一位格的超越的上帝。羅光說：「《書經》《詩經》所信仰之天，為位格的上天，乃最高的靈明，無形無象，造生人物，賞罰善惡。春秋戰國的社會則迷信鬼神，遇事就問神求卜。」（《中國哲學思想史．兩漢南北朝篇》，一九七八年，學生書局）我不否認夏殷甚至周初人有人格神的上帝觀，治甲骨及古文獻者也都不否認這一點。但強調這一點並無意義，因為殷周之際固然仍保留了許多原始宗教信仰（包括自然神與至上神），可是這時期的宗教形態，與希伯來人的宗教意識和超越上帝觀，實有根本之不同。例如李杜在《中西哲學思想中的天道與上帝》一書中便談到：周人相信的是一無私的、普遍的上帝；希伯來人則強調天國與人世的對立，相信選民與恩典、救贖等觀念。

周人相信天帝可以與每個人感格，基督教則認為只有氏族首領、先知及祭司才能與上帝交通。且中國無天帝創造天地與人的神話，故亦不重視天帝先於人而存在的問題，無天帝為「自有」「永有」之觀念；也不認為上帝必須全知全能，因為周人認為在天帝之下，即有眾神，各司職守。（一九七八年，聯經）因此雖然上帝是一超越的人格神，它與一神論的上帝觀，仍然不一樣，無法類比。其次，經過「周初宗教中人文精神之躍動」，逐漸將天帝觀念，轉化為天命—命—性的討論，徐復觀《中國人性論史》亦述之甚詳。殷周之際的天帝觀對後世歷史文化並無太大的影響。

15 我讀《中國無神論史資料選編》（王友三編，一九八五年，北京中華書局），常覺其書彷彿《笑林廣記》。它把一堆不相干的材料堆在一起，且根本沒有理解力。例如它引《內經》，說該書「豐富了我國古代唯物主義和無神論的思想，而且用醫學實踐，直接批判了巫術迷信」。是這樣嗎？請看：《靈樞經》卷九《賊風》條，歧伯解釋了賊風邪氣的病因之後，黃帝問：「今夫子之所言者，皆病人之所自知也。其毋所遇邪氣，又毋沐懼之所志，卒然而病者，其故何也？唯因有鬼神之事乎？」歧伯曰：「此亦有故，邪留而未發，因而志有所惡及有所慕。血氣內亂，兩氣相搏，其所從來者微，視之不見，聽而不聞，故似鬼神。」黃帝曰：「其祝而已者，其故何也？」歧伯曰：「先巫者，因知百病之勝，先知其病之所從生者，可祝而已也。」

歧伯及黃帝都認為這種病的醫學實踐，只能靠巫祝而已。這哪裡是批判了巫術迷信呢？何況，反對巫術、鬼、雜祀，能不能就算是「無神論」呢？巫術中，例如感應巫術或類比巫術，跟鬼神又有什麼關係？這本書中裡卻盡是這類毫無宗教學常識的言論。像它說王充「堅持反對從董仲舒到《白虎通》的封建神學」，「否定天人感應的神學」。王充當然不是這樣的人，我另有《世俗化的儒家：王充》（一九九〇年，《當代中國學》第一期）一文考辨，但這且不管。它居然又同時引了張衡《陽嘉二年京師地震對策》，證明張衡也是一位「堅決反對西漢時期讖緯神學」的鬥士。嗚呼！張衡明明說，「政善則休祥降，政惡則咎徵見。……災異之興，不亦宜乎」，他所主張的，正是天人感應的災異說。引此而欲證明中國古代的無神論思想、張衡的「唯物主義的宇宙形成論」，不怕被人笑掉大牙嗎？類此荒謬之例，俯拾即是。我們舉出這些例子，意不在譏諷，乃是要說明：套用什麼唯物主義、無神論，來談中國的宗教問題，根本就是荒唐的事。

16魏源曾批評把鬼神視為氣之說，因為怕它會形成無鬼論。他說：「其道而純陽與！其生也，與日月合其明，其沒也，其氣發揚於上為昭明。『文王在上，於昭於天』，五方之帝之佐，皆聖賢既沒之神為之。堯乘白云而歸帝鄉，傅說騎箕尾而為列星。其次者猶祀於瞽宗、方社、四岳，各如其德業之大小為秩之尊卑，地祇與天神相升降焉。故曰『君子上達』。其道而純陰歟！其生也，與鬼國合其幽，其沒也，魄降於地，精氣為物，遊魂為變。鯀化黃熊，伯有為厲，彭生為豕，方相氏儺厲而驅之，鼎鑄神奸而象之。故曰『小人下達』。惟聖人通於幽明之理，故制禮作樂，饗帝饗親，進退百神五祀，聲氣合莫，流動充滿於天地之間，則天神降，地祇出，人鬼享，而製作與造化參焉，陰教與王治輔焉。孰謂太虛聚為氣，氣散為太虛而賢愚同盡乎？禮樂皆芻狗而神道無設教乎？詩曰：『明明在下，赫赫在上。』」《默觚上・學篇十四》）「以鬼神為二氣之良能者，意以為無鬼也。豈知洋洋在上在左右，使天下齊明承祀，『相在爾室，尚不愧於屋漏』，即後儒『天知、地知、人知、我知』之所本，謂天神知、地祇知也。商人尚鬼神，『乃祖乃父丕乃告我高後，曰：「作丕刑於朕孫，迪高後丕乃崇降不祥。」』《皋謨》《洪範》之言天，無非以命討、刑威、禍福、錫咎皆出上帝之佑怒。聖人敬鬼神而遠之，非辟鬼神而無之也。如曰太虛聚為氣，氣散為太虛，賢愚同盡，則何謂『原始反終，故知死生之說』乎？何謂『精氣遊魂，知鬼神之情狀』乎？何必朝聞而夕死？何謂『與鬼神合其吉凶』？何謂『帝謂文王』，『文王陟降，在帝左右』乎？鬼神之說，其有益於人心，陰輔王教者甚大，王法顯誅所不及者，惟陰教足以懾之。宋儒矯枉過正，而不知與六經相違。墨子非樂，異乎先王，然後儒亦未聞以樂化天下，是儒即不非樂，而樂同歸於廢矣。墨子明鬼。後儒遂主無鬼；無鬼非聖人宗廟祭祀之教，徒使小人為惡無忌憚，則異端之言反長於儒者矣。」（《學篇一》）我這裡的說法，即為魏源之說再進一解。

17有關這幾場論戰，詳李振霞《中國現代哲學史綱要》第六章《無神論與有神論的論戰》，一九八六年，紅旗出版社。

18這裡又結合了近代特有的革命意識。

19近代名學的發展，其實有三條路線。一是運用西方的概念與邏輯知識，重新討論並說明先秦名墨之學，使其與現代語言分析哲學接上頭。從胡適、梁啟超、牟宗三……到陳癸淼、馮耀明等，大抵都在進行這樣的工作。另一路，則如馬建忠以「正名」為辨詞類，將其納入文法學的系統，改造了新的一套名學，事實上已將西方之文法與語法研究整個移植進來，發展出一新名學，與古代名學毫不相干。第三種路線，則是在西洋學術的影響之下，繼續發展或改進中國古有的名學。這主要是順著傳統的訓詁學與條例之學來發展，如章太炎、劉師培等，皆於此戮力不少。

20 參看李華興《中國近代思想史》，一九八八年，浙江人民出版社，第十二章。

21 見李澤厚《中國現代思想史論》，一九八七年，東方出版社，《記中國現代三次學術論戰》。

22 哈貝瑪斯曾指出科技內部的非理性（irrationatity）問題，他認為近代科學基於方法運作上的考慮，對價值、倫理問題暫不討論。但如此一來，科學竟常以為價值與倫理問題不能理性地討論，科學研究不必問目的與意義。如此一來，不但在理論上認識錯誤，更常在實踐上造成一種非理性主義。見 Jürgen Habermas, "Technology and Science as Ideology",in *Toward a Rational Society*, Boston：Beacon Press,1970，頁八一至一一三。

23 殷海光《胡適與國運》，刊《自由中國》，一九五九年五月號。收入《殷海光選集》，一九七一年，友聯。

24 卡西勒有本書即名為《人文科學的邏輯》。

25 詳卡西勒（Ernst Cassirer）《啟蒙運動的哲學》，第一章，一九八四年，李日章譯，聯經。

五　華文啟蒙文教的批判

一　以淺俗反傳統

胡適先生《西遊記考證》結論部分曾說：「《西遊記》被這三四百年來的無數道士、和尚、秀才弄壞了。道士說，這部書是一部金丹妙訣。和尚說，這部書是禪門心法。秀才說，這部書是一部正心誠意的理學書。這些解說都是《西遊記》的大仇敵。……幾百年來讀《西遊記》的人都太聰明了，都不肯領略那極淺顯明白的滑稽意味和玩世精神，都要妄想透過紙背去尋那『微言大義』，遂把一部《西遊記》罩上了儒釋道三教的袍子。因此，我不能不用我的笨眼光，指出《西遊記》有了幾百年逐漸演化的歷史；指出這部書起於民間的傳說和神話，並無『微言大義』可說；指出現在的《西遊記》小說的作者是一位『放浪詩酒，復善諧謔』的大文豪作的。我們看他的詩，曉得他確有『斬鬼』的清興，而決無『金丹』的道心。指出這部《西遊記》至多不過是一部很有趣味的滑稽小說、神話小說。他並沒有什麼微妙的意思，他至多不過有一點愛罵人的玩世主義。這點玩世主義也是很明白的；他並不隱藏，我們也不用深求。」

五四，在文化上最顯著的成績是白話文運動。在提倡白話文學時，最主要的成就，除了小說散文之創作，即是對中國文學史的重新詮釋。以白話文學的觀點，表彰了民歌、小品文及白話小說等，尤為其特點所在。胡適、魯迅等人花大氣力進行的小說考證研究，其實正是五四所建立的新文學傳統之精髓所在，所使用之方法與觀點，亦足以代表那個時代，而和白話文學的創作，一同影響著他們的追隨者。

這個新的傳統，特色就在於它的「淺顯平易」。以胡適這篇考證來說吧，力翻古人成案，獨樹新解，正與其「文學革命」「反傳統」的精神相符。所以說，五四運動在文學及文化上，正是以淺顯來革命的。把《西遊記》解釋成只具一點點玩世態度及趣味的作品，亦可顯示此時胡適所關切的，是「世俗的解放」，而非那深奧的「人生解脫」之問題，故痛斥傳統舊說講得太深曲穿鑿。

五四諸公在文體上追求淺白，意蘊上也同樣講究淺白，所以其反傳統其實就是把傳統淺白化。其所批判反對者，固然被指為深曲穿鑿，它所肯定的、花大氣力來向我們介紹的東西，其實也都是淺白的。例如古代的民歌、易懂的詩文、白話小說、民間俗曲等等。若干傳統上認為是很深刻很深奧的東西，則也要強迫大家承認那其實也只是些非常粗淺的東西。

可是，在中國小說中，稱為遊記的，均與神仙有關，幾無例外。像明吳元泰《東遊記》二卷，講八仙故事。余象斗《南遊記》，又名《五顯靈官大帝華光天王傳》，四卷。《北遊記》，又名《玄帝出身傳》《北方真武玄天上帝出身志傳》，四卷。與《西遊唐三藏出身傳》合稱四遊記。清無名氏《海遊記》六卷，仿《希夷夢》，明羅懋登《三寶太監西洋記通俗演義》二十卷，也具有神仙色彩。而最著名的《西遊記》更是如此。

此書講唐三藏與其徒孫悟空等三人共往西天取經，主題與經過，都與一六七八年英國作家約翰・班揚（John Bunyan）《天路歷程》相似。班揚書中曾說道：「小子啊！你們曾聽過福音真理，知道你們若要進天國，必定要經歷許多苦難。也知道你們經過的城中，有鐵鏈與患難等著你們。你們既然行了這許多路。怎能不遇見這些難關呢？」《西遊記》要講的，就是唐僧一行如何度過這些難關。

故歷來均以此為證道之書，例如明萬曆劉蓮台刊本稱為《唐三藏西遊釋厄傳》；清汪象旭評本稱為《西遊證道書》，並認為書是長春道人邱處機寫的，講的是道家內丹長生之道；清陳士斌刊本稱為《西遊真詮》，陳氏號悟一子；清劉一明評本稱為《西遊原旨》，劉氏乃蘭州金天觀道士，又號素霞散人，以上兩家也都以道教宗旨解釋《西遊記》。另有清張含章《通易西遊正旨》，則以《易經》解之。

直到五四運動後，世俗化的理性主義精神抬頭，胡適才把此書作者權歸給落拓文士吳承恩，且謂其中僅有些憤世嫉俗、玩世不恭的趣味在，並無什麼神聖性的追求，更不涉及宗教性解脫問題。

但由整個中國小說傳統來看，遊記均具天路歷程之含意，如「四遊記」就是分別說玄武大帝、華光天王等如何「轉化」成為神仙。《西遊記》也是經歷遠遊以轉化成佛的。其他局部遊歷之描述，如《呂祖飛仙記》，第七回云呂洞賓遊大庾，十一回遊妓館，在人間遊歷一番之後，重回天庭，列位仙班。則是倒過來，說一位神仙，在遭貶墮凡之後，如何經過人間之遊歷，再度轉化成真。同樣地，明鄧志謨《薩真人咒棗記》，則記薩真人在人間如何修煉，如何四處治病濟困，再如何往酆都國，遍遊地府，然後上升成仙。此皆《楚辭・遠遊》及周穆王西遊見西王母之類作品的裔孫，所謂「轉化以度世」者也。

可見五四諸公在指摘批評傳統時，對於整個傳統其實甚「隔」，完全進不到那個脈絡裡。所以他們自己造了另一個「傳統」（**指出《西遊記》有幾百年逐漸演化的歷史，指出這部書起於民間的傳說和神話**），以為用這種歷史主義的方法，說明了它的經過，也就同時說明了它的意蘊（**並無微言大義可說**）。殊不知這個脈絡不是原有的脈絡，講了半天，畢竟沒有說明此種遠遊求道之性質為何。且僅考出《西遊記》元明清這幾百年間的演化過程，卻忘了我們從「遠遊」的脈絡上照樣可以指出它有幾千年的演化史。更有甚者，為什麼故事起於神話和傳說、流行於民間，便無深義可說？此真不知神話與傳說為何物者之言也。

這也就是我們在前面所說的：五四諸公所關心的，是世俗解放。從胡適提倡戴東原哲學、講易卜生主義、宣揚無鬼論打破迷信，到魯迅的改造國民性等等，做的都是打倒權威、鬆開桎梏，並在世俗社會意義上追求解放。周作人所提倡晚明小品，其「不拘格套，獨抒性靈」，也仍是這個意義。生命解脫、終極關懷之類問題，既不關心也不甚理解。凡遇古人論此，皆以為談玄；若逢時人而亦論及於此類問題，則於「科學與人生觀」論戰中一體屏斥之。

只關心世俗層面的解放問題，則其思維與態度自然顯得平實淺近，不似喜談天人性命理氣死生等問題者高遠玄眇。而此平實淺近，亦正是文體解放之旨趣。推拓此種精神，故反對偏重形上學存有論的宋明理學，反對具宇宙論氣息的漢代天人感應儒學，反對講鬼神死生的佛道「舊宗教」「舊迷信」，反對「桐城謬種」「選學妖孽」，因為這些文章講辭藻講義法，只是貴族的或山林的文學。革命者所希望提供的，乃是一套新的東西：簡單明瞭地以科學精神，檢驗眼前之證據。或「建設平易的、抒情的國民文學」「明了的、通俗的社會文學」（陳獨秀《文學革命論》）。

這就是五四文學及文化運動的基本性質。可稱為淺俗革命，或以淺俗革命。

二　教育體制改革

五四文學運動，是發生在北京大學校園裡的，因此這種文化態度，我認為即與清末民初之學校教育有關。

首先，我們應當注意陳獨秀所說，要建設國民文學的話。晚清的教育改革，第一個重點正是要建設國民教育。

同治五年（一八八六年）我國第一位出訪歐洲的官員斌椿在《乘槎筆記》中即注意到外國廣設學校的現象。其後李善蘭（一八七三年）《花之安〈泰西學校論略〉序》介紹德國「無地無學、無事非學、無人不學」的情況，即廣為郭嵩燾、黃遵憲、王之春、薛福成、鄭觀應、張之洞、李端棻等人所徵引，在各種著述中推廣。光緒二十七年（一九〇一年）張謇《變法平議》論禮部八事，第一條也就是「普興學校」。次年，羅振玉《學制私議》第一條，言教育宗旨，第一目也是「守教育普及之主義」，並希望定小學前四年為義務教育。同年，負責籌辦京師大學堂而赴日本考察的吳汝綸，在給管學大臣張百熙的信中也談到：「小學不惟養成大中學基本，乃是普通人而盡教之，不入學者有罰。各國所以能強者，全賴有此。今日本車馬夫役旅舍傭婢，人人能讀書閱報，是其證也。」（《桐城吳先生尺牘》第四）。

傳統中國並不重視國家教育，除少數為科舉而設之州學縣學外，基本上是私學系統，故老百姓多屬文盲。鄭觀應《盛世危言・學校》云：「古者家有塾、黨有庠、州有序、國有學。……比及後世，學校之制廢，人各延師以課其子弟。窮民之無力者，流嬉頹廢，目不識丁，竟罔知天地古今為何物，而蔑倫悖禮之事，因之層出不窮，此皆學校之不講之故也。」相對於此，西方列強之所以強盛，便被理解為是教育普及之故。因此，如何廣設學校、普及教育，很快即成為晚清士大夫之共識。

事實上，在吳汝綸寫信給張百熙的前兩個月，張百熙已經擬定了頒發給各省的高等學堂、中學堂、小學堂章程，教育體制改革業已全面進行。次年，張之洞、張百熙、袁世凱等又奏請遞減乃至全面廢除科舉制度，兩年後光緒三十一年（一九〇五年）「停罷科舉，專重學堂」遂成事實，整個教育結構徹底翻新。

科舉制度，是綿亙中國上千年，與整個知識階層、官僚體系、社會組織相互盤結，極為複雜龐大的制度叢體，卻在如此短暫的時間內，被摧枯拉朽般地廢止了，可見彼時改革聲勢之大、力道之猛。從倡議到實現，不過一二十年。

但改革的重點並不在於廢科舉。科舉被廢，是因為若不廢科舉，則民間尚存觀望之心，推廣學堂便不積極。所以主軸仍在於廣設學堂、普及教育。而其所以要廣設學堂、普及教育，目的又在於強國。因此，教育轉為國家化，教育的目標亦重在培養國家所需要的國民。

當時教育改革的主要學習對象，乃是德國與日本。羅振玉即主張教育應仿效日本，「全國一切學校，悉本之學校令，即《法規大全》所載小學校令、中學校令、高等學校令、師範學校令、大學校令是也。凡設備、教科管理、教育等事，悉括其中，以便全國遵守。此中國亟當法效者」（《日本教育大旨》）。這個主張，後來得到具體實現。由國家制定學校法，規定學校之組織、設備、人員編制、科系設置、教學年限、課程內容等。直到今天，仍由國家推動並負責一切教育事務。

教育國家化，教育之目標自然就是培養出它所需要的國民。因此，國民教育最為重要。所謂國民教育，是說人民均須受教育，以培養其成為國家之國民。所以國民教育也是義務教育。羅振玉曾批評日本在明治時期，「當日尚昧於義務教育之理，不知普通教育更切要於高等教育也」。又說：「中國今日尤當以普通教育為主義，預定義務教育年限，先普通而後高等。考東西小學教育，所授為道德教育、國民教育之基礎及人生必須之知識技能，此最為中國今日之急務。」

梁啟超也有完全相同的見解，他認為不能只重視大學堂，而應倒過來，「中國不欲興學則已，苟欲興學，則必自以政府干涉之力，強行小學制度始」（《飲冰室文集・教育政策私議》）。

在光緒廿七年（一九〇一年）夏偕言《學校芻言》中，其實也談到這些。夏氏直言，「今日欲立學校，宜取法於日本」，並說日本「教育之敕語有曰：『爾臣民其孝於父母，友於兄弟，夫婦相和，朋友有信，恭儉以持久，博愛以及眾。修學習業，以啟發智能，成就德器，進而廣公，益開世務。常則重國憲、遵國法，變則以義勇奉公，以扶翼天壤無窮之皇𫝊」，足為我邦楷模。後來我國義務教育一直極為強調「公民與道德」，重視民族精神教育，希望培養受教者的愛國心，即濫觴於此。

義務教育的另一重點，則為羅振玉所說「人生必須之知識技能」。光緒廿九年（一九〇三年）《奏定初等小學堂章程》謂：「設初等小學，令凡國民七歲以上者入焉，以啟其人生應有之知識，立其明倫理愛國家之根基，並調護兒童身體，全其發育為宗旨，以識字日多之民日多為成效。」言此宗旨甚為明確。希望受教者能識字、作文，懂些歷史地理，會算術。

為達到小學的知識教育功能，當時又在各地另設有蒙學堂、簡易識字學塾、半日學堂等，以為輔助。成功地建設起了國民教育新體系。

三　學堂內的衝突

擔任北京大學文科學長的陳獨秀，在寫《文學革命論》時，腦海中一定曾浮現起這一場波瀾壯闊的教育改革運動，所以才會提出一個與國民教育極為類似的稱謂：「國民文學」。

但五四運動的革命主張與性質，從清末這一場教育改革得到的滋養，尚不止這些。因為這場教育改革，本來就具有革命性的作用與意義。數千年傳統徹底推翻改造。對於守舊人士來說，此新學制新學堂，本身就代表了蔑古鶩新，甚或棄中用西、捨夏從夷的意涵。光緒廿九年（一九〇三年）繆荃孫《日遊彙編序》便批評此類學堂：

若京師同文館，若北洋，若廣東，互有得失。至南洋公學，而流弊不可勝言。此後辦學堂者，當注意實學為宗旨，一切自由平權之邪說，不禁自絕。……彼詆之者曰：此奴隸學堂也、此野蠻學堂也。然而不奴隸於中國轉奴隸於外人。野蠻其性情，並野蠻其裝束，狂噬同於國狗，善罵等夫山膏。

由其批評，即可見當時學堂不僅是西方的制度，也是西方思想傳播的陣地，不但「自由平權之邪說」充塞其中，其教學內容實亦較偏於西學。

光緒廿八年（一九〇二年）《欽定小學堂章程》即曾明定高小課程「或加外國文而除去古文詞」。那被繆荃孫指摘的南洋公學，課程分為四年級，三四年級要上英文，四年級時占九小時，與國文一樣。到了中學，西學分量就更重了，《欽定中學堂章程》規定：「外國語為中學堂必須而最重之功課。」故四年中各年級讀經三小時、詞章三小時，外國文卻達九小時，另加博物、物理、化學、算學等。學生之中學訓練顯然甚淺。到了高等學堂，更是如此。政科、經學、諸子、辭章，三科合起來五小時，英文也五小時，但須加修德、法或俄文七小時，另有算學、物理、法學、名學、理財學等。次年，《奏定高等學堂章程》又把第一類科之英文加到第一年九小時，德文或法文也九小時，中國文學與經學大義合起來則才七小時，第二年再降為六小時。在第二類科中，一年級中學亦僅五小時，英文卻為八小時，德或法文再加八小時。毋怪乎宣統二年（一九一〇年）直隸提學司詳直督在變通文實分科時要說：「國文一科，雖非主課，然查現今中學生程度，文義太淺，舊章每星期三、四、五鐘，似未便再為減少。」

整個學堂教育之趨向與內容既是如此，自然會引起繆荃孫式的批評。當時主要推動學制改革者，顯然亦並不想把整個教育導入這個地步，仍希望「愛國固本」與「知識技能」兩者都能兼顧且得平衡。例如光緒二九年（一九〇三年）十一月張百熙、張之洞等所定《學務綱要》便反覆說明：「中小學堂宜注意讀經以存聖教」、「經學課程簡要，並不妨礙西學」、「無識之徒，喜新蔑古，樂放縱而惡閑檢，惟恐經書一日不廢，真乃不知西學西法者也」、「學堂不得廢棄中國文辭，以便讀古來經典。」

由此便可知：辦學堂既是為著富強等功利性考慮，學者自亦以通時事世務為目標，舊的經學文章與新的知識技能之間便發生了衝突，當時甚至已有廢讀經書及不修習中國文辭之現象了。此乃其發展中結構性的矛盾，無法避免的。吳汝綸曾有《答賀松坡書》，慨乎言之：

此邦有識者，或勸暫依西人公學，數年之後，再復古學。或謂若廢本國之學，必至國種兩絕。或謂宜以漸改，不可驟革，急則必敗。此數說者，下走竟不能折衷一是，思之至困。……西學未興，吾學先亡，柰之何哉！柰之何哉！

此即可見學堂本身的反傳統性質。學堂教育的另一性質，則在於它的淺易。

學堂教育乃公眾教育，所以有些學堂又稱為「公學」。公眾教育，是針對普通大眾的，故為普通教育，「普通云者，不在造就少數之人才，而在造就多數之國民」（光緒三十二年（一九〇六年）學部《奏請宣示教育宗旨折》）。因此其教材及教學內容俱從淺易。例如修身課講「四書」，「只講其淺近文義」。讀經，「亦宜少讀淺解」、「勿令學生苦其繁難」「尤不可好新務奇，創為異說，致啟駁雜支離之弊」。中國文辭課，「其要義在使通四民常用之文理，解四民常用之詞句，以備應世達意之用」，所以只讓學生「學作日用淺近文字」。而且反對背誦（光緒廿九年（一九〇三年）《奏定高等小學堂章程》）。即令如此，仍被輿論認為太深，還可以再淺些，次年《時報》便主張「小學者，授人以淺近之普通知識與淺近之普通文字者也」，故宜「毅然刪去講經讀經一科，將經籍要義並諸修身科目，復撰讀本，以授普通知識與普通文字」（五月廿二日）。

五四運動放在這個時代環境中看，似乎就可以看成是普通、國民教育向大學高等教育的延伸。

因其制度之規劃，本是以中小學為國民普通教育，到大學才實施較深入的教育，但亦只是通才教育而非專門名家之學，且仍以應世達意為宗旨，並不講究窮經考古。

所以《奏定大學堂章程》云大學分兩級，大學堂畢業後可再入通儒院，而其宗趣，則「以謹遵諭旨，端正趨向，造就通才為宗旨」。其中分科，即使是經學科（猶如經學系），也強調：「通經所以致用……尤不可專務考古」。主課經學，每週亦僅六小時，外國語倒也有六小時。中國文學科，外語也六小時，歷代文章流別、古人文論、周秦至今文章名家，加起來大約才三小時。

但制度雖然如此，大學畢竟不比中小學，社會期待較高，博學碩儒又群聚講貫於其中，乃竟成為講國學、重博學深入者之根據重地。如賀松坡、繆荃孫其人，主張辦學堂仍應強調中學者，尤不乏人。吳汝綸雖明白告訴賀氏：「執事乃欲兼存古昔至深極奧之文學，則尤非學堂課程之淺書可比」。然吳氏自己桐城古文派的一批耆宿，如姚永概、姚永樸、馬其昶等，就在北大。他們所講，終究仍是古昔至深極奧之文學。校中林損、陳漢章、劉師培、黃侃等經學小學駢體文學名家，又豈肯於此庸庸然以淺俗文學相教授？陳獨秀等人正是處在這種氣氛底下，才激發起了改革，擬「推倒陳腐的鋪張的古典文學，推倒迂晦的艱深的山林文學」，建設平易通俗的國民文學。

四　小學的文學觀

追求國民文學化的文學革命，在許多地方都體現著國民教育的氣味。

一九一七年，胡適發表《文學改良芻議》，提出八事：「一曰須言之有物，二曰不摹仿古人，三曰須講求文法，四曰不作無病之呻吟，五曰務去爛調套語，六曰不用典，七曰不講對仗，八曰不避俗字俗語。」得到陳獨秀的支持後，接著胡適又發表了《建設的文學革命論》，強調要建設「國語的文學，文學的國語」，宣稱二千年來文言文早已死去，只有白話文學方可依循發展，又謂宜多翻譯西洋文學名著以為模範。錢玄同及劉半農繼起，認為「世界事物日繁，舊有之字與名詞既不敷用，則自造名詞及輸入外國名詞，誠屬勢不可免」（劉半農《我之文學改良觀》，《新青年》三卷三號），「廢漢字，以拼音文字代之」，「廢漢書，悉讀西文原書」（錢玄同《中國今後文字問題》）。

這些言論，跟國民教育實在關係密切。胡適的主張，其實就是國民教育對於學生寫作文的要求。只求以四民常用之詞句，備應世達意之用，自然不可無病呻吟、堆垛典實、套用熟調、摹仿古人。而且也一定要言之有物，不避俗字俗語。特別是「須講求文法」一條，歷來論者大多不知胡先生為何特舉此為說，但若溯考小學堂之作文教學，即知胡先生正有所取義於斯。

《奏定初等學堂章程》規定中國文學課程「當使之以俗語敘事」，實際教學時，則是以口語教學生連綴成文。因此對於如何符合文法地構成文句，甚為重視，故「中國文字科下注云：講動靜虛實等字法，並句法章法綴法書法」。當時輿論，亦對此格外強調，《時報》即主張「文法則由各品詞，以至單文；由單文以至複文」。另因英文課甚重，據趙憲初回憶，南洋公學附小須讀《納氏英文法》四本，讀到第三卷（《我所知道的南洋模範中學》）。可見文法教育在整個小學堂教學中是極為吃重的。依學制規劃者的觀念，大學仍宜講求文法。故《奏定大學堂章程》明定中國文學研究法為中國文學門之主課，其內容之中，便應講授「東文文法」「泰西各國文法」。胡適特別把這點提出來，正可以表現學堂教育的特性。

胡先生八不主義中又有「不講對仗」之說，胡適本人不喜歡律詩也頗著名，而此亦小學堂教育之特色使然。考《奏定初等學堂章程》曾云：

初等小學堂讀古詩歌，須擇古歌謠及古人五言絕句之理正詞婉，能感發人者。唯只可讀三四五言，句法萬不可長。每首字數尤不可多。……但萬不可讀律詩。高等小學堂中學堂讀古詩歌五七言均可。……其有益於學生，與小學同，但萬不可讀律詩。學堂內萬不宜作詩。

《奏定高等小學堂章程》《奏定中學堂章程》也都抄這段話。我們不知為什麼訂定學制者如此重視這一點，反復強調，而且用了「萬不可」這樣的字眼。但學堂教育必因此形成了新的傳統、新的特色，不作律詩、不講對仗。

如此八不，目的是要建設國語的文學、文學的國語。這「國語」，自也是學堂教育的重點。光緒廿八年（一九〇二年）吳汝綸就向張百熙推介了「言文一致」的日本教育，主張推行簡筆字、實施國語教育：

中國書文淵懿，幼童不能通曉。不似外國言文一致。若小學盡教國人，似宜為求捷進途徑。近天津有省筆字書，自編修嚴范孫家傳出。其法用支微魚虞等為字母，益以喉音字十五、字母四十九，皆損筆寫之，略如日本之假名字。婦孺學之兼旬，即能自拼字畫，彼此通書。此音盡是京城聲口，尤可使天下語音一律。今教育名家率謂一國之民不可使語言參差不通，此為國民團結最要之義。日本學校必有國語讀本，吾若效之，則省筆字不可不仿辦矣。

此文所提言文一致之原則，後來成了五四文學運動中的主要觀念。省筆字也被發展出來。形成後來漢字拼音化、文字簡化的運動，影響至於今日。

光緒廿九年（一九〇三年）張百熙、張之洞未採用他發展的簡筆字的建議，但採納了他發展國語之主張，於《學務綱要》中明定：「各學堂皆學官音。」謂：「中國民間各操土音，致一省之人彼此不能通語，辦事動多捍格。茲擬以官音統一天下之語言。」後來的國語運動，便是在這個基礎上展開的。胡適的主張，則是依言文一致之原則，要為此統一之語言發展出文字與文學的。他所採取的文學語言，亦以北方官話及依此而形成的元明清白話文學為基底。

但胡適的白話文學史，除採擷於元明清官話系統的白話戲曲小說外，另一大半則有取於先秦以迄唐宋之淺易詩詞歌謠。這一部分，顯然也可看出有中小學教育的痕跡。

《奏定初等小學堂章程》云：

> 小學中學所讀之詩歌，可相學生之年齡，選取通行之《古詩源》《古謠諺》二書，並郭茂倩《樂府詩集》中之雅正鏗鏘者，及李白、孟郊、白居易、張借、楊維楨、李東陽、尤侗諸人之樂府，暨其他名家集中之樂府有益風化者讀之。又如唐宋人之七言絕句詞義兼美者，皆協律可

歌，亦可授讀。

這樣的書單與教學內容，和胡適所選取的作品頗有雷同。這未必是胡適沿用它，但我們可以合理推想；此種小學堂教育所培養出來的的文學感性、品味及欣賞能力，對胡適實有深遠之影響，使他在面對中國文學傳統時，主張不用典、不對仗、不避俗字俗語，講求文法，且較為欣賞樂府歌謠諺語。五四運動發生不久，一九一八年《北大日刊》便展開徵集歌謠的活動，後來出版了《歌謠彙編》《歌謠選粹》，則更可見此類影響並不只在胡適身上起著作用。

除了體制之外，討論小學堂與五四文學運動之關係，還得看風氣。前面說過，學堂基本上是有點洋氣的，因此光緒廿九年（一九〇三年）張百熙、張之洞等人奏請遞減科舉時，便提到反對者認為「停罷科舉，專重學堂，則士人競談西學，中學將無人才講」。對於此種批評，張之洞等人一方面要與之對抗，肯定辦學堂的必要性，一方面也不免回過頭來，要求「學堂不得廢棄中國文辭」「戒襲外國無謂名詞，以存國文、端士風」：

近日少年習氣，每喜於文字間襲用外國名詞諺語，如團體、國魂、膨脹、舞臺、代表等字，固欠雅馴。即犧牲、社會、影響、機關、組織、衝突、運動等字，雖皆中國所習見，而取義與中國舊解迥然不同，迂曲難曉。又如報告、困難、配當、觀念等字，意雖可解，然並非必須此字。而捨熟求生，徒令閱者解說參差。……夫敘事述理，中國自有通用名詞，何必拾人牙慧？（《學務綱要》）

這裡顯示了兩種態度，一種即是那習氣濡染下的少年，不但外國名詞諺語襲於不自覺之中，甚且借用「外國文法，或虛實字義倒裝，或敘說繁複曲折」。後來如傅斯年主張「直用西洋文的款式、文法、詞法、句法、章法、詞枝和一切修辭」的方法。……務必使我們做出來的文章，和西文近似，有西文的趣味」（《怎樣做白話文》），即為此類風氣之波衍。

另一種態度，則是認同張之洞、張百熙的。認為中國既有通用名詞，何必禁用洋文。劉半農就是個例子。劉氏擔任國立北平女子文理學院院長時，曾禁止學生間互稱「蜜斯」，規定以「姑娘」代替，引起軒然大波。《北平晨報》甚至出過一期《蜜斯和姑娘專號》來討論此事，《世界日報》《大公報》也都有人撰文抒論，亦有人開玩笑，謂當把「蜜斯特」改稱為「姑爺」。劉半農乃提出辯解，云：「女子稱謂之名詞，國語中並不缺乏，為保存中國語言之純潔計，無須乎用此外來譯音來稱呼。」（一九三一年四月一日北平世界日報）他的說法，又多麼像張之洞、張百熙呀！

五　所謂啟蒙運動

五四運動，曾被類比為西方的啟蒙運動（Enlightenment）。我也同意這個類擬，但所謂啟蒙，或許可以另做解釋。其興起，或可視為清末啟蒙教育向大學的發展；其內涵，也不脫啟蒙教育之色彩。

啟蒙教育，是使人認識世界的初級階段教育，所以要將複雜的世界簡化為淺易的教科書，將之編組為一套知識，授予接受啟蒙者。五四運動中所出現的《白話文學史》《中國哲學史》《中國小說史略》等都具有這種性質。把各種知識及傳統事物重新簡化，構成一個簡單的系統，俾便掌握。

晚清之啟蒙教育，本身又是對傳統私塾義學蒙館的反動，具有改革舊制、講授新學，以使被啟蒙者認知世界新局勢，接受現代新觀念之作用。如此啟蒙，亦正為五四運動之鵠的。

在這種教育改革運動中，不只蒙學堂、小學堂屬於啟蒙教育，整個新式學堂教育體系，其實就是著眼於啟蒙的。因為改制的關鍵，就是感到國民普遍無知，以致國力衰微。惟有推動教育改革，充分啟蒙，方能使一般國民「知書」「達禮」，進而強化國力。因欲便民知書，故此啟蒙教育須提供基本知識，例如使民識文字懂算術，略曉史地理化等等；因欲使民達禮，擺脫椎魯粗俗的生活，故此啟蒙教育又須提供國民基本教養課程，以達到強國的目的。

五四運動具有完全相同的性質。因欲使一般國民均能享用文學、使用文字，故提倡白話文學、國語文學；因欲使一般國民都能具有文化教養，故五四運動頗致力於改造國民性，認為當時男女仍多獸性、奴隸性，須漸漸轉移風氣。而其目的，則也是希望借此以強國，故又為一愛國運動、民族主義運動。

在它們的啟蒙工作中，都同樣蘊涵著結構上帶來的矛盾。例如啟蒙教育同時包含兩部分內容：（1）「授人以淺近之普通知識與淺近之文字」等知識技能課程；（2）「愛國固本」之修身道德教育。在前一部分，無論知識結構（**淺近白話、文法、實用文書、算術、史地、英文、格致、畫圖、手工……**）或教學方式均與傳統教育不同。傳統教育是不用簡明教科書的，直接閱讀經典；也不採用上下課鐘點制（故宣統三年（一九一一年）莊俞《論學部之改良小學章程》云：「社會舊習，不明幼稚教育，故昔日塾師終日不出戶庭，入晚猶加功課，則居停尊之為良師。今之送子弟就學堂者，此見尚牢守不破。學堂散課稍早，家庭厭其子弟回家攪擾，或慮其子弟他出閒蕩，則貽怨學堂之不佳」）。何況整個知識啟蒙的部分，就是要打破舊時知識壟斷之現象，要讓民眾能適應這個新時代新的生存環境。因此這一部分無可避免會有革命性、反傳統、洋化之色彩。可謂以淺俗進行整體社會的教育改造。

但後面那修身道德教育的部分，依當時學部諸大臣之規劃，卻又欲以「讀經」和「修身」等課程，來教使民眾具有國民道德素養。這自然會與前者形成衝突。繆荃孫對新式學堂中盛行「自由平權之邪說」、「野蠻其性情，並野蠻其裝束」的批評，或張之洞等人對學堂「喜新蔑古，惟恐經書一日不廢」的戒懼，都顯示了衝突早已存在。五四運動乃是將此衝突徹底爆發出來，並企圖徹底解決之。

可是，五四運動只是反對「宜注重讀經以存聖教」，不認為傳統的經典與道德仍能做為新時代國民之道德。卻和小學堂教育一樣，也還是要講修身道德的，所以周作人在《思想革命》一文中說：「我們反對古文，大半原為它晦澀難解，養成國民籠統的心思，使得表現力與理解力都不發達。但別一方面，實又因為它內中的思想荒謬，於人有害的緣故。」其提倡之新道德新思想，認為有益於國民者，則係參酌甄採自西方而得。如此，它當然又要被篤舊如繆荃孫者指摘：「不奴隸於中國，轉奴隸於外人」了。

它們結構性的內在矛盾尚不止於是。——啟蒙運動的目的，是為了強國，此無可置疑者也。啟蒙的教學，是為了教育國民具有面對新時代的能力，所以學習外文很重要，「今日時勢，不通洋文者，於交涉、遊歷、遊學無不窒礙」，也是無疑問的。但既讀洋書，則對西方政治社會情狀自必有所了解。了解以後，又焉能不討論講習「一切自由平權之邪說」？

學堂教育，又教學生「愛國固本」之道。學生既甚愛國，則又焉能不運用其所了解之西方政經社會知識思謀改善吾國？但如此一來，便違背了啟蒙教育的基本功能設計。因為啟蒙教育的目的，乃是培養普通國民，而非參政議政干政的知識分子，它不能變成國政的指導者。所以張百熙等人在制定《學務綱要》時，特別立了兩條：「私學堂禁專習政治法律」，「學生不准妄干國政」。

可是，學生畢竟是不能坐視國事日非的，干政不可避免，五四運動也才會發生。而「啟蒙」被「救亡」壓倒後，啟蒙事實上也就告終了。

這些錯綜複雜的問題，是晚清國民義務啟蒙教育和五四運動本身蘊涵的。發生在由京師大學堂改制成的北京大學中之五四運動，看來正像把小學堂之精神與教學內容拿來做為革命武器的新青年。淺近簡易，但即以其淺俗為美，拒絕深刻，強力要求大學小學化，也要求傳統淺俗化。亦以茲啟蒙，以茲建立新的國民文學。

論晚清、談五四者多矣，此一脈絡，尚罕抉發。論者紛紛，頗炒冷飯。本文略為鉤勒線索，或有益於談助。

六 中華美學研究的批判

美學在中國的發展，曲曲折折，至今也有七十多年的歷史了。七十多年，可以教一位嬰兒變成花甲老翁，但對一門學科來說，畢竟還太年輕了些。我們甚至還無法斷定它是否業已紮根，更莫說什麼開花結果了。即以朱光潛對美學的開拓而言，程靖宇《新文學家回想錄》尚且譏嘲他濫得虛名，「一講到德國哲學與美學之書，便不能體會或繼續」（《儒林清話》，頁一四六）；陳之藩也諷刺他，「你再努力聽，也不知朱光潛在講些什麼」（《一星如月・四月八日這一天》）。——這樣的譏評，顯然蘊含了兩方面的事實：一是朱光潛本身確有可議之處；但另一方面也顯示了大家對美學這門學問尚不能欣賞，對美學中包藏的問題也可能仍然缺乏理解。

但，詭譎的是，在五四新文化運動之後成長的人，對美學應該是要能夠接受並親近的。因為整個新文化運動的發展，如理性思維的主導性、懷疑精神、批判精神、求驗證的科學真理、數理的準確性和實用工具主義等，都頗有近似西方啟蒙運動的地方，而啟蒙運動的耀眼成就之一，就是美學體系的建立。所以，從新文化運動而發展出近代美學，應該是頗為自然的事；誇大點，甚至可以說這其間含有歷史邏輯的必然性。

不過，也正如李長之在《迎中國的文藝復興》一書中所說：五四以降的知識分子，既未復興傳統中國文化，對西方傳統亦未曾有根本的、深刻的建立①。在這種情況下，美學發展所面臨的困難，第一當然是與傳統斷隔了的危機，形成斷港絕潢式的發展，很難跟傳統美感意識與藝文精神構成內部的聯繫。其次，則是對西方美學理解的疏陋，不易掌握其發展脈絡及全體面貌。而更糟糕的，是由於受到特殊歷史情境的影響，幾乎所有的人都只關注到西方政治、理性、科學的一面，對美學的意義缺乏認識；注意到美學之價值與意義的人，卻又不脫離它與政治的關聯，因此不是因關切政治而忽略了美學和美感教育，就是因太強調美學在改造社會方面的功能，而將美學工具化。

在這樣的困難中，美學竟也蹣跚地走過來了，這，又不能不說是一樁奇蹟。

一　由美育到美學

奇蹟的開創者，是蔡元培。他在清光緒三十一年（一九〇五年）到德國萊比錫大學研究哲學、心理學及美學等，深感德國通過美育以通達於世界主義，能破除人我之見，所以返國後便開始提倡美育的重要。出長北大時，又鑒於「科學與美術，同為新教育之要綱，而大學設科偏重學理」、「吾國提倡科學，現已開始，美術則尚未也」，故首先設立音樂、繪畫、書法、文學各研究會以補救大學偏側知識科學的缺失。等出長大學院時，便增設國立音樂學院藝術專科學校於滬杭，並發表有關美育的文章多篇，認為美育是實體世界和現象世界之間的橋樑，可以替代宗教，而養成我們高尚純潔的人格，陶鑄堅毅從容的國民性②。他這些講法，顯然深受德國古典美學之影響，例如將美視為現象世界與實體世界之津梁，認為科學基於概念、美術偏於直觀等，大抵均從啟蒙運動以降諸美學流派中奪胎。但他把美術當做「改進社會的工具」「提倡藝術化勞動」，卻仍不免有將美學運用為社會工程之籌碼的意味，替日後美學政治化工具化埋下了一粒種子③。

繼蔡元培之後，提倡美育者日多。一九二二年，劉伯明在南京高師教育會演講美育，論美育之重要及中國不重視美育的缺點，並批評功利主義教育之不當。李石岑於一九二二年發表《美育之原理》，認為美育可以包括一切教育。呂澂《論美育書》更主張獨立設施，不必附麗於普通教育中。自此，每年中華教育改進社的年會中，都有關於美育的提案。主要的提倡人，包括常乃德、梁啟超、張競生、朱謙之等，可見這已成了一時的風尚與趨勢④。

這種趨勢之形成，並不只是因為蔡元培等留學異國，發現或學習了美學這一套學問，便回來播種；它在中國的發展，是有其內在理由的。

基本上，民初的整個教育文化環境，深受西潮衝擊的影響，教育的體制、內容和學術的性格，都在變，變得傾向西方而遠離傳統。因此中國傳統的美術和美感教育，詩教、樂教等，在現代學術分科，及側重知識體系、科學精神的取向中，已不再能維持它傳統的脈絡與表述方式了。然而，人生不只是知識、不只是概念，提倡科學與新式教育諸君子，目睹教育偏向知識化科學化實用功利化之後，乃不得不提倡「美育」以矯枉救弊。但是，只站在這個立場上，終究是只能談美育，而不能談美學的。就近代學術的性格來說，要發展美育，即必須建立一門關於美的學問，形成「美的科學的研究」，美學，就是這樣詭譎地轉出來的。

這又無異逆反了提倡美育諸君子的用心，故倡導美育的先生們，在中國現代美學的發展上，實質貢獻反而不大。民初對美學真有研究、真有理解及成績的，大概只有一個王國維。

王國維在清末，即曾對張之洞等奏定的大學章程表示不滿，認為文科大學中必須設哲學科，因為：「既授外國文學系，不解外國哲學之大意，而欲全解其文學，是猶卻行而求前、南轅而北其轍，必不可得之數也。且定美之標準與文學上之原理者，亦唯可於哲學之一分科之美學中求之。雖有文學上之天才者，無俟此學之教訓；而無才者亦不能以此等抽象之學問養成之。然以有此等學故，得使曠世之才，稍省其勞力；而中智之人，不惑於歧途。」因此他主張在經學、理學、中外文學諸科中開設美學課程⑤。

在光緒卅年（一九〇四年）所刻的《靜安文集》及後來輯刊的《續編》中，大約有一半涉及美學問題，其中如《論哲學家與美學家之天職》《古雅之在美學上之位置》《紅樓夢評論》《叔本華之哲學及其教育學說》《叔本華遺傳說書後》《人間嗜好之研究》《論小學校唱歌科之材料》等文，均可以看出他浸淫之深。基本上他延續了康德等形式主義美學，謂一切美皆形式之美，故美之價值，即在形式本身，而不在於它外在的實用功能。審美活動，本質上即是一種不雜個人利害之念而觀玩此一形式的活動。

不過，康德美學，是啟蒙運動法國古典美學與客觀性、英國經驗美學與主觀主義傾向、直覺美學與天才問題等，一連貫討論的綜合處理，故王國維事實上是通過康德、叔本華而得以貫通歐洲近代哲學與美學。他自謂精讀叔本華《意志與表象之世界》兩遍、康德三大批判四遍，又涉獵洛克、休謨之書，而對叔本華、康德有所修正與質疑。像《紅樓夢評論》第四章、《叔本華與尼采》二文，都對叔本華有所批評，認為他的學說泰半出自主觀的氣質，無關乎客觀的知識。《叔本華遺傳說書後》復自美術家之遺傳問題，駁詰叔本華智力不傳自父之說。

另外，從巴克、康德等人論優美與宏壯處，王國維發展出另一美的範疇：「古雅」。古雅只存在於藝術，而不存在自然之中，因為自然只具有第一形式的美，藝術則根據自然之形式或自創之形式，表現為第二形式，所以是「形式之美之形式之美」。優美與宏壯，必須與古雅合，才能顯出它固有的價值；但優美與宏壯的原質愈顯，古雅的原質也就愈稀薄了。這個講法，是王國維做為中國現代第一位美學家，最重要的創說，是嘗試對藝術美與自然美、審美判斷之為先天抑後天、美之創造為天才抑學力等爭論提出的解答⑥。

不僅如此，王國維更一步步通過康德與叔本華，而體察到近代歐洲精神中理性與感性分割衝突的痛楚。他在《靜安文集》自序中說：

余疲於哲學有日矣，哲學上之說，大都可愛者不可信，可信者不可愛。余知真理，而余又愛其謬誤。偉大之形上學、高嚴之倫理學與純粹之美學，此吾所酷嗜也。然求其可信者，則寧在知識論上之實證論、倫理學上之快樂論與美學上之經驗論。……此近二三年中最大之煩悶。

這種煩悶，固然來自王氏本人情理兼至的生命形態，但學問內在的兩極衝撞，未嘗不是令人無所適從的主因之一。康德曾想調和美學的經驗論與理性論，又想用美學來溝通精神世界的道德秩序和自然世界的理知秩序，他遭遇到的，難道不是跟王國維同樣的問題嗎？王國維的質疑與煩悶，雖然沒有答案，但他確實點出了現代中國美學發展中隱藏的疑難。可惜《靜安文集》甫出版即遭查禁，未發揮它應有的影響力；後來研究王國維的人雖然很多，對美學卻多矇然，故僅以為王氏對叔本華等整個哲學的源流本末並無精深鑽研，不過如文士談禪，取其性之所近者欣賞玩味受用而已。這當然是王國維的悲哀，也是中國美學發展的不幸⑦。

二　兩種美學路向

王國維之後，最重要的美學家，自非朱光潛莫屬。

一九二七年朱光潛入英愛丁堡大學心理系研究，約在一九三一年完成了《文藝心理學》的初稿，同時並寫作《悲劇心理學》。這本悲劇論著，是由審美活動與心理距離來探討悲劇的快感從何而來。初寫於愛丁堡，一九三三年，在法國斯特拉斯堡大學心理系進修時完成，頗受完形（Gestaet）心理學的影響，希望對形式主義美學的純粹直覺說，有所修正。在這段時間裡，他還寫了《談美》（一九三二年）《變態心理學》（一九三三年）諸書。一九三六年，《文藝心理學》也出版了。

《文藝心理學》被譽為自蔡元培提倡以美育代宗教以來，第一部講得頭頭是道、醰醰有味的論美之作。其他幾本，也都廣受歡迎。因此朱光潛在現代美學史上，確有他不可動搖的地位。不過仔細看來，朱光潛論美，跟王國維走的並不是同一條路子。他是從心理學、藝術心理學而逆入哲學美學領域中的。

卡西勒曾在《啟蒙運動的哲學》中敏銳地指出：十八世紀英國美學，已將經驗主義美學的基本要素包含在他們對美學問題最早的闡述中了，因為，「這些問題當時一般都是從心理學的觀點去探討。當時在英國，幾乎已沒有人懷疑心理學的方法乃是處理問題的真實的、唯一自然的方法」⑧。這一方面是學術潮流，一方面也是由於他們的基本美學問題，即是朱光潛在《文藝心理學》第一章一開頭就寫的：「在美感經驗中，我們的心理活動是怎樣的？」這是一個顯然不同於客觀主義探問「事物之本性」的取向，它不再追求藝術品構成的單一普遍原理，不再討論藝術類型，而致力於描述審美靜觀的模式、探察藝術行為的心理原因。由這個途徑，心理學乃堂而皇之地成為研究美的基本方法。

朱光潛留學英法時，正逢上此一趨勢。但藝術心理學本身範圍甚廣，其課題並不限於藝術品，而兼括自然、人類和科學成果；其研究亦常涉及藝術行為者的職業與態度、藝術和媒介、不同社會團體及文化、不同類型的人、不同的暫時心境興趣及身心條件等問題⑨。朱光潛對這些問題多無發揮，他只是沿著浪漫主義思潮及德國古典美學的說法，將審美能力視為純粹直覺，然後，再以完形心理學破解他們將直覺獨立於整體生活經驗之外的理論，並引入布洛（Edward Bullough）「心理距離」說，以建立他自己的文藝心理學。而且，由於講心理距離，因此他也很自然地接上了李普斯（Lipps）的移情理論（Einfuh lung）⑩。

在《悲劇心理學》第一章第二節中，朱光潛曾很果斷地說：「哲學家也許有特權抽象地處理事物，心理學家卻必須整個地處理具體經驗。」這句話是他對由康德到克羅齊之「純粹形式的直覺的形式主義美學」的批判，在這個時候，朱光潛是以心理學家自居的。包括他在一九三〇年寫《變態心理學派別》、一九三三年寫《變態心理學》，均與心理學之發展有密切關聯。他後來之較集中力量於美學的研究，或許也是因為他跟李普斯一樣，認為美學是心理學的一個分支罷！

在這個基礎上，朱光潛對美學的理解當然是偏狹甚或過於淺薄的。但他順著這個脈絡往德國古典美學鑽研，先後譯出克羅齊《美學原理》、黑格爾《美學》、歌德《談話錄》、萊辛《拉奧孔》、維柯《新科學》……貢獻厥偉；又因編寫《西方美學史》，而邊讀邊寫，對西方美學史有了系統的研究，成績自非他人所能及⑪。

但或許是因為他從事的是所謂「科學」的研究，純以思辨理性來處理美感直覺，對歐洲心靈，仍未免有隔。不像王國維那樣，能夠透入康德、叔本華及歐洲人的生命問題中，而有深刻的「觸動」；也不像宗白華那樣，能掌握到屬於歌德的文學感性。

李澤厚在宗白華美學論文集《美從何處尋》前，曾比較朱宗二氏，云：「兩人年歲相仿，是同時代人，都學貫中西，造詣極高。但朱先生著述極多，宗先生卻極少寫作。朱先生的文章和思維方式是推理的，宗先生卻是抒情的。朱先生偏於文學，宗先生偏於藝術。朱先生更是近代的、西方的、科學的；宗先生更是古典的、中國的、藝術的。朱先生是學者，宗先生是詩人。」

這樣的對比，既有趣又貼切。其中只有把朱光潛視為西方近代科學，宗白華擬為中國古典藝術，尚須略加說明。——一般對西方近代，都視為唯理的世界，這固然不錯，但似乎也因此忽略了它那浮士德精神的一面。這一面，就是斯賓格勒所指陳的：有對大自然的熱愛、有神秘深沉的激情、有無可名狀的被棄絕於世之感⑫。通過這樣的感受，宗白華認為建築於荷馬史詩、但丁神曲、莎士比亞戲劇這三種文明精神之上的近代人生，乃是歌德以其人格、生活和作品表現出它特殊意義與內在的問題。在這其中，含有無窮的豐富、奇異的諧和、不可思議的矛盾，並企求通過此一苦悶煩惱而達成一個圓滿的具體的美麗的瞬間。宗白華留學德國時，親身體驗到的，即是這樣的詩人之感，這裡面包含的美感，不是思考性的，而是直接對感官及心靈的觸動。故他論美，並不採推理思辨的進路，而直取活躍生命的傳達、直觀感相的渲染，與靈境的啟示。羚羊掛角，跌宕生姿，充滿情思哲理之美⑬。

這種情調，當然會比較接近中國美學的傳統。就美學而言，朱光潛的成就主要是對西洋體系美學的介紹及西方美學傳統的說明，但其體系既不契合中國美學之精神，對中國美感意識之闡發，便不得不推宗白華獨步。宗白華《中國藝術意境之誕生》《中國詩畫中所表現的空間意識》等文，對中國藝術精神之掌握，真能超超玄著，妙得契會；文字本身亦充滿了詩意與美感，接近中國詩話詞話的風格。

如果我們呼應王國維的說法，則朱光潛、宗白華兩人所代表的美學路向，似乎也含有理性與感性之間對比分流的意味。這樣的對比，當然顯示了中國現代美學發展的內在疑難，面對這兩種美學範型，輒令人有無所適從之感，「詩歌乎？哲學乎？他日以何者終吾身，所不敢知，抑在二者之間乎」？

三　美學的厄運

但無論如何，這個疑難對中國美學發展的傷害性不大，另一支美學系統，卻在我國引起了軒然波濤，那就是「找尋運用藝術幫助政治鬥爭的正確方法」⑭。

此一方法，起於「新青年」在五四以後，逐漸轉向，開始介紹馬克思。而在馬克思主義的發展史上，文藝創作與美學理論在意識形態的上層建築中所占的地位，一向比倫理、宗教等重要得多，有它助長革命情緒和改造社會的積極功能。二十世紀二〇、三〇年代的革命家們，對此當然大感興趣。於是，首先是蔣光慈發表《無產階級革命與文化》提倡革命文學，一九二六年郭沫若繼而高談革命與文學，並由創造社與太陽社展開對魯迅的批判。這種路線，遭到新月派的不滿之後，乃轉而共同攻擊新月派。然而，此時大家對無產階級文學或唯物史觀文藝論，實在不甚了然。為論戰之需，遂於一九二九年、一九三〇年，由魯迅翻譯了盧那察爾斯基和普列漢諾夫的藝術論著，作為理論依據，並成立了中國左翼作家聯盟，宣言：反封建階級、反資產階級、反小資產階級，以從事無產階級的藝術。

就中國當代思想史來說，這次論戰並不是孤立的，同樣在一九二八年，史學界也展開了有關中國社會史的論戰，因此我們可以說這是中國趨於俄化的一個步驟。十九世紀舊俄時代車爾尼雪夫斯基、別林斯基等左派文藝批評理論，對後來馬克思主義本身的文藝批評與美學理論發展；高爾基等文學家在俄國革命運動史上所產生的影響，無不鼓舞著那一代的中國革命者。在深信「沒有革命的理論，就沒有革命的行動」（列寧）的陣營裡，美學理論乃無可避免地擔負了指導實踐革命、改造社會的責任。

然而，這次由左聯發動的論戰中，最出色的美學成果，反而是左翼的論敵胡秋原所寫的《唯物史觀藝術論》。胡秋原於一九二八年發表《革命文學問題——對革命文學的一點商榷》，反對把文學當作階級的武器與革命的宣傳，而主張自由創造地表現人生。其後即本此意，根據普列漢諾夫的理論為中心，於一九三〇年完成《唯物史觀藝術論》，宣揚自由的馬克思主義。依普列漢諾夫的看法，藝術起於實用之需要，人的物質生活條件決定了美之形成與認知，故藝術的產生是由社會生產力和生產關係所決定的，是一種社會現象；在社會裡的階級鬥爭，遂又決定了藝術的演化。

據此，普列漢諾夫聲稱他所建立的，是「科學的美學」，並強調「真正科學的，所以才是政論性的」。胡秋原運用了他這些觀念，但他把科學之所以會變成政論，解釋為客觀性的力量；關於藝術之本質，也只注意到普列漢諾夫藝術是借形象思索，是人生之反映與再現，其形式必與思想配合等命題，而不太強調階級鬥爭，認為藝術是人與人間精神結合的手段之一，對於唯物史觀「誇張曲解」之處，亦有批評，故其著眼點與左翼或俄共迥然不同⑮。

不過，不管如何，蘇俄美學這一支開始輸入，並在中國實際操作運用於文藝討論，影響均極深遠。魯迅即曾指出：「左翼作家聯盟的成立是一件重要的事實，因為已經輸入了普列漢諾夫、盧那卡爾斯基的理論，給大家能夠互相切磋，更加堅實有力。」後來左翼雖然解散了，這一系美學卻因政治之需要與配合，聲勢越來越大。一九四七年，蔡儀開始以唯物主義藝術理論撰寫《新美學》。此書之所以新，是因為他以朱光潛所代表的心理學美學及德國形式美學作為批判的對象，點名批評朱光潛的地方，就有三十八處。一九四九年修訂出版的《新藝術論》裡，也收有《論朱光潛》的附錄一篇。主張美的哲學基礎在於物質，而非意識，所以美是客觀的，不依人主觀的心理狀況所改變。美感則是主觀的，是與美對立的觀念，且不能影響美。推其極至，他甚至認為美屬於自然物，自然物的屬性與條件本身就是美，而且生物比無生物美，動物比植物美，老鼠、癩蛤蟆一定比梅花、月亮美⑯。

到了一九五六年，大陸文藝報上發表了朱光潛《我的文藝思想的反動性》一文，批評自己從前「發表的一些關於美學和文藝理論方面的著作，在青年讀者中發生過廣泛的有害的影響」，批判浪漫主義、唯心論、封建文藝，認為討論美感經驗中我們的心理狀態，是把美學推到狹窄的巷弄中，所以要從社會著眼，理解到：藝術是一種社會現象，是以藝術形象反映現實的一種特殊的意識形態或社會上層建築，對教育人民與進行革命鬥爭都是有利的武器。在這篇文章裡，他撕毀了所有屬於人的自尊，罵自己「對文藝完全是個瞎子」。

饒是如此，大家仍不滿意，以致引起了長達五年的美學大論戰，參戰者七十餘人，討論文章達一百六十篇左右。在這場人人自稱為馬克思列寧主義美學家，而以對方為唯心論者的大混戰中，除了朱光潛「美是主觀與客觀的統一」、蔡儀「美是客觀的存在」之外，別有李澤厚、洪毅然、姚文元「美的客觀性和社會性是統一的」等三大派別。根據傅偉勳的看法，經歷這番論戰以後，在中國大陸整個人文及社會科學研究領域裡，成績最為顯著，且最有希望突破教條的，就是李澤厚所打開的一條關於中國美學與美學史研究的新路。陳繼法、趙滋蕃等也認為朱光潛自始至終都沒有改變他的觀點，只是用馬克思教條，來做為他講心物合一理論的防彈衣。這樣的觀察，事實上是對美學論戰以來的美學發展並無了解⑰。

我們必須知道，朱光潛的新觀點，是馬克思的心物辯證統一，是關聯著「（1）文藝是現實的反映，（2）文藝是一種社會現象，為社會經濟基礎的上層建築，並且是要為經濟基礎服務的」這兩大原則而說；所以他自稱他的講法，是既唯物又辯證的，與中國傳統美學觀念裡的心物合一，相去何啻霄壤？他即使論蘇東坡、談王陽明，甚或翻譯維柯《新科學》，也都不是要突破馬列框架，回歸舊路，而是要將中國古代哲學或古典美學，納入馬克思的範疇，折中於「聖人」。

最明顯的例子，是一九七二年赴香港中文大學新亞書院演講《維柯的〈新科學〉及其對中西美學的影響》，仍不忘宣揚「《新科學》首創了階級鬥爭觀點，從而表現出民主傾向、人性論和人道主義」；並把維柯這位克羅齊的思想祖師，解說成「在一些基本哲學觀點上（**例如人性論、人道主義以及認識憑創造的實踐活動觀點，人類歷史由人類自己創造出來的觀點等**）維柯都是接近馬克思主義的」。維柯死於一七四四年，馬克思尚未出世，而竟將之比附於馬克思主義，則其所謂美學研究之實況，豈不令人唏噓[18]？

同樣地，頗受傅偉勳推崇的《中國美學史》（李澤厚、劉綱紀主編），究竟是動輒脫離正統歷史唯物主義觀點，掘發中國美學的獨特性呢？還是以馬列教條，扭曲或限制了中國美學呢？不錯，相對於美學大論戰時期，這本書是顯得較為開放，但其所以動輒脫離正統唯物論觀點，並非作者有意尊重中國美學傳統、有心超越馬克思主義，或作者有能力認識到中國美學的深奧獨特處，而是中國美學本來就無法用馬克思主義硬套的結果。作者在寫這套書時，確實是以馬克思主義為依歸的，在緒論中聲言：

「中國美學史的研究方法：第一，關於中國美學史研究的基本指導原則——本書認為，根據馬克思主義哲學，社會實踐是美的根源，美是具有實踐能動性的人類改造了客觀世界的產物。……美學史所要研究的審美意識及其理論形態，正是社會精神生產的一個重要方面。我們要科學地說明它的性質，就必須從一定歷史時代的物質生產狀況出發……第二，關於對中國美學的概念、範疇、原理等等進行科學的分析解剖……要對以馬克思主義為指導的美學原理有相當的瞭解和研究。……本書主張以馬克思主義的美學為指導，把歷史的分析和邏輯的分析統一起來，從對中國美學的各個概念、範疇、規律的具體歷史的考察中去揭示它們實際具有的美學理論的含意，並作出相應的歷史評價。」

據此，它認為中國美學，主要是統治階級審美要求的顯示，是奴隸社會和封建社會的美學。以至於中國美學之強調美善合一，是由於統治階級把審美限制在符合統治階級利益的狹隘倫理範圍；中國美學強調人與自然的統一，是來自人對自然的鬥爭改造與征服，是原始公社制度之觀念與習俗的長期殘留。而天人合一的思想，竟然也只是幼稚、牽強和神秘的。這種思想之所以還能博得作者一點點稱賞，則只不過是因為「它實際是我國古代哲人對馬克思所指出的『自然的人化』這一客觀存在的歷史現象的一種揣測和窺探。在幼稚牽強、神秘的說法後面包含有合理、深刻的東西。⑲」

這樣的美學及美學史研究，很難令人相信會有什麼希望。唯物客觀論的美學自屬美學中一支頗為重要的系統，但此一系統一旦成為參條與宗教，成為一切研究的指導原則，美學就不能談了。朱光潛曾敘述他們討論形象思維問題的經過：

這個問題，首先是由鄭李翹同志發表在一九六六年四月紅旗上的《在文藝領域裡必須堅持馬克思主義認識論——對形象思維論的批判》一文中提出的。當時曾在一些座談會上進行過討論，接著就是林彪和「四人幫」對文藝界施行法西斯恐怖政策，這問題就擱下來，沒有人敢談了。到了一九七八年一月《毛澤東同志給陳毅同志談詩的一封信》公開發表了，其中明確地肯定了：詩要用形象思維。於是紅旗、詩刊、文學論評和其他刊物又就形象思維問題展開了熱烈的討論⑳。

最初形象思維論是被判決為反馬克思主義的，但既經政治制定，大家便忙不迭地予以肯定，甚至編撰了一本《論形象思維》。准此以推，我們便曉得那時的美學研究為什麼只是熱鬧的假象，不具有實質發展的意義了。縱然只是資料的編選，亦復問題重重，無法豁顯中國美學深奧精微之意蘊。惟一值得稱道者，乃是對西方美學論述資料的選譯。這對將來中國美學的發展，勢必影響深遠。

四　美學研究上的幾個問題

相對於大陸，臺灣地區這幾十年來美學的發展，可說相當沉寂，關切此一問題的學者極少。早期從事美學與藝術理論研究的，有胡秋原、虞君質、徐復觀、趙雅博、姚一葦、劉文潭、趙滋蕃、王夢鷗等，現今年輕學者對此雖多戮力，然仍未盡成熟，故專門著作尚嫌不足。今後美學若要繼續發展，或要開創中國美學，對世界美學研究有所貢獻，則以下幾項考慮，可能必須及早注意：

第一，整個西方體系美學，雖說淵源久遠，但畢竟是啟蒙運動時代的產物，充滿了啟蒙時代主幫主義的精神。這從他們紛紛號稱自己是「科學的」便可以窺知。然而，就大的方面來說，理性思維的主導性、啟蒙運動的精神，現今都已遭到挑戰與質疑，例如馬斯・霍克海默（Max Horkheimer）在《啟蒙運動的辯證》《理性的蝕損》《工具理性之批判》等書中，即一再指斥西方人理性、控制、異化了世界的罪惡，認為：

「啟蒙運動的綱領，使世界原始的魅力喪失了。……對啟蒙運動來說，凡不符合數理計算與功利原則的都被懷疑。……啟蒙運動對待萬物，就像獨裁者對待人一樣。他只知道他們被制用的層面。思維本身也物化而成為一個自身具足、自動的過程，是機器的一種非人化……數理的程序變成了思維的儀規。㉑」

而通過這樣的思維儀規，啟蒙運動者顯然也企圖將人類最深邃複雜的美感活動，表述成理性思維的邏輯程序，故卡西勒才會說：「十七、十八世紀美學之發展與數學之發展」有明顯的類似點，古典美學追考美之普遍律則，完全以數學為榜樣而形成。後來主觀美學興起，雖將美感思維明確地與理性思維分了開來，但其目的也只在於：避免將藝術視為隨意的舉動，而是要找出審美意識的特殊律則，將美之研究成為科學的探索。德國古典美學更是深受萊布尼茲「成體系的精神」（Systematic Spirit）之影響，「美學家並不想把想像從邏輯的支配下解放出來，反之，他們還想找出一套想像之邏輯」，康德美學便是其中最典型的代表㉒。這條脈絡的發展，固然繽紛多姿，辨析微芒，但杜必菲說得好：

> 目前這個時代，我們開始自問：某些地方我們西方人是不是應該向原始素人學習？……西方人相信他們的思想適合於完美地認知事物，他們深信那些理性的原則尤其邏輯的築構是很好的事。原始素人對於理性與邏輯，寧願抱著非肯定的態度，而情願由別種途徑來理解世界。……令人覺得奇怪的是：幾個世紀以來（而今日尤甚）西方人一直在爭論什麼東西是美什麼是醜……對於這種莫衷一是的說法之解釋，是對於無可否認的美之存在，許多人視而不見。美的體認需要特殊的感性，而許多人闕如。㉓

美學發展迄今，其為一嚴格精密之科學，已大致可期，但美感呢？這種美學基本上是抽離了美感的美學，所以杜必菲才呼籲大家轉從原始素人的感性中去開發美與藝術。我們引述他的言論，意不在廢棄既有的美學研究成果與道路，而是期望在理性與感性的爭執中，重新體察美學研究對象之殊異性，發展出非邏輯科學性格的美學；重新回到方法論的思索上，省察以科學方法研究美的可能性與適用性。這樣才有可能開拓出新的領域，突破美學既有內在的疑難。

第二，唯心論美學與唯物論美學（德國古典美學與馬克思主義美學）是現代中國美學兩大支，爭鬥了幾十年。但我們若穿透這些爭議，便將發覺心物分立的架構，基本上是一西方思想的模型，這一模型，能處理中國美學嗎？這一點，在我個人是相當懷疑的。因為，在這一理論模型中，無論如何講心物的關聯性、講主觀與客觀合一，其唯心或唯物的底子是脫不掉的。早期李澤厚曾經斬釘截鐵地說：「美不在心、就在物，不在物、就在心；美是主觀的、便不是客觀的，是客觀的便不是主觀的。這裡沒有中間的路，這裡不能有任何妥協、動搖或折衷調和。任何中間的路或動搖調和，就必然導致唯心主義。」但朱光潛卻成功地發展出一套馬克思辯證唯物主義的主客統一說，李澤厚本人也在《中國美學史》第一卷開頭肯定了中國美學「美與善的統一」「情與理的統一」「認知與直覺的統一」「人與自然的統一」。論者往往因其論統一而暗喜其已突破唯物教條，殊不知此中大有分辨。這裡我僅舉王國維《人間詞話》論有我之境無我之境一則為例，略作說明：

有有我之境，有無我之境。「淚眼問花花不語，亂紅飛過秋千去」，「可堪孤館閉春寒，杜鵑聲裡斜陽暮」，有我之境也。「採菊東籬下，悠然見南山」，「寒波淡淡起，白鳥悠悠下」，無我之境也。——有我之境，物皆著我之色彩；無我之境，不知何者為我，何者為物，此即主觀詩與客觀詩之所由分也。

這一則，根據滕咸惠的新注，王國維是採用了叔本華主觀詩與客觀詩的講法，所以有我之境是「在抒情詩與抒情心境中，主觀心情意志的影響，把它的色彩，染到所見的環境上」，無我之境，則是「當我們達到純粹客觀的審美心境，從而喚起一種幻覺，彷彿只有物而沒有我存在時，物與我就完全溶為一體」。滕咸惠認為這是謬論，因為這所謂客觀，其實仍只是在審美靜觀中的一種幻覺，故仍只是客體沒入主體而成為詩人之表象，可見王國維所說的主客合一、理想現實合一、情感理智合一，只是「在唯心基礎上的統一，因而是頭足倒置的」㉔。

姑不論滕咸惠唯物論的立場是否恰當，據王國維《人間詞話》原稿，這個解釋是對的。

可是王國維後來修改了原稿，刪去「此即主觀詩與客觀詩之所由分也」十四字，又說「有我之境」即是「以我觀物」，「無我之境」則是「以物觀物」。這一改，就顯示王國維已放棄叔本華式的講法，而歸返中國哲學傳統了。

邵雍《皇極經世・緒言》：「以物觀物，性也。以我觀物，情也。」性情說，是中國哲學與美學的中心思想，必須通過中國的脈絡才能理解，故滕咸惠在此，只能默爾無言，存而不論。朱光潛呢？唯心主義時期的朱光潛在《詩論》中《詩的隱與顯——關於王靜安的人間詞話的幾點意見》一文，面對這個觀物問題，簡直困惑極了，他根據德國美學家李普斯的「感情移入說」來處理，認為「以我觀物，物皆著我色彩」即是移情作用，所以結論是王國維講錯了：王氏說的有我之境，其實是無我之境；他說的無我之境，乃是有我之境㉕。——唯心與唯物，在這個地方，似乎都觸礁啦！

從這個有趣的例子，我們便會發現，要在心物分立的哲學架構及傳統中，講心物合一，確實是相當困難的事。現在大陸的美學家雖然援用了馬克思辯證邏輯，來解說心物與主客的統一，但執著於唯物的立場，本質上仍是不相應的；我在《文學與美學》一書中，論中國境界形態的美學；在《詩史本色與妙悟》一書中，論轉識成智與超越辯證，似可為此一問題提供一個解開困局的鑰匙。

第三，政治的牽扯與禁忌，理應及早解除。這個道理，不辯自明，可惜格於政治形勢，於理甚明者，反而不能實現，著實令人難過[26]！

第四，美學的研究，除了一般哲學原則的思辯之外，具體藝術的研究也很重要。大陸美學論戰後期，朱光潛曾呼籲：不僅要討論美的一般哲學原則，也應處理各藝術的特殊美學問題。衡諸最近大陸的美學發展，理論的進展不大，但諸如中國音樂美學、戲劇美學、繪畫美學、書法美學、雕觀美學、舞蹈美學、建築美學、文學美學之研究，確實大有蓬勃之勢，相關著作，多如雨後春筍。這些著作，雖因含有缺乏理論之開展的危機，真正的佳構不多，然而這個趨勢是值得注意的。

臺灣對中國美學的研究，有些領域在理論上固猶勝大陸一籌，但因研究者少，且除文學美學之外，其他各領域，對此仍感陌生，故各藝術的特殊美學問題，尚乏掘發。特別是音樂、戲劇、建築、繪畫等科門，數十年來皆以西式教育為主，對該學門的中國美學資料與傳統，幾乎毫無接觸，哲學思考訓練亦普遍不足。以致美學無從談起，要談便只能仰賴大陸的研究。因此如何將理論研究與各藝術狀況結合，可能是個迫切的問題，必須即刻設法改善。

第五，從中國美學的發展史來看，我們就曉得：引入中國的美學理論，大體上只到克羅齊為止。克羅齊以後的美學，日新月異，續有新猷，但因缺乏有系統的引述譯介，因此無論大陸或臺灣，對於西方當代美學的理解，幾乎都不很充分。或許我們應該籌辦一份

《美學年報》，定期譯述報導世界美學研究新知，以供參考。這樣我們才能參與世界美學的討論，並進而對世界美學的整體發展，有所貢獻。

第六，在美學研究中，美學理念史或觀念史的研究，至今似乎尚未展開。以佛拉第斯勞・達達基茲（W. Tatarkiewicz，一八八六—一九八〇）的《六大美學理念史：美學論文集》為例，全書以從古至今各美學派別追求及探討的問題為中心，討論藝術、美、形式、創造性、模仿、美感經驗等六大美學理念。如「形式」，從古希臘羅馬以降，在美學家的使用中，至少含有五種不同的用法和意義，每種含義，都各有其歷史的發展，而這些觀念的歷史演變，又各形成了有關的各種理論，美學觀念史的研究，即在處理這類問題。國內大約只有姚一葦先生曾長期從事此項研究，但範圍集中在西洋美學傳統方面；中國部分則尚未發軔。近年如蔡英俊的《比興、物色與情景交融》、我的《詩史、本色與妙悟》，算是一點開始的嘗試，今後在這方面，自應多做研討。

總之，美學在中國，是新興的學問，歷史既短，自不能奢望它有太多成就，但其遠景可觀，前途無量，實在值得我們多予關注，並切實努力。

【注釋】

1 見李長之《迎中國的文藝復興》（重慶，一九四四年）頁十四。另外，討論有關五四運動和文藝復興的類似性，是頗為普遍的問題，可參看周策縱《五四運動史》（一九八四年，楊默夫編譯，龍田出版）第十四章、陳端志《五四運動之史的評價》（一九七三年，香港中文大學）。最近John De Francis《中國新文學運動的再評價》（鄭寶璇、姚德懷譯。一九八六年，《語文建設通訊》廿一期，香港中國語文學會）對此問題也有新的探討。

2 詳見蔡尚思《蔡元培學術思想傳記》（一九八六年，蒲公英）第十三章，頁三一九至三三七。葉朗《中國美學史大綱》（一九八六年，滄浪）第廿五章，謂蔡元培早年提倡美育雖以康德為立說根柢，後來則遂轉變。所言甚謬。因為他所謂晚年轉變的意見，即在早年發表《以美育代宗教說》時預擬的條目中，見蔡氏《蕭瑜居友學說評論序》。

3 蔡元培本人的思想與政治立場，在晚年確實傾向左派。例如他曾鼓勵張國燾當共產黨員；辭去監察院長後，在滬為李季著《高爾基傳》作序，又參與民權保障同盟會，詳見鄭學稼《魯迅正傳》（一九八五年，時報）附錄四。

4 參看注2所引蔡尚思書。又，關於梁啟超論美與美育問題，可見葉朗《中國美學史大綱》第廿三章。

5 詳見王氏《奏定經學科大學文學科大學章程書後》，見《靜安文集》。

6 繆鉞認為王氏「對西洋哲學並無深刻而有系統之研究，其喜叔本華之說而受其影響，乃自然之巧合。……靜安乃詩人兼學者，而非哲學家，對人生雖有深刻之領會，而對哲思並無完整之體系；其喜叔本華之說，亦非對叔本華整個哲學源流本末精研深解，洞悉其長短精粗之所在，不過僅取其性之所近者欣賞玩味受用之而已」（《詩詞散論．王靜安與叔本華》）。此一觀點，極具代表性和影響力，到葉嘉瑩寫《王國維及其文學批評》時，仍然覺得此類批評甚為正確（見第二編第二章）。其實王國維在《靜安文集》序中即曾詳細說明他怎樣讀康德、叔本華，並上溯休謨、洛克之事；在《人間嗜好之研究》中又暢論席勒之說，此豈不解叔本華哲學源流本末者所能辦？葉嘉瑩謂其古雅說全本康德優美宏美之分而來，不知古雅說是意在修補整個德國古典美學中有關天才論的問題，故有此誤說。

另一方面，如葉朗《中國美學史大綱》謂王國維只是把康德、叔本華一些結論照搬過來，且簡單化了（廿四章）。滕咸惠《人間詞話新注》，亦全以叔本華哲學解釋王國維書。但他們或者比附牽強，或者把王國維解釋為一個從唯心論走向唯物論的學者，以致於對《紅樓夢評論》結尾質疑叔本華、《人間詞話》轉回中國哲學觀點之類問題，完全不能察覺，僅認為它是叔本華思想的注腳。這樣的看法，昧於事實甚遠。楊牧《王國維及其紅樓夢評論》（一九六五年，《文學評論三集》，書評書目社）一文，批評王氏對悲劇喜劇的理解不夠正確，誠然。但他認為王氏論「壯美」有誤，則係誤讀王國維文，王氏固未誤也。

7楊枚解釋這是來自王氏哲學認知和實際生活無法一致（見《王國維及其紅樓夢譯論》所引文）。其實問題本不如此簡單。

8見卡西勒《啟蒙運動的哲學》（一九八四年，李日章譯，聯經）第七章第四節。

9參看托瑪斯．芒羅《藝術心理學：過去、現在及未來》（收在《當代美學論集》，一九八六年，丹青）。

10完形心理學與藝術的關係，可參看安海姆（R.Arnhein）《藝術與視覺心理學》（一九八二年，李長俊譯，雄獅）導論、劉文潭《西洋美學與藝術批評》第七章及《王國維及其紅樓夢譯論》頁十四。朱光潛運用完形心理學，並引入心理距離說與移情理論，詳見《悲劇心理學》第二章。但事實上克羅齊這樣的美學家，未嘗沒有符合完形心理學的說法（例如《美學原理》第二章直揭「全體決定諸部分的屬性」，即為一例），很難令它們的錯誤「與原子論心理學的錯誤相似」。故朱光潛對德國古典美學的批判，並未擊中要害。

11朱光潛「邊讀邊寫」，見其《西方美學史》序。

12詳《西方的沒落》第五章。宗白華《歌德之人生啟示》一文，即曾引用斯賓格勒之說，論近代人生之特殊意義與內在的問題。

13楊牧在宗白華《美學的散步》前有《宗白華的美學與歌德》一文，較李澤厚敏銳地捉住了宗白華與歌德心靈觸動的關聯。但有趣的是：諸如歌德，在Crane Brinton的《西洋思想史》裡，便將之稱為浪漫主義、放在對反於近代理性主智傳統的「非主智主義」中，他說：非主智主義者雖不願信任啟蒙運動以來各種大問題的抽象演繹思想，但在某種意義上卻是啟蒙運動的嫡裔。

14 「找尋運用藝術來幫助政治鬥爭的正確方法」，是易嘉稱讚錢杏邨的話。

15 詳見胡秋原《大學藝術論集》（一九七九年，學術）第一部，頁三至二七〇。

16 老鼠、癩蛤蟆一定比梅花、月亮美，是李澤厚挖苦蔡儀的話。

17 朱光潛這一時期的論著，都收在《朱光潛美學文集三》裡。陳繼法的意見，可見所著《美學的厄運》（一九七九年，時報），趙滋蕃的看法，則見《評陳繼法著〈美學的厄運〉》（《文訊月刊》六期）。另外，傅偉勳對大陸美學的評述，見文星雜誌復刊第二十三期：《審美意識的再生》《李澤厚的荊棘之路》。

18 詳朱光潛《維柯的〈新科學〉及其對中西美學的影響》（香港中文大學出版社）。朱光潛的態度，在《新科學》的譯注中尤為明顯，例如他用異化、階級鬥爭來解釋維柯，並說維柯論宗教，即費爾巴哈在《基督教的本質》一書的主要觀點。顯然他意在把維柯重新詮釋為一位歷史唯物論的先驅。

19 見朱光潛《維柯的〈新科學〉及其對中西美學的影響》頁廿八至三十。

20 見朱光潛《形象思維在文藝中的作用和思想性》（《朱光潛美學文集三》，頁四四五）。

21 Max Horkheimer and Theodor W. Adorno, *Dialectic of Enlightenmeat*（New York,1972）pp.3,4,6,9,25,26.Max Horkheimer, Eclipse of Reason（New York,1974）pp.105-107.

22 卡西勒《啟蒙運動的哲學》。

23 見雄獅《美術月刊》三十七期。

24 見滕注，頁十至十一、五十至五十二。葉朗的《中國美學史大綱》也指出了王國維此說與叔本華的關係，但他忽略了原稿跟改稿的差別，也不曉得邵雍的性情說跟叔本華大相徑庭，故混為一談。

25朱光潛的錯誤，我在《詩史、本色與妙悟》（一九八六年，學生）第一章中亦有討論。

26這裡有個有趣的例子：葉朗為了要替中國美學研究中馬克思唯物美學這一支，找到一個系統，竟想到了李大釗。李大釗根本沒有美學論著，只有幾篇短文雜感（每則不過一兩百字，有些只有幾十個字），亦非談美學問題；且若真就美學來衡量，其言真屬胡說八道，如謂壯美之趣味，須有雄健之精神乃能感受云云，是豈知壯美為何物者耶？葉朗為什麼偏偏選了這樣一個人來做為「中國近代美學與現代美學的分界嶺」呢？這裡其實大有苦衷，因為他若真要論唯物史觀美學，則諸如胡秋原等人的開拓之功，實在難以下筆，不得已便找到李大釗在一九一九年寫的這幾篇短文，把歷史唯物主義進入到中國美學研究的時間提前了。這就是政治影響學術的一個鮮明例子。

七 現代儒學經世問題的批判

一　經世之弊

儒者常不通世務而好言經世。蓋因對自己所身處的時代不盡滿意，憫時傷亂，故推民胞物與之懷，發為萬世開太平之想。其用心殊可尊敬，因此後人誦讀遺文，遙想風徽，也往往感嘆當時未能大用其言。可是事實上，時局雖亂，尚未必盡乏規矩；但若一旦採用了他們的言論，弊害流毒反而可能會更大。

這類例子，並不難找，清初的顏元，允為典型。

顏元，號習齋，為清初大儒，顏李學派的代表人物。錢穆《中國近三百年學術史》許其為「北方之強」。近世論清初之學者亦無不推重之。他的這門學問，自稱為「實學」，以別於宋元以來的性理虛談。戶牖別開，而以昭復三代先王古道自許。確能堂堂立一門戶、開一風氣，使人聞風興起。顏元本人也自負其學確能經世，嘗語張文升云：「如天不廢余，將以七字富天下：墾荒、均田、興水利。以六字強天下：人皆兵、官皆將。以九字安天下：舉人才、正六經、興禮樂。」可見他的自信。

然而，習齋之師友，卻已發現他性格及學說上是有弱點的。在他三十三歲往謁李晦夫時，李氏外出，顏元就見到李氏的日記中有「顏元立朝必蹈矯激之僻」等語。顏元最親近的學生李塨谷也說：「學術不可少偏。近聞習齋致用之學，或用之於家產，或用之於排解，少不迂闊，而已流雜霸矣。故君子為學，必慎其流。」（見《年譜》）

顏氏經世致用之學，其實不是末流才出現偏僻矯激之弊，而根本是它本身就有問題，塨谷之言，殆微辭也。以顏氏《存治編》觀之，他居然主張恢復宮刑，此非矯激偏僻之說為何？

古代肉刑有五：墨、劓、剕、刖、宮。從漢文帝以來，施政者均主張予以廢除。顏元則謂墨、劓兩刑仍存用於後世，剕、刖兩刑則可不用，唯獨宮刑應予恢復。理由是帝王後宮不能不用太監；既要用太監，最好就是閹有罪之人，使其成為太監。何況他又主張封建，既要大封天下王國，太監當然數量就更多了，不閹人，行嗎？

其說詳《存治編・宮刑》。論王者經世之道，而主張如此，是否可取呢？船山《讀通鑑論》卷二第十九條恰好有一段針鋒相對的話：

肉刑之不可復，易知也。如必曰古先聖王之大法，以止天下之惡，未可泯也，則亦君果至仁，吏果至恕，井田復、封建定、學校興，禮三王而樂六代，然後復肉刑之闢未晏也。不然，徒取愚賤小民，折割殘毀，以唯吾制是行，而曰古先聖王之大法也。則自欺以誣天下，憯孰甚焉！抑使教養道盡，禮樂復興，一如帝王之世，而肉刑猶未可復也。何也？民之仁也，期以百年必世，而猶必三代遺風未斬之日也。風未移，俗未易，犯者繁有，而毀支折體之人積焉，天之所不祐也。且也，古未有笞杖，而肉刑不見重；今既行笞杖，而肉刑駭矣。故以曹操之忍，而不敢嘗試，況不為操者乎！

此駁顏元，議論甚為明快。顯然顏元的主張，在人情及現實需要兩方面，皆不可取。即或退一步看，肉刑可復，宮刑亦有需要，可是宮刑這件事究竟在所謂「王道大政」中居什麼地位呢？有必要如此大聲疾呼嗎？《存治編》云：「為治不法三代，終苟道也。然欲法三代，宜何如哉？井田、封建、學校，皆斟酌復之，則無一民一物不得其所，是之謂王道。」在這樣一本論王道大政的書裡，鄭重地把宮刑一事提出來，視如井田、封建等大政，實在論非其倫。欲法三代，而竟連三代之宮刑也想效仿，更顯得泥古太甚了。

其學說之偏僻不可行者，不只此一端。《存治編》每一則，幾乎都值得商榷，主政者倘或真的照他的說法去施政，只怕會天下大亂。例如他對於佛教充滿了敵意，《存人編》四卷，全為批判佛教而作，持論雖偏，畢竟仍是與和尚及信徒們講理，苦口婆心，欲喚醒迷途者，使能返諸正道，自信：「生遇釋迦，亦使之垂頭下淚。」①然顏元若不幸掌權，對佛教恐怕就不會如此客氣了。《存治編・濟時》以「靖異端」為王道九典之一，又有《靖異端》一篇，專門討論如何消滅佛教。他想出了九種辦法，曰：

考古謀今，靖之者有九：

一曰絕由。四邊戒異色人，不許入中國。

二曰去依。令天下毀妖像，禁淫祠。

三曰安業。令僧道、尼姑以年相配，不足者以妓繼之，俱還族。不能者各入地籍，許鬻寺觀瓦木，以易宅舍；給香火地或逃戶地，使有恆產。幼者還族，老而無告者入養終院，夷人仍縱之去。皆所謂「人其人」也。

四曰清蘗。有為異言惑眾者誅。

五曰防後。有窩佛老等經卷一卷者誅，獻一卷者賞十兩，訐窩者賞五十兩。

六曰杜源。令碩儒多著辟異之書，深明彼道之妄，皆所謂「火其書」也。

七曰化尤。取向之名僧長道，令近正儒受教。

八曰易正。人給《四書》《曲禮》《少儀》《內則》《孝經》等，使朝夕誦讀。

九曰明法。既反正之後，察其孝行或廉義者，旌表顯揚之；察其愚頑不悟者，責罰誅戮之。皆所謂「明先王之道以教之」也。

這「顏九條」，遠紹韓文公，而威烈可怖，其弊不可勝言。以第一條來看，為了禁絕佛教，竟主張徹底鎖國，不准外國人入境。現實上當然絕無可能，亦無此必要。不與外國交流，對一個國家的文化發展及社會成長，有害無益，今人無不知之。顏元卻主張一種孤立的社會觀，又帶有種族主義之偏見，認為中國人是「天朝聰明人」，西域番鬼則「不幸而不生天朝」，故不聞「正道」（見《存人編》卷一《喚迷途》）。這種孤立的社會觀、以外國為邪敵的態度、種族偏見的立場，若真獲採行，一定要釀成重大的災禍。

第二條，所謂毀妖像禁淫祠，與反宗教的做法又有什麼不同？姑不論人民信仰之自由應受到政府的保障，砸毀寺廟，事實上即是對人類文化的大破壞。吾人讀《洛陽伽藍記》或唐人段成式《長安寺塔記》，於爾朱榮之亂及唐武宗滅佛所造成的寺塔伽藍崩毀狀況，蓋無不深感惋惜弔憾，這未必是基於宗教的感情，而主要是生於歷史文化感。②論王道文化者，本身缺乏這種對歷史文化的敬謹護惜之情，只承認某一種文化價值，而對其他一切人類在歷史上創造的文明，均認為芟棄毀損不足惜，甚或以滅絕這些文化遺跡為職志，毫無哀矜敬肅之心，有何資格論王道聖治呢？

第三條，尤其令人駭異。他竟準備勒令僧尼互相配偶。尼不足，則以妓配僧。依顏元說，僧尼背棄了人道人倫，他是要讓他們恢復人道，所謂「人其人」的。但令僧尼互配，並以妓配僧，他對僧尼，又何嘗以人道視之呢？這合乎人道精神嗎？從原則上說，人有男女，偶配以廣生殖，是合乎自然之理的。但人的社會，並不同於自然社會狀態，人有不願結婚者、有慎擇配偶者，這種個人意志自由的選擇，才是人文世界的理則。現在，顏元以顧全人倫為名，卻完全不考慮為僧為尼者個人的價值選擇及婚配上的自由權利，強令僧尼互配，視若豬狗然，他對人的尊重又在哪兒呢？要知道，僧尼縱使將令其還俗，僧不能擇普通女子結偶、尼不能找士族子弟配婚嗎？顏元一味蠻橫，而實在是對人道精神多所斫害。

第四、五條是限制人民言論的自由，不但「妖言惑眾」要殺，收藏佛老經典（即使只有一卷）也要殺，刀戟森然，真可教人寒慄。其嚴苛乃更甚於秦始皇。更糟的，是他鼓勵民眾互相訐告。這必將造成恐怖統治。

以上是剿滅異端的辦法。六、七、八、九諸條則是宣揚正道的辦法。《孝經》未必不是好書，但顏元要進行意識形態統治，要家家戶戶朝夕誦讀這些書，要殺掉那些愚頑不悟、不能悔改以就新的國教者，要發動知識分子去當批判異道的鷹犬，統一全國的言論口徑，這還了得？

提出此等荒謬絕倫的專制極權主張，顏元居然還相信它可以使「風淑俗美，仁昌義明。其益不可殫計」，真不知從何說起。李恕谷謂顏元寫《存治編》時，仍守宋儒矩矱，「仁心布濩，身任民物之重」。我們當然相信這一點。但其寫作動機雖然偉大動人，其議論卻十分可怕。為什麼這樣有仁心有使命感又自信能上追三代聖賢之道的儒者，竟會發展出這樣偏激專制的理論呢？

二　儒者之迂

這或許是個性使然。但我們也可以發現類似顏元這樣的情況，並非孤例。儒者食古不化，昧於世事，往往就會出現此等言論，故此似亦不能完全諉諸性格。

以孟子為例，康有為曾推崇他：「孔子兩大派：孟子、荀子。傳經之功，荀子為多。孟子多言經世。孟子言仁制，經天下者也。」（《南海康先生口說》上卷二）故儒者言經世，每以孟子為典型。然而孟子豈是善言經世之學者？彼嘗勸梁惠王實施仁政，並謂只要實施了仁政，百姓擁護君王，上下一心，自可製木棒以撻秦楚之堅甲利兵。不知仁政雖施，武備不精，國家之安全依然不可能有保障。如此論事，無怪乎《史記》要說他「迂闊而遠於事情」了。

儒者論世務，往往如此。一方面鄙視這類俗事賤務，以君子立本自命。以為大本既立，一切事務，皆可如綱在綱、本舉末張，不必一一躬行親涉。一方面又以儒者不能經世為恥，覺得真正的大儒，就得將平日所講習的聖人之道付諸實踐，經世濟民，非徒托空言而已。這種「踐履之學」的期許，使得儒生又以「平時袖手談心性，臨危一死報君王」為可恥，不甘心只成為玄談辯理的學人，而喜歡講經世之學。但因為前一項原因，儒者一般多是四體不勤五穀不分，不像孔子那樣多能而鄙事，故對於社會的理解有限，不甚通達世務人情，徒以書本子上學來的一些名詞，構造其經國大業、濟世弘規，很難不成為冬烘先生的書呆子見解，以致其見解非迂即僻，無法實行。

像顏元辟佛，常從人倫上立論。謂佛教徒出家不婚，是斷絕子孫、不仁不孝。這個論點，當然是正大極了，但膠執儒家「天地之大德曰生」、「生生之德」等義理，是否就足以論斷世事呢？顏元說：「你們西域番僧……若能醒解我的言論，把我天朝聖人的道理傳往西方，將《喚迷途》翻譯成西方的言語，使人都歸人倫、都盡人倫。莫說父盡父道、子盡子道、君盡君道、臣盡臣道，你西方諸國享福無窮，只人也多生幾千萬，豈不是真善果？勉哉！」多生人就是真善果嗎？在他「生生之德」的觀念中，壓根兒不曾想到人類多生也會造成人口膨脹的危機，更壓根不曾想到各個社會結構及體制不同，其所謂君道臣道父道子道，可能有所差異。且只准他們信我們的教，信了就是享福無窮；不准他們來我國傳教，傳了就要殺戮要驅逐，是何道理？這不又是拿著儒家「嚴夷夏之防」那一套觀念而拘泥致誤乎？

這些都屬書生迂腐之見，非通方之談。然而學至通方，真是談何容易？儒生每每推崇性理辨析之精密高明者，覺得經濟事功只是粗學。以康有為之好言經世，尚且說：「凡言內學者，其徒必聰明絕特，而後其學可傳。言外學者，講持循踐履，從篤實一路去，其徒雖非極聰明，亦足守其學。」（《南海康先生口說》上卷四）這顯然是認為講經濟制度的「外學」，不如講心性義理的「內學」，其他人的態度當然更可以想見了。

但事實上義理辨析固然不易，但講經濟事功者，要熟於人情世故，通古今之變，明事類之賾，斟酌損益，實遠比純粹理性思辨困難得多。非有閎識遠謨，不能善言經濟；非知類通達，不能綜理庶務。而庶務龐雜，涉及專門，亦非僅誦言仁義忠孝等道德原則者所能知。如言井田，涉及土地資本經濟等學問；言治賦，需要財稅知識；論學校，屬於教育學；論封建，必須具備政治學素養。儒者空談三代、祖述堯舜，但真能兼備政法經濟教育學之素養者，殊不多見，只能搬弄一些倫理學的名詞與知識，怎能有效討論這些政治法律的兵農錢穀問題？偶談經世，不被譏為「迂闊不近事情」者，殆甚罕焉。

顏元的毛病正是如此。他曾批評歷來儒者皆缺乏這類世務知識，曰：「周公孔子教人以禮、樂、射、御、書、數，故曰以三物教萬民而賓興之。故曰身通六藝者七十二人。故性道不可聞，而某長治賦、某長禮樂、某長足民，一如唐虞之廷，某農、某刑、某禮、某樂之舊，未之有爽也。近世言學者，心性之外無餘理，靜敬之外無餘功，細考其氣象，疑與孔門若不相似。」（《上征君孫鐘元先生書》）所以希望「凡弟子從遊者，則令某也學禮、某也學樂、某也兵農、某也水火、某也兼數藝、某也尤精幾藝」（《存學編》卷一《明親》）。可見一般儒生不精習政經法律之學，他是深有覺察的。

針對這個現象，我們可以有不同的價值判斷，例如清末朱一新《佩弦齋雜存》卷上有《答某生》一文，就認為儒者之所以可貴，正在於只掌握「道」的大原則大方向；制度技術層面的治法問題，隨時損益，因地制宜，實不必專力去學，所以「樊遲問學稼、許行言並耕，皆為聖賢所斥」。故若據朱一新的看法，顏元事功之學，殊不足向慕，儒者不知法政制度之學，亦不足為病。③可是顏元正是主張儒者應知兵農禮樂之學的人，既主張此等學問方為儒學精髓所在，惜宋明儒之未能致力於此。那麼，他在這些專藝知識上，便應有足夠的學養，方不會徒托空言，貽反對者以口實。

朱一新譏笑顏元誤以技擊為兵學、虛構了治火之學，且於書、數、古樂等等皆泥古不知變通，確實說中了顏元的病痛處。顏元是針對宋明儒者不通世務之現象，想到了一個「實學」的方向；但他本身的學養，畢竟仍是從宋明理學發展而來，對此兵農錢穀賦役法政等等，並無太深湛的研究。《四存編》絕大多數篇幅都仍是在討論性理問題，論治之語，但舉宏綱而已，頗不詳備深入。且以復宮刑、靖異端為治道大政，顯見他對於真正的時代治法與問題也無所掌握，見識遠在黃宗羲、王船山之下，學力也頗不及。

顏元論治，重點在於恢復三代的封建、井田制度，並主張兵農合一。因為要封建，所以要恢復宮刑。因為講井田、兵農合一，故治農即以治兵，稅賦之法也變成了練兵服役之法；學校也是教文即以教武。這幾點，莫說別人，他的愛徒李恕谷便不盡同意。李氏《存治編書後》舉了七條理由，反對顏元恢復封建的主張；又認為具井田及鄉里選舉之說，宜彈性處理，所謂「因時酌略，而大體莫易」云云，其實即是一種較客氣的說法。

依李恕谷之評，顏元論王道治法部分，已可說是沒什麼價值了。其論兵農合一，更屬不當。船山《讀通鑑論》卷十七嘗言：

三代寓兵於農，封建之天下相承然也。周之初，封建亦替矣，然其存者猶千八百國也，外無匈奴、突厥、契丹之侵逼，兄弟甥舅之國，以貪憤相攻而各相防爾。然忿忮一逞，則各驅其負耒之民以喋血於郊原。悲夫！三代之季，民之瘴以死者，非但今之比也。禹湯文武之至仁，僅能約之以禮而禁其暴亂，而卒無如此鬥農民死之者何也！上古相承之已久矣，幸而聖王善為之法，以車戰而不以徒戰，追奔斬馘，不過數人，故民之死也不積。然而農民方務耕桑、保婦子，乃輟其田廬之計，奔命於原野；斷其醇謹之良，相習於競悍；虔劉之，爚亂之，民之憔悴，亦大可傷矣。至於戰國，一戰而斬首者至數十萬，豈樂為兵者哉？皆南畝之農夫，欲免而不得者也。漢一天下，分兵民為兩途，而寓兵於農之害乃息。俗儒端居占畢而談軍政者，復欲踵而行之，其不仁亦慘矣哉。身幸為士，脫耒耜之勞，不耕而食農人之食，更欲驅之於白刃之下，有人心者，宜於此焉變矣。

對於顏元式的「全民皆兵」理想，此說亦不啻冷水澆背。顏元非不仁者，我們相信他論治法，皆出於救世之宏願。但書生不通世務，對兵農政刑缺乏真正的研究，僅依恃著讀幾本古書而獲得的一些聖世圖像，便想據以規劃經世遠猷，實在是非常危險的事。顏元為我們示範了一個這樣的例子。

三　復古之害

由這個例子，我們可以發現朱一新的話其實很有道理：「聖門未嘗不重事功，要必有體而後有用。用者，半由閱歷，半由天授，未可強人以必能。體則由學而成，中材皆可自勉。」兵農政刑之學是否僅屬於用，以及這個「體／用」架構本身都值得再討論，但經世之學確實比性理之學更難。不僅因兵農政法諸學各涉專門，罕能兼通，更關係到人的氣質與見識問題。缺乏閱歷識見，便很容易刻舟求劍，在制度典章上拘泥糾纏。不是泥古而不知通變，就是苛細而不識大體。

所以，顏元的情況，不宜視為個案特例，亦不能以個人性情或某一時地之特殊學風來解釋，而應該看成是具有某極普遍意義的現象。④儒家以博施濟眾、經世濟民為宗旨，但講這種學問，卻很可能會因儒生並不通嫻庶務、並不具備法政專業知識，或不達時變、缺乏見識，而變得迂僻難行，甚或具有專制極權之性質。若果獲施用，必將為禍天下。

因為類似顏元這樣的人與主張，在儒家內部是極常見的。顏元所欲恢復之井田、封建、選舉、肉刑等，並非明末清初天下待治之際忽然興起之言論，而是如船山所言：「若井田、封建、鄉舉里選、寓兵於農、舍笞杖而行肉刑諸法，先儒有欲必行之矣。」（《讀通鑑論・敘論四》）這些儒者，處在不同的時代，思有以對治其時代之問題，而竟開出了類似的藥方，其原因何在？在於他們有相同的思考傾向及思想資源。

這個思想資源，即是他們所讀過的儒家經典，如《孟子》《周禮》等。讀書人既日讀此類典籍，則其蒿目時艱而又想濟世救民時，自然就會想把書裡所描寫的聖王之道推行於世，讓書中稱頌的三代郅治重見於當時。這種想法，放在三代以後任何一個時代，都可稱為復古思想。具此思想者，代有其人，如王莽、王安石之用《周禮》治天下，只是其中犖犖大者而已。船山《宋論・高宗・六》曾批評宋朝建炎三年林勛建議一夫限田五十畝，十六夫為井，井賦二兵一馬，絲麻之稅又出其外；賈似道奪民田以為公田，行經界以盡地力而增正賦。二者雖然一獲實施，一未採用，卻一樣屬於復古而病天下者。且此類人亦不僅見於宋代：

奉一古人殘缺之書，掠其跡以為言而亂天下者，非徒勳也。莊周之言泰氏也、許行之言神農也，墨翟之言大禹也，乃至御女燒丹之言黃帝也，篡國之大惡而言舜、禹也，犯闕之巨盜而言湯、武也，皆有古之可為稱說者也。……前乎勳而為王安石，亦《周官》也；後乎勳而為賈似道，亦經界也。王安石急試其術而宋以亂，似道力行其法而宋亡。

船山這段話，前半是說復古思想每個時代都有，每一派思想也都有，不只儒家如此。但儒家之言復古，因其所奉信之經典及基本思路不同於其他各家，因此會與其他各家不同而其內部則呈現出驚人的相似性。所以文章後半段，船山就發現了這些講復古的先生們往往是奉《周禮》、講井田。《宋論・太宗・十三》亦痛陳此輩：「托井地之制於《周官》、假經界之說於《孟子》、師李悝之故智而文曰利民、襲王莽之狂愚而自矜其復古，賊臣之賊也。」

依船山看，復古者欲依三代治法處理他們所身處的時代之問題，是缺乏歷史觀點的。對於制度治法本身，他也不甚信任，認為恃法為治，徒成聚訟。所以他對那些嚮往「周公制禮樂」「孔子為漢制法」之典型，想依三代遺規來擘畫經世大業者，無不反對，謂其「讀古人書，不揆其實，欲以制法……適足以賊民病國，為天下僇……惡逾於商鞅矣」（《讀通鑑論・卷二十四》）。

復古論倘獲實施，確有可能形成如船山所批評的大災禍。固然對於復古論的批評，不能像船山一樣，建立在對制度功能的否定上，復古思想亦不如船山所理解得那麼簡單。⑤但船山指出了歷史上講制法經世的儒者們經常具有的思想傾向，眼光實甚明銳。不必遠溯往古，近代偉人孫中山便對井田情有獨鍾，曰：「周朝所行之井田制，漢朝王莽想行的井田方法……都是民生主義的事實。」「平均地權者，即井田之遺意也。」「吾國古時常有井田之制，與平均地權用意正同。」正因他有此類復古井田之想，故又甚為稱道太平天國的公倉經庫，說：「民生主義在前數十年已有行之者，其人為何？即洪秀全是。洪秀全建設太平天國，所有制度……即完全經濟革命主義、均產主義。」這些想法，導致他一度主張激進的革命主張，企圖由國家收購所有土地，或沒收無主土地，或奪富人之田。幸而後來稍予修改，採用單稅制（**亦即以國家徵收土地稅為土地國有，非土地皆歸國家，再由公社租給農民**），否則亦一偏僻激矯之人也。政治人物之外，學人如熊十力，其《原儒》豈不也是奢談《周禮》，欲以井田開太平、行社會主義嗎？熊先生主張共產社會主義，追求平均，謂井田為集體農場，說孔子講「老者安之，少者懷之」即是社會主義，又提倡產業國營，推崇

「殺然鎮壓朝野群昏」的統治方法，形成一套獨裁的民主主義怪論，與顏元又有什麼太大的不同？⑥

不只熊十力如此，稍早於熊氏的劉師培，也是通過復古論來提倡共產主義的，其《論共產制易行於中國》云：

共產制度於中國古史，確然有徵。《禮記・祭法篇》言：「黃帝明民共財。」共財二字，其指井田與否，雖未可知，然足證太古以前確為共財之制。至於三代，有宗族共產制……一曰鄉里共產制，孟子之言井田也。（《衡報》第二號，一九〇八年）

古既有此共產制度，中國社會的共產底子也還在，故只要農民起來革命，以抗糧、抗稅、劫穀、負埴抗禦政府軍進剿等方式，進行暴力革命，則不難重新實現共產社會之理想（見《無政府革命與農民革命》，同年《衡報》第七號）。他這種想法，固然是受了克魯泡特金等人的影響，但真正的思想淵源，恐怕仍是儒家經世一脈。⑦

他曾著有《顏習齋先生學術》一卷，在《甲辰年自述詩》中也說：「魏晉清談啟曠達，永嘉經濟侈事功，唯有北方顏李學，欲從宋俗振儒風。」其與顏元相契，正不待言。何況他「幼年喜誦明夷錄」，以天下興亡為己任，存治之想，也必然會使他精熟儒家的政法思想，依此而說無政府共產社會主義，又有什麼可奇怪的呢？

四　思考之路

據此，我們就會逐漸發現一個令人不安的訊息：不同的時代、不同的個性，讀儒家書的人，卻經常讀出一種類似的調調，欲以恢復古代井田共產制度來批判當代，而又都流露出一種專制獨裁的氣質。總不能說是這批儒者性格都有問題，也不能僅從時地特殊學風這個角度來理解。若說此皆儒者不通世務使然，似乎也不盡能解釋，因為我們不能老說讀書人不善讀古書。若讀某書者往往做賊，且皆謂其做賊都是書本子裡教的，那麼這本書一定也有問題。歷史上儒生之學《周官》、復古道者往往專橫獨裁，似乎不能說這獨裁專制之根不在儒家思想之中。

由此，似乎我們應將批判的矛頭指向儒家經典思想了。然而不然，講《周官》、復古道者，亦並非人人都如王安石、顏元，故不能說此即教人做賊行劫之書。只能說儒書在某種思想傾向及某種讀法下，是會讀出這個結果來的。

此一分疏，至為切要！只說讀書人不善讀儒書，會讓我們忽略了儒書使人迂僻專橫的事實。因儒書往往令讀書誦古者迂僻專制，又謂儒書本為迂僻專制之說，故教人如此，剛好代表了兩種觀察角度與思路。

前者，鞏固了儒家思想的神聖性，並把經典的意義封閉凝固起來；經典在歷史中形成的具體作用及後儒對經典的理解，完全可以用「流弊」「誤用」「曲解」等語，一筆帶過。或彷彿這些所謂誤用曲解根本不存在；即使存在，也不重要，只要辨明了它們並非「真正的」「原始的」儒家思想，則此類事例終無礙儒家思想之純粹皎潔也。

後者，雖注意到了儒書在社會中的具體作用，然由讀書者之做賊，遂歸咎書本子教人做賊，也完全未考慮到讀書者非人人皆去做賊，自有做賊者、有不做賊者、有與做不做賊完全不相關者，豈能因此遽謂儒家為專制思想？即如井田制度，三代是否真有此制度，是一回事；《周禮》《孟子》所講的井田制度究竟如何，又是一回事；後人如何理解井田，則更是另一回事了。

據錢牧齋《初學集》卷九十所載策問說，歷史上是有許多人把井田制度看成兵法之源的。其言曰：「世之言兵法者皆宗黃帝，所謂餘奇為握者是已。然又以謂或本於八卦，或出於井田……以井田言之，井九百畝，其中為公田，數起於五，成於八，是故四為正、四為奇，餘奇為握奇。井田之規制也，以《周官》考之，萬有二千五百人為軍，萬之有二千，二千之有五百，皆所謂餘奇為握者也。」井田本是田制，居然可以講成是兵法之源，這就是歷史詮釋的問題了。古書所敘之井田制，經某些人詮釋後，會出現顏元式的迂僻獨裁狀況，也會出現握奇用兵之說。然豈能徑謂書中所載之井田制度就是兵法、就是專制獨裁思想？在這里弄不清楚，結果當然就會因看到了儒家某些思想在歷史上形成了專制現象，而反對儒家，欲打倒此專制之源。

近代崇儒與反儒思潮，大抵由是而分。但在這兩條思路上，近代學人們的造詣卻又都很膚淺。以崇儒者來說，對於儒家學說可能會造就顏元式迂僻專制結果，大多缺乏認識。研究顏元的人那麼多，誰像我在前文一樣，指出了顏元議論上的荒謬專制處？討論新儒家的人也不少，誰又能真正觸及熊十力經世思想的病痛？嚮往儒者經世，謂儒學具踐履實用精神者更多，誰又真發現儒家經世之學中存在著這樣的問題？⑧事實上，儒家經世之學的傳統，當代根本少人理會。崇儒者，差能辨析理氣心性而已。於周官王制封建井田等等，尚缺乏社會學面向的處理，也不甚瞭解這些論題在儒學傳統中的發展情況。⑨故即使討論到「原始儒學義理如何被曲解誤用」這個層次的問題時，也只能就外在專制政治勢力如何干擾、援引、冒用儒學來立說。⑩而不能從儒學內部發現儒者從《孟子》《周禮》中發展出來的經世之學，本身就可能導出專制態度。

反儒者也一樣，大都只是從儒學對社會文化之功能及其與統治階層之關係，說儒家思想是封建專制的，應予打倒而已。極少人能從儒家理論及經典本身，論證其具有專制性格

（大概只有侯家駒《周禮研究》等書，指出了「《周禮》所規劃的制度實為極權政治與統制經濟」⑪）。因此，其反傳統與反儒，遂只能是形式主義或意識形態的。

對於這兩種思路，我當然不甚滿意。但我並不認為它們都不對，而想「獨標勝義於二家之外」，提出第三種路向來：我認為它們都對，卻都不夠對。我的意思是說：儒者確實常有不通世務又不善讀古書者，誦古服習，欲以天下王道為己任，結果卻迂僻極權，流毒甚烈；儒家經典中也不能說未提供這批人思想資糧，使其如是。因為很明顯地，這些人往往不約而同地緣飾、運用或衍申、紹述封建井田云云，也都奉採《周禮》《孟子》。故《周禮》《孟子》等思想資源，在某種情況下，是會造就極權思想的。彼等不「曲解」其他經典而特好《周禮》等，必《周禮》等有可資援引啟發之處，此亦不能故意忽略。但是，正如前文所述，讀《周禮》講井田者，未必均如顏元，所以在「《周禮》本身錯了」和「讀者錯了」兩端間，還要加上一個詮釋方法和思考傾向的考慮，亦即：儒家的經典和儒家的義理內容、學術形態，在顏元式經世復古之思維傾向下，通常會讀出迂僻專制的結果。

有關這種復古經世的儒家思維傾向，我認為是極值得分析的。固然經過現代化思潮的洗禮，熊十力之後，現在的復古論者已漸罕覯了，然欲以儒學經世者仍不乏其人。近幾年，據黃俊傑的觀察，一九八〇年以後，「經世思想成為臺灣地區的中國思想史學界的重要課題之一」，而且，「這個研究課題的發展與國際漢學界的動向互有關係」，因此，這乃是戰後臺灣儒學研究的重要問題意識及主流。⑫討論經世思想既已如此為人所熱衷，明清乃至清末民初之儒學經世思想自然更是論者集議之所在。除此之外，許多批評當代新儒家之學的先生們也往往訾議新儒家未能開展出「新外王」的學問，而寄望於儒學能真正用於經世，非僅托言於性命修養而已。新儒家回應於此一期望者，則仍不外乎繼續批評傳統專制王權如何扭曲、壓制儒學，或繼續申言儒學無礙於民主科學及現代化、不是不能開出民主科學等等。

但此一爭論，事實上亦僵持於此，未能有所進展。其實，此中仍大有空間，例如知識分子（無論古今）力求經世的人格形態與心理狀況，本身便很值得分析；以學術應帝王，其學術係在何種理解與方式下，作用於當代，更該研究。謂古儒學具共產主義精神，不難開出共產制度，與說儒學也可以開出民主與科學，兩者的論理方式、心態及言說者之時地發言情境，當然亦應比較對勘。本文對此不暇深究，聊為嘒引，以供討論。

【注釋】

1 顏元常將佛與道合併批判，但論道教、老莊常只是陪襯，重點在於排佛。《存性編》反對程朱之理氣論，是因為「朱子原亦識性，但為佛氏所染」，故其性善氣惡之說，近於佛家之六賊說。《存學編》反對程朱之虛談性理，也是因為程朱要以談心性來對抗佛教之談心性，反而會進入釋氏分界，不如重返孔子實學之教，乃能使佛教消亡。《存人編》卷一、二係《喚迷途》，卷三為

《明太祖高皇帝釋迦佛贊解》，卷四為《東鹿張鼎彝毀念佛堂議》《辟念佛堂說》《擬諭錦屬更念佛堂》，全是針對佛教發言。可見在顏習齋之學問體系中，排佛，不僅為一主要動機，也是學問的核心所在。「如何排佛，以重開一人倫世界」，實為習齋整體學術用心之關竅。近人論習齋之學，多從他批判宋明理學及反程朱這個角度來把握，我以為是錯誤的。

2 楊衒之等人撰寫這些書，原本就不出於宣教立場，唐朝釋子所編《廣弘明集》甚至將楊衒之列入古來王臣訕謗佛法的二十五人名單中，說楊氏是因「見寺宇壯麗，損費金碧，王公相競，侵漁百姓，乃撰《洛陽伽藍記》」。宋朝以後，雖另有一派學者宣稱楊氏是虔誠的佛教徒。但楊氏撰寫這本書確實不出自弘揚佛法的理由，但其純然對歷史文化的感念摩挲，即足令後人神移矣。

3 另詳胡楚生《朱一新論顏學之基本缺失》一文，收入《清代學術史研究》，臺北：學生書局，一九八八年。又按，儒學應不應包含外王治法，是一大問題。朱一新代表一種看法，錢牧齋代表另一看法，他主張把儒學與聖王修齊治平之學分開，儒者只管學術傳承，聖王才負責治世理國，這見解很值得注意，見牧齋《初學集》卷二十三《向言上》。其言曰：「帝王之學，學為聖王而已矣。儒者之學，非所當務也。修身齊家治國平天下，聖王之學也。荀子曰：略法先王，而足亂世，術繆學雜，舉不知法後王而壹制度，不知隆禮義而殺詩書。太史公曰：以六藝為法，博而寡要，勞而無功。此儒者之學也。……嗚呼！人主不可以不知學。然而人主學聖王之學則可，學儒者之學則不可。夫儒者之學，函雅故，通文章，逢衣博帶，攝齊升堂，以為博士官文學掌故，優矣。使之任三公九卿，然且不可，而況可以獻於人主乎？」

4 這段話，主要是反對錢穆先生的見解。錢《中國近三百年學術史》論顏李，是以「習齋，北方之學者也」開端的。謂習齋乃當時北方一種學風下的產物，故同時如孫夏峰、王介祺、刁蒙吉等，論學意味大抵類似，而與南方之學者不同。顏元比他們又高亢浮躁些，則是「習齋個人性氣為之」。從這個角度，他論李恕谷時，便認為恕谷之不能始終守住顏元矩矱，係其南遊江淮的結果。因習齋主實行實利、經世濟民，南方則已走上考訂學風。恕谷南遊，遂自墮於書生文人一類，顏李學派也就無以為繼了。我完全反對這種觀點，因此我認為上述顏元學術上的問題，不能從個人性情及特殊時代地域學風來解釋。

另外，本文也反對近人把顏元納入所謂「明清實學思潮史」去瞭解的辦法。顏元所講的實學，固然在當時確有反抗性理虛談的意義，但若只局限於從這個意義及角度去看，便不能發現顏元式儒者在儒學傳統中的普遍性意義。且如船山、梨洲等明清之際的學者，皆不反對性理虛談。但也同時論封建胥吏等平治天下之道，其學固不能僅名之為實學。因此，我想指出：「封建／郡縣」「均田／私田」「兵農合／兵農分」，乃是古代儒者對國家體制與經濟制度的基本思考範疇，任何人，只要談到儒家理想的實踐問題就必然要討論到這些，非明清之際特殊時代獨然。而討論這些問題時，因乏涉世閱歷或欠缺政經知識，出現顏元式膠固不通的書呆子，也並不意外。

5 對於「法」的不信任，是傳統儒學之一重要傾向。以船山為例，《宋論・徽宗・二》曰：「政之善者，一傳而弊生，期以利民，而其弊也，必至於厲民……不善之政，亦不能操之數十年而民無隙之可避……故曰：『有治人，無治法。』……政無善惡，俱不足以持久，倚法以求贏，徒為聚訟而已矣。因為政無善惡，俱不足以持久，故惡法也不必改了。老百姓一定能找到法中的空隙，相遁巧避，使惡法亦不能久賊天下；如果改之使善，善法未必能得善人來奉行推動，則「假其所寬以便其弛，假其所嚴以售其苛，則弊生於其間，而民且困矣」，結果反而更糟糕。何況，如何改制治法才能善，本身就成一大聚訟之題目，徒然造成天下的爭哄不安。這個講法，徹底否定討論治法之意義，主張「有治人，無治法」，謂法無善惡，俱不足以為政。《讀通・論・卷四・四》又說：「法之立也有限，而人之犯也無方。以有限之法，盡無方之慝，是誠有所不能賅矣。」卷六之二十一亦云：「治之敝也，任法而不任人。」（又見卷十之二十三）不承認法的穩定性、客觀性，而刻意揭露法的有限性及隨時變易的不穩定性。這種觀念，在儒家思想中頗具勢力，儒家與法家的爭執，此亦為一主要關鍵。參見本書《儒家對法治社會的反省》。

6 詳見本書《論熊十力論張江陵》一文。侯家駒《周禮研究》第八章第五節也指出了熊十力的統制經濟思想，並據此引申說：「中國大陸之出現共產主義，雖然直接是深受馬列主義之激蕩所致。但是，亦可以說是間接地接受了兩千年來《周禮》思想累積之後遺症。」

7 近代知識分子以復古思想為主幹，進行思想革命與社會革命，詳見龔鵬程《傳統與反傳統：論晚清到五四的文化變遷》之分析，收入《近代思想史散論》。臺北：東大圖書公司，一九九一年。

8 所謂儒學具有踐履精神，向來有兩個面向的理解，一為外在實踐性，指對政治社會之改革與實際作為；一為內在精神修養上的踐履，謂儒學非知識問題，而應受用於身心性命。

9 此可以牟宗三先生為代表。

10 此可以徐復觀先生為代表。

11 但因侯氏非反儒者，故他認為《周禮》係披著儒家外衣的法家作品，採用了前文所說「辨明它們並非真正的儒家思想，以保障儒家思想之純粹皎潔」的辦法。

12 見黃俊傑：《戰後臺灣的教育與思想》，臺北：東大圖書公司，一九九三年，第三九二頁。

八　資訊時代的社會實踐批判

由面對資本主義到面對資訊社會

蘇聯解體和東歐的轉變，許多人都把它視做社會主義沒落、資本主義贏得勝利的徵象。甚至，有些評論者提出「歷史終結」的說法，認為人類社會中長期的資本主義與社會主義對抗已然告終，資本主義已獲大勝，現在只剩中共仍在負隅頑抗。但從它「反資產階級自由化」不了了之、「姓社還是姓資」的爭論也無法確保社會仍舊姓社等跡象看來，大陸的資本主義化，事實上亦不可免。而且其進展之速度非常快，整個社會全民皆商，一心一意在搞活經濟了①。

這種態勢，使大家相信中共只要繼續開放，將來經濟私有化日益普遍，社會主義自然就要改姓「資」。且經濟改革不斷深化，到「中產階級」逐漸形成後，政治民主化也將順勢來到。這種資本主義迷信，不但忽略了資本主義國家民主化的規律，未必便等同於社會主義國家的民主化條件。而且它根本就落入了唯物主義式的思考窠臼，故誤以為經濟基礎改變，上層建築即必隨之更易。經濟以外，諸如文化、軍隊、大眾傳播媒體、意識型態的狀況，以及它們在未來民主化過程中所可能出現的情勢與功能，當然也就在這種思考方式下被輕忽了。大陸轉變之條件，則被簡單化了。

對於中共未來可能性的預估，不能建立在這種簡單化的、唯物論的、資本主義崇拜的思維架構上。對共產國家的變遷，也必須有深入歷史脈絡及社會體質的了解，否則是無法掌握其腮理的。

過度重視經濟問題、具有經濟決定論氣質、且仍採用「資本主義／社會主義」分析架構的先生們，可能要知道：中共目前確實面臨嚴重的經濟落後問題，但經濟的成功與否，實不足以動搖其統治。也就是說，整個共產國家雖然都在進行經濟改革，同時也在這段時間出現非共化的浪潮，但並不是由於經濟失敗，才導致社會主義的陣營之崩潰。

共產國家的改變，未必由於其經濟破產，最明顯的例證，就是中共在五〇年代「大饑荒」時期和六〇年代文革動亂的經濟錯謬時期，都沒有使其政權發生結構性的改變。餓死幾千萬人，並不能使其政權的合理性與合法性為之動搖。這個例子有力地證明了：經濟困難不見得會逼使共產國家進行政治體制改革。現在中共的經濟情況遠比當年好得多，現在這點困難，又怎麼能促成政治及社會的總體變化呢？反倒是現在進行的經改如果繼續能有成效，對中共政權有效控制社會、重建民眾對黨及政府的依賴與信心，只會大有幫助。希望現今中共經濟上遭遇的困難，可以逼令其加速改革：且又相信經濟改革會帶動政治改革，能和平演變中共的政治社會體制，實在是不知從何說起。

共產國家的轉變，不應如此了解。我們應該說它們的改革，直接因素是由於世界總體形勢轉變，致使共產國家對外關係與世界觀產生變化。這種改變，係來自國際戰略結構的轉變。以中共為例，其改革開放，其真實涵義即是：扭轉中共在國際戰略結構中之地位與角色，與反了數十年的美帝及西方世界改善關係；竹幕深垂的國度，開始重新參與國際新局。正是由於對外關係改變了，原先依共黨世界觀（**反美反帝反資本主義**）所設計的一套組織，即面臨內部權力調整、組織功能鬆動或變更、社會心理改變等衝擊。外來文化強烈刺激著一個剛甦醒、且正翹首四顧的社會。同樣的，原有的經濟體制也失去了功能，呈現出無法適應新環境與新需要的景象。

由於共黨國家特殊的世界觀，其經濟向來具有下列特色：（1）是具有一種在敵對勢力包圍下產生的急迫感與超趕意識。（2）是突出了國家在經濟發展中所扮演的角色。（3）是強調經濟獨立，傾向於建立自給自足的經濟系統。（4）是經濟結構上國有化的傾向。（5）優先發展重工業的工業化政策②。

這些特色是蘇聯式經濟民族主義的具體內容，中共的經濟發展亦復如此。所謂「超英趕美」、「大躍進」，所謂「以戰為綱」、「以糧為綱」、「全民大煉鋼」，無不顯現上述諸特點。趙德馨主編的《中華人民共和國經濟史》即曾指出，這「是對國際形勢估計錯誤，認為第三次世界大戰不可避免，帝國主義很快要發動戰爭，因而立足於早打、大打的一種戰備。在這種指導思想下，就把國民經濟納入備戰體制下。林彪『用打仗的觀點觀察一切』、以國防建設為重點的三線建設，成為當時經濟建設的首要問題。整個國民經濟的安排和發展都受備戰體制的影響」③。

這種備戰觀念，在政治上結構了一種軍事共產主義體制，在經濟上亦形成了一套國家工業戰備系統。這一體系，既能滿足民族情緒，又能迅速發達工業，因此，其經濟成長原先是遠勝於資本主義國家的。據聯合國《國民核算統計年鑑》的記載，一九五〇年至一九七五年之間，八個歐洲社會主義國家，國民收入的平均年增長率是百分之八，而資本主義國家（**日本、英國、美國、歐洲共同體國家**）為百分之五。工業方面，社會主義國家的平均年增長率是百分之九，資本主義國家則為百分之六。中共也即在這個時間，發展了重工業及航太核子科技，躋登世界強權之林，並向世界輸出革命。

但在七〇年代中期以後，冷戰結構鬆弛、強權對抗的關係起了變化，中蘇不睦，中美竟成新歡，反美、反帝、反霸的口號，轉而為開放結盟所替代。如此一來，其備戰體系即從根本上動搖了，不但組織結構需予調整，社會控制隨之鬆動，經濟上也迸發了難以估量的問題。

一是它的經濟體制，在缺乏為國家存亡犧牲奮鬥的心理因素下，全體主義的系統與價值觀，既不能滿足個人成就的追求，自然不再被人遵行奉守。而國有化所有制不能提供私人私益動機，也直接影響了生產力與生產品質。

二是它的經濟功能與目的，本係服務於軍事共產主義而設，一旦戰爭狀態改變，則其經濟體制就完全喪失機能。例如仿擬戰爭狀態的統購統銷與派購，不自覺地限制了商品經濟和市場機能。強調戰爭對抗的自給自足獨立經濟，使其未能發展國際經貿關係，視跨國企業為外國敵對勢力。這在它原先的觀念與體系中都是可理解且能自行運作的。開放對外以後，卻成為嚴重的弱點。反之，原先發展的重工業與國防科技，在非戰時期，資源、設備、技術、人力均成為浪費或負擔。

三是在服務於作戰的理念下，中共的民生工業、服務業不可能發達，乃眾所周知之事。但其中還有著更深刻的問題：蓋早期社會主義國家的經濟發展，是靠緊縮人民消費、保持過高的積累來維持的。多次動用早年留下來的合理儲蓄以補窟窿，挖用戰略儲備，固然減輕了當時的困難，卻為以後的發展造成了許多困難。這些困難，改革開放後，一一暴露出來。另外，開放以後，中共要與世界照面，但過去的經濟體制，事實上亦使其缺乏對外貿易及技術交流的經驗。

四是世界經濟形態本身的轉變。世界經濟形態，如果用托佛勒的《第三波》理論來解釋，即是在近三十年間，乃傳統工業時代逐漸轉型，進入後工業或資訊化之時代。在這個時代裡，以發達傳統工業為主的共產世界經濟體系，當然已跟不上腳步：以工人為主的無產階級專政體系，也面臨必須調整的命運。中共一九八三年在國務院組織「世界新技術革命與我國對策研究」小組，即是正確瞭解到這次技術革命對社會主義國家體質的巨大衝擊。八十六年三月制訂的「八六三高科技研究發展計畫」更明訂資訊、生物、航空、雷射、自動化、能源和新材料等七項為發展重點。八十八年之火炬計畫，則係依新科技來發展新形態產業之規畫。換言之，社會主義國家產業落後，是舊產業面對第二次產業革命所遭到的困窘。舊的農業時代，在產業革命發生後即不能不走上發展工業之途。現在，號稱工業社會而實仍以農業為主要產業之社會，又豈能不努力轉變以適應新局呢？

以上這些因素，從結構上逼使共產社會體質及經濟必須轉換，而非經濟崩潰導致大陸必須改變；也不是由社會主義變成資本主義那麼簡單。後工業時代，原本就不能以「資本主義」來描述。在這個時代裡，「資本」之角色地位，可能已經被「資訊」替代了。大陸目前所面對的，事實上也不是舊的資本主義陣營，而是一個新的資訊時代。大陸的快速資訊社會化，才是它真正的方向。跟資本主義糾纏不清、仍不免有些姓社或姓資的爭論，則是舊的意識型態殘餘，與社會實際發展脈絡沒什麼大關係的。

大陸內部的資訊化與傳播革命

一、對資訊時代的認識

中共認識到「世界新技術革命」與其改革發展之關係，並呼籲重視「科學技術是第一生產力」，已有一段時光了。依據大陸的習慣，這種新理解必須通過解經學的方式，才能令它合法化與合理化。所謂解經學的方式，即是把新認識扣合到馬克斯經典及國家領導人的言論中去予以闡述，一九九二年第五期《人民大學學報》上，董瑞華、陳憲的闡述是這樣的：

鄧小平在全黨工作重心轉向社會主義現代化建設的關鍵時刻，根據現代科學技術在經濟發展中的作用越來越重要的事實，把馬克思與中國的實際相合，提出了「科學技術是第一生產力」的診斷，繼承和發展了馬克思主義「科學技術是生產力」的思想。他關於科學技術是生產力的思想主要有以下幾個方面的內容：

（1）充分強調科學技術在社會主義建設中的重要作用。他指出：「四個現代化，關鍵是科學技術的現代化。沒有現代科學技術，就不可能建設現代農業、現代工業、現代國防。沒有科學技術的高速發展，也就不可能有國民經濟的高速度發展。」

（2）明確提出了「科學技術是第一生產力」的科學診斷。他分析了近三十年來科學技術發展的情況，指出「現代科學技術正在經歷著一場偉大的革命」，產生了一系列新興科技。在這個基礎上，新工具、新工藝、新材料、甚至新興工業不斷出現。科學技術的發展給生產技術帶來巨大的進步。科學應用於生產，使社會生產力有了巨大發展。一九八八年底，他總結了第二次世界大戰以來經濟發展的經驗，進一步提出「科學技術是生產力，而且是第一生產力」。這一系列的論述，揭示了科學技術對當代經濟發展所起的「第一位」的作用④。

陝西師大另一位教授立刻又補充解釋道：「這裡說的『第一生產力』，指的是科學技術對推動現代經濟發展和社會進步所起的『第一位的變革作用』」云云（〈「第一生產力」理解上的兩個問題〉，見同期學報）。這類解釋與闡述，既要套著馬列經典，又得貼合領導人之言詞，才能勉強講一點自己的意見，實在十分辛苦。不過，在大陸，也只有以這種方式才能打開一個明確的論述空間，這個空間究竟能有多大，全看闡述者能對「經典」進行多大幅度的詮釋。因此，從這些曲曲折折糾纏不清的解釋、辯論、澄清、依附中，我們確實也能發現一些重要的訊息，知道大陸的學界，不論對「科學技術是第一生產力」之理解為何，他們大多已了解到：新科技革命才是近三十年來世界變革的主要因素，大陸要發展，除了也進行新科技革命外，別無他途。

新科技革命，不是一般意義的科學技術促進了社會快速進步之意。大陸所謂「科技是第一生產力」，不是某些人所以為的，泛稱一般科技，而是有特指的。指近幾十年新的一次科學革命，整體改變了世界的經濟社會形態，改變了人類生存的方式，而這場革命實又以資訊為中心。何中華對此有較詳細的剖析：

如果說，世界近代化歷程主要是以工業化為基礎實現的，那麼，全球範圍的現代化浪潮則是伴隨著訊息化過程而展開的。在農業時代，物質交換具有本質的意義，農業生產所操作和處理的對象主要是實物形態量的和質的改變。工業時代是以蒸汽機和電機為標誌的機器時代，它以能量轉化為基本目標。隨著訊息在生產中的地位和作用日益強化，當代社會已開始進入訊息時代。訊息時代給人的存在方式帶來了深刻的影響。

電子計算機、通訊衛星和光纖通信相結合組成的全球一體化的訊息媒介系統，成為人類文化在世界範圍內相互整合的現實基礎和物質條件。訊息對時空局限的突破，使整個地球相對地變小了。由於訊息在人類文化中的重要性越來越大，工業時代的那種抽象普遍性，在時間和空間兩個維度上都獲得消解。在時間上，訊息傳播的主要特徵是所謂「瞬態化」。訊息能夠以光的速度傳播，它把人類聯成一體。在訊息時代，這種快節奏促成了物質方面和精神方面「一次性消費」的出現。在空間上，訊息量的急劇膨脹（所謂「知識爆炸」），使全能型的學者（「通才」）日益成為不可能。人類知識按指數增長，而且知識更新的速度也越來越快。據英國科學家

J．馬丁估計，人類科學知識在十九世紀是每年增加一倍，二十世紀中葉是每十年增加一倍，七〇年代是每五年增加一倍，而到八〇年代則是每三年增加一倍。人類知識的加強度增殖，使人們必須改變以往駕馭知識的方式，必須把普遍性的重複接受，轉換為分工協作和化整為零的互補整合方式。科學研究的專業化、社會化和國際化趨勢日益明顯。

訊息時代有利於人的個性塑造。訊息時代文化發展的重點開始由知識的積累轉向能力的開發。訊息量的急劇增加，為主體的選擇提供了越來越大的自由度，從而為人的個性塑造提供了更大的可能。訊息的選擇性包容著不同個性的差異，因而消解著抽象普遍性的支配。再次，與物質和能量不同，訊息的增值只能來源於人的創造力。因此，訊息時代所造就的是個性人⑤。

這篇文章裡所談的，對臺灣和日本知識界而言，可說已是陳腔爛調，翻翻十五年前淡江大學發行的《明日世界》月刊，其中就滿是這類言論，故現在這類言論恐怕已不能在學術論文中發現了。然而，這樣的論文，在大陸上卻是極具意義的，第一，它顯示「地球村」、「資訊時代」、「知識爆炸」、「成長極限」、「傳播革命」、「第三波」等概念已被大陸知識界接受，且正努力推廣中。其次，它表明了所謂新科技革命，並非泛指一切新的科技，而是指以資訊發展為中心的新世界變遷。第三，本文也說明了中共所指稱的「現代化」實有特殊之涵義。學界一般稱現代化，均指工業化而言，意謂西方自工業革命以後，社會逐漸脫離傳統形態，成為現代社會，這個現代化的過程，後來被視為世界化的普遍模型，非西方國家也都在自主或不自主的情況下，邁上這條道路。中共推動四個現代化以後，外界也不免運用這套現代化理論去討論大陸的現代化。

可是，假如鄧小平所指的現代化，是以新科技革命為核心的，那麼情形可能就像何中華這篇文章所指稱：工業革命後西方資本主義之殖民進程，亦即一般所說的現代化，其實只被界定為「近代化」，而資訊革命所造成的現代化，正是要變革資本主義帝國主義之現代化思維格局的。何氏說：「在西方學者那裡，『現代化』（**modernization，亦可譯作『近代化』**）最早是被等同於『西方化』（**westernization**）的。這表明他們是把西方走向近代、現代化的途徑當作一種普遍適用的抽象模式提供甚或強給非西方國家。其中含有明顯的歐洲中心主義的種族偏見。在一定意義上，這種偏見恰恰是基於對理性這一抽象普遍性的深刻信仰而建立起來的。」現代化則瓦解了這種抽象普遍性的原則。因此，基於中共的意識型態傳統，他們乃左「建設有中國特色的社會主義」旗幟下，反對近代化而熱切歡迎現代化，鼓吹早日進入資訊時代。

二、家庭生活的資訊化

像大陸許多單位一樣，中國社會科學院哲學所的《哲學研究》，一九九一年也舉辦過「社會科學、科技進步和經濟社會發展座談會」，及一系列相關活動；各種論述，在該刊每一期上也幾乎都可看到。一九九一年第九期，任職於國家經濟訊息中心的烏家培有文章說：

世界經濟訊息化是歷史的潮流。科技、經濟、社會綜合協調發展，集中表現在三者各自的訊息化，以及它們作為整體的全面訊息化。訊息化就是通常所說的軟化。世界的發展除了依靠物質、能量的軟資源。知識和智力的作用也在增大。在科學技術中，訊息科學與技術由於它的先導性高、滲透性強、增殖性大等特點，具有十分重要的地位。現代高科技以微電子為基礎，以計算機為核心，以通信為媒（〈談社會科學與技術進步、經濟社會發展的綜合協調問題〉）⑥。

基於此一認識，大陸各界對「訊息」的重視，已成社會熱潮，與訊息有關的機構、學校、學會、活動、言談均已極為普遍。因此，我總認為：在意識上理解了社會資訊化的必要，並對「資訊時代」這一觀念展開探索、討論、推廣，正是大陸社會業已逐漸資訊化的重要徵象。

再從實際社會生活面來觀察。烏家培的文章也談到：「社會訊息化的標誌之一，莫過於家庭現代化的變革。在工業社會，家庭現代化的標誌是電動機。到了訊息社會，家庭現代化的標誌已是微處理器。家庭主人通過它可以得到時間信號服務、自動家務服務、安全報警服務、消遣享受服務，以及家庭辦公服務等。」這種家庭現代化的變革，據張若美一篇報導謂：「大陸近年電腦普及速度非常快，尤其是個人電腦，許多機關、企業、公司都爭相添置。城市中文化層次稍高的人，多數都有了直接或間接接觸電腦的機會。複印機、傳真機、桌面印刷系統等也成為隨處可見的設備。不少『望子成龍』的家庭給子女買電腦，其中不乏趕時髦者。據消費者組織分析，電腦將成為九〇年代大陸家庭消費的『新三大件』（另兩件為商品房和汽車）。」

家庭用電腦日益普及，正是家庭初級資訊化的現象，另外一些增加訊息接收與傳輸的器材則是電視、錄影機、傳真機等。大陸不但家庭電視及錄影機之擁有數飛速激增，錄影帶之流通也極熱絡，去年十一月「據有關部門不完全統計，上海街頭出租錄影帶的攤位不下百個，大多生意興隆。據一位在路口擺這類攤位的主人稱，每天出租錄影帶可賺人民幣二、三十元。而他們大多只在人們下班時才出來擺攤。幾小時的收入是他們在單位上班八小時的十倍。上海的媒體在談及錄影帶出租市場時認為，錄影機日漸普及，上海每百戶家庭的擁有率已達百分之五十，民間出租業就自然形成」[7]。

這個社會現象，表明了看電視及看錄影帶已成為上海人生活上一個重要部分，機器多、節目帶流通容易。大陸上電視的擁有率，一九八〇年還只有每百人零點九臺，一九八九年卻已到達十四點九臺，可謂成長飛速（臺灣也只有二十五點七臺），比縫紉機十二點二架還多，直追電風扇的十五點六臺。如謂此乃家庭逐漸富裕之結果，那為什麼電冰箱只有每人二點三臺、洗衣機每百人七點八臺呢？顯然在那舊的「三大件」中，電視獨獲青睞。而電視恰好是屬於資訊時代的傳播工具！

據統計，大陸每百人每天擁有報紙份數，一九八八年有五點二，一九八九年卻下降為三點九。圖書雜誌也一樣，一九八五年每人每年八點八冊，一九八八年降為八點一冊，一九八九年再降為七冊。收音機也下降，一九八八年二十三點九臺，一九八九年為二十三點六臺。可是電視卻是增多的，一九八〇年零點九臺，八五年六點七臺，八九年十四點九臺，比報紙還要多。這代表什麼呢？在資訊時代，傳統的文字傳播、聲音傳播，固然仍有其需要，但強勢的傳播卻非電視莫屬。

電視逐漸取代傳統的傳播媒介，成為主要的民眾資訊來源；也逐漸替代電影，成為塑造民眾生活意識、提供消閒生活的主力。大陸電影的放映點不斷在減少，觀眾不斷流失，播映場數也在下降，皆拜電視及電視之類媒體（如有線電視、卡拉ＯＫ、錄影帶）之賜。——估計電影放映單位，自一九八五年至一九八九年少了三萬六百四十八個。觀眾人數，一九八九年比一九八八年少了一成。電視卻由一九八四年的九十三臺，迅速膨脹至一九八八年的四百二十二臺。電影尚且如此，傳統文媒當然就更形沒落了。大陸藝術表演團體，從一九八〇年到一九八九年，由三五三三團減至二八五〇團，幾乎減少了四分之一。現存團體之經費自給率只有三十九點七％，其他全仰賴政府補貼。觀眾日益減少的窘境，可以想見⑧。

如前所述，電視之外，「新三件」之一即為電腦，此亦為資訊時代之新寵。大陸去年一至十月電腦工業總產值較前年同期增長了五十三點七％。預計今年還將再成長二十％。去年電子計算機的產銷率高達九十七點七八％。而《中國電子報》仍說：「大陸目前家用電腦短缺，市場需求量很大。」目前 PC286 或 KS286 家用電腦，據云只要人民幣四千餘元。這類廉價電腦多是用臺灣生產的零件在大陸組裝的。不久前大陸在國際壓力下宣布取消進口商口附加稅，社會普遍認為電腦價格將繼續下跌，電腦普及的勢頭從而更為強勁⑨。

三、資訊傳播的多元化

電視及電腦逐漸普及於家庭，介入民眾生活越來越深，顯示了大陸總體傳播環境已然轉變。相較於從前，現在進行的，其實已不是「改革」或「演變」，而是異質的「革命」。

前引何中華文，已提到資訊時代的傳播特點是：複雜化、大量化、快速化。這樣的傳播，會對社會形成巨大的衝擊。曹滿生〈試從生產力的技術形成論科學技術是第一生產力〉一文，更從另一個角度指出：

科學技術，特別是其中的後者（按：指二次大戰後展開科技革命之後，以電子計算機、訊息科學、光電通信技術等構成的新科技形態）的基本特徵是智能化。所謂智能化，不僅僅是通常所指的智能機（電腦、機器人）的智能化，而是指整個科技過程的智能化，包括自動控制化和高效化，它和成規化技術的機械性程序過程是有本質區別的。其表現為：

（1）勞動者是智能型的人才

（2）技術的物手段智能化、高效化

電子計算機是訊息存取存儲（處理）裝置，在現代科學技術的物質手段中，它同通信技術相結合，構成「神經」網絡系統，對社會生產起著控制、調節的作用。在新材料技術方面，現在質輕高能高效的研制和應用層出不窮，特別是非金屬材料技術的發展更為迅速。

（3）在勞動組合中，以「人—機」系統為中心的有機結構模式迅速發展。

在使動關係上，既有別於手工工具勞動的「人使工具動」，也不同於機器勞動的「機使人動」，而是互相使動。這是由於訊息處理機的廣泛應用的結果。根據訊息的基本觀點，訊息從信源向信宿的傳遞過程，是具有隨機性和選擇性的過程，即信源發出的訊息具有隨機性、不確定性，而信宿在接收訊息時則是有選擇性、確定性的。人在應用訊息處理機（電子計算機）對生產進行控制和調節時，人機關係實際上是互為信源和信宿的關係。

（4）由於以訊息處理機為紐結的訊息網絡系統的建立，勞動的分工和協作呈有機化的狀態發展。勞動者組合的原則，不是機械整體的原則，而是有機體整體的原則。在空間上，勞動組織是集中和分散相結合，如在電子產業中，分散的程度可以達到以「家庭作坊」的形式出現⑩。

此乃勞動形態之全面變革，人機互動、及小家庭作坊之勞動組織廣泛出現，對整個社會來說，實是一種巨大的改變。單就資訊傳播而言，電子媒體本身就在變，電腦也加入了傳播體系，互構成一新的傳播網⑪。例如每個人都可在家庭中用電腦鍵打被政府禁刊的文稿，然後以電腦磁片流傳：

最初級的用途是在友人之間交換軟盤或電腦打印件，內容大都是各自寫的無處公開發表的文章和書稿。那些文稿原來只能作為「抽屜作品」（或者若想有「露面」機會，只能按照官方意識型態閹割自身——許多人寧可一字不寫也不當那種太監），有了電腦這種能夠極為方便地顯示、複製和打印的工具，便使文稿能從抽屜脫身。不談官方限制，僅從技術上，若想出版一本書也是既複雜又花費的事，非個人力量能做到。但就筆者看過的數份電腦打印的長篇文稿而言，其排版水平、清晰程度都已與書無異。再用複印機複製，每份稿也可達到幾十甚至上百之印數（文稿的軟盤拷貝件就更多），在友人和同人中傳閱收藏。由於軟盤訊息容量大（每張低密度盤可存儲十八萬漢字，高密度盤可存儲六十萬字），複製快易，價格低廉（每張人民幣三點八元），體積輕薄，可用信封郵寄，因而很容易突破友人的小圈子，產生「不脛而走」的效果，進入更廣闊的傳播空間。某些無名氏把流傳中的不同軟盤上的文稿經過編輯摘選，拷貝在同張軟盤上，再將其複製流傳，成為一種較為凝練精選的「電腦雜誌」。這種雜誌既無須向當局申請批准，領取「刊號」，也無須工廠印刷、郵局發行。幾元錢一張軟盤，比一本雜誌貴不了多少，卻可以無限地擴大「印數」、「免費贈送」。

這種辦法甚至也可以舉行「電腦沙龍」（Personal computer salon）。於是，官方控制下的一元壟斷大傳體系，事實上已轉為多元的體系。高效化智能化的物質手段（電腦）、智能型的人才、以家庭作坊的組合、進行人機有機結構模式，這種資訊社會的生產方法及資訊再複製之過程，從這一事例中可以明顯地看出來。

資訊時代大陸社會之變遷

正積極邁入資訊時代的大陸社會，其社會變遷可從行業變革和生活世界兩方面來分析。

大陸各行業經營手段及其體制之變革，已與資訊化有密切之關係。茲以金融業為例，截至一九九〇年止，全部金融機構擁有中大型電腦一百三十八臺，小型機（含迷你型）一千三百六十臺，個人電腦四萬七千六百至五萬一千臺，電腦專技人員近二萬人，全國銀行電腦化之網點近二萬個，電腦化普及率二十八點七％，全國銀行櫃臺業務電腦化普及率四十％，是目前大陸使用電腦量最大、面積最廣、應用最深的行業。

單以中國銀行資訊化現狀來看，該行零售業務電腦化是在一九八六年從IBM P/CXT開始，現在使用IBM ES/9000，IBM 4300系列之中型機，CT-S小型機。B系列微機上運行著多個儲蓄業務應用系統，如長城信用卡系統、ATM聯機系統、保管箱業務系統，在一九八七年該行在深圳推出同城儲蓄通存通兌網路以來，至一九九一年底已經在全行二千多個機構網點實現了儲蓄業務與電腦化，普及率達二十五％，提高了櫃臺業務的速度與品質。特別在沿海各大都市可供二十四小時不間斷服務的零售業務網路（CARS,Center for Advancing Banking Retail Service）不但可實現ATM上的通存通兌，還可和商品銷售點系統（POS）進行聯網服務。

至於中國工商銀行，目前亦有二十三個城市裝置大中型電腦，九十個城市裝備有小型機，電子化處理之分支點達八千餘個。在一九九二年五月，總計該行有中大型電腦五十六臺，小型機（含迷你型）有二百五十七臺，微機二萬臺，ATM四百臺。電腦化普及率二十九％，櫃臺業務電腦化普及率四十五％，目前擁有計算機技術人員八千六百餘人。並已在上海、錦州等各大沿海城市推出銷售點終端系統（P.O.S）。購物不必交付現金，憑牡丹卡便可通過工商銀行計算機網路系統將消費金額從其銀行帳戶中扣除。並將它直接轉入商業機構的銀行帳戶中，實現了電子付款與電子轉帳之EFT系統⑫。

這些金融機構的資訊化，不但增快了業務處理效率，增加了收益，也導引了客戶的購物、匯兌、財務處理方式，影響實甚廣遠。

資訊化的生活面，又是另一種情況了。據《中國計算機報》載：去年舉辦的第四屆計算機軟體交流交易會，短短幾天內參觀者即達五萬人。而九月二十一日在北京舉辦一次「國際多媒體計算機技術及市場發展報告會」，參加者每人資料費居然就要一百美元，食宿還得自理。可是，縱使也屬經改熱點的工商企業管理及財務貿易，以北京社會函授大學的收費標準來看，也只要每科二十元人民幣。足見對訊息之渴求已到了什麼地步。

不過，對資訊的傳播及資訊社會這種觀念之推廣，也不能老要收高費用，像深圳市訊息會所辦的《訊息大世界》就是免費贈閱的，而且這種推廣性的刊物與相關活動，事實上乃是資訊觀念之通俗化與生活化教育。因此，所謂訊息，在成為社會流行之用語和觀念之後，必然日益通俗化、庸俗化。猶如原子彈出現後，「原子時代」之說甚囂塵上，但結果中國雖也造了些原子彈，更多的卻是原子筆、原子襪。所謂資訊時代亦然。《訊息大世界》

所介紹的是什麼訊息呢？它說：

深圳市訊息學會毗鄰港澳，立足深圳特區，面向全國各界讀者，迅速傳播國內外最新發明、科技、經濟、商品、留學、家庭日用等全方位訊息。近期產品訊息要目：中國神桌、電子魔燈、電子自衛服務、多功能電子偵查裝置、家用衛星電視接收站、家用桑那浴美容箱、家用太陽能手提燈、永久彩色玻璃照片、二十八用智力玩具王、二十多功能旅遊帳篷傘、微型收割機、三國象棋、萬能口琴、自拍彩色膠卷、隨身看小電視、隨身聽鐳射唱機、隨身玩掌上遊戲機、隨身學掌上電子字典等。

這些所謂的訊息，猶如原子筆、原子襪，鋪展出一幅資訊社會的新生活圖像。顯示資訊時代的基本生活方式，已以這類最通俗的方式，進入到社會各個角落。大陸社會學界在探討當前社會變遷時，其熱門題目之一，便是這類「新技術革命與社會主義生活方式」（福州，《學習月刊》，一九八七年十期，陳艮談的文章名）的問題⑬。

在這樣的大轉變中，意識型態包袱、老的社會政治結構，當然都仍會與新的生活方式發生齟齬，衝突不少，業已深受觀察家們注意。但還有一種現象也應指出的，那就是所謂「後現代化文化超前輸入」的問題。

所謂後現代，基本上是對工業現代化以後的社會狀況之一種描述。這種工業化現代化之後的社會，有些人稱為後現代、有些人稱為後工業、有些人則稱為資訊社會、有人又稱為智價社會，總之是指六〇年代以後這種新的社會形態。大陸在改革開放後，西方思潮湧入，「未來學」伴隨著社會資訊化的實際進程進入大陸，加上其黨政高層又提出了新科技是第一生產力的論斷，故在觀念、社會結構、實際生活等各方面均已發生朝向資訊社會轉化的現象。可是，大陸整體產業結構及社會狀況畢竟仍處在前現代或現代階段。在農村、某些生活領域、某些思維內容上，仍然是和後現代的資訊時代要求不能相應的。這種並未充分現代化即先行進入後現代的處境，為全世界僅見之特例。

尚未現代化的社會和後現代資訊社會同時俱存，矛盾衝突是無可避免的，這種現象，可能是未來我們觀察大陸內部族群權力及思維衝突的一條主要線索。其次，在一個尚未充分現代化的社會中，發展高科技、推動資訊化，未來之展望如何，亦值得觀察。不過，無論如何，資訊化的速度正在加快，對社會的衝擊正在擴大，新聞以及整體傳播環境也在改革中，我們如果仍然運用舊有的評估指標、思考模式去觀察大陸，恐怕都會越來越不相應，越來越不能認識新的大陸社會⑭。

【注釋】

1最近美國哈佛大學的賽克斯（Jeffreag Sachs）仍在倡言：整個社會主義經濟過渡的終極目標是資本主義經濟」。見一九九二、十二、七臺北，《中國時報》的專訪〈「震盪治療」之父談社會主義改革〉。

2見殷惠敏對蘇聯經濟民族主義的分析，臺北一九八九年三月號《當代》。

3河南人民出版社一九八九年版，第三卷第一章，頁五。

4董瑞華、陳憲〈「科學技術是生產力」理論的創立與發展〉。這類文章，過去主要發表園地是中國未來研究會主編的《未來與發展》。該會成立於一九七九年，活力充沛。至一九八九年已擁有會員五千人及團體會員五十個。一九八八年軍事科學院又另外成立了一個「中國軍事未來研究學會」。同年九月，在北京舉辦了世界未來研究聯合會第十屆世界大會。後來引起爭議的「走向未來叢書」即是在這一波未來學熱潮中出現的產物。「訊息問題與南北問題」也從一九八八年起成為《未來與發展》的討論主題。

5何中華〈人類存在方式的轉變與價值坐標的重建〉，一九九二年第四期《哲學研究》。

6本篇可與烏家培、杜鏈、陳玉龍、江道琪、葉佩功〈關於研究訊息科學和經濟系統的思考〉，一九九二年第三期《哲學研究》合看。

7見一九九二年十一月三十日《中國時報》之報導。

8以上統計資料，係據大陸國家統計局各種統計年鑑整理而得。

9見一九九二年十一月十四日《資訊新聞周刊》引用《中國計算機報》資料。

10《哲學研究》一九九二年第八期。

11大陸電子媒體的改革狀況，目前最詳細的研究是呂郁女《中共的廣播電視在其現代化過程中所扮演的角色》，一九九二年十二月政大新聞研究所博士論文。

12見黃森明〈中國大陸金融領域資訊化分析〉，一九九二年十月號《資訊與電腦月刊》，臺北。

13 大陸社會學界對生活方式的研究，可分為三個階段，第一階段為一九八一至一九八四年，係生活方式研究之理論起步階段。第二階段為一九八四至一九八七年，重點在於討論改革開放條件下中國生活方式的發展問題，以及社會各社群（如青年、婦女、老人、知識分子、農民、城市居民……）生活方式之應用研究。第三階段為一九八八年以後，重點為中國現代化發展中生活方式的模式選擇。對於資訊社會生活方式的探討，亦由此展開。

14 大陸後現代文化超前輸入的問題，除了此處所談之外，當然也包括了對現代化（亦即近代化、工業化、資本主義化）文化的批判在內。它吸收了西方非理性主義對現代理性文明的反省，用以批判大陸這種尚未充分現代化、原本即反對資本主義工業文明的社會文化。這種詭譎的現象，與此處所論實有異曲同工之處，故不再分開討論。不過，我們也要注意：非理性或反理性思潮，對所謂「資訊時代」、「新科技革命」這一路思想，也是批判的，並不認同。故在現今大陸超前輸入的後現代文化之中，更存在著內在的矛盾與衝突。

九　生活儒學之路的批判

一　學術的儒學之風氣

古代即有人主張應將儒學視為一種客觀、純粹知識性的學術，不必管「經世」的問題。這是學政分途的思路，如明朝末年錢牧齋就主張把儒學與聖王修齊治平之學分開，儒者只管學術傳承，聖王才負責治世理國（見牧齋《初學集》卷二十三〈嚮言上〉）。

這個想法，到了清代乾嘉學派崛起後，得到進一步的強化。乾嘉樸學以語文考證為主，投身於經典之中，考索於一字一句之微，不復討論治國平天下之道。這個路向，在五四運動之後，更進一步發展。胡適、傅斯年等人都強調要發揚漢學樸學傳統、以科學方法整理國故、要將史學建設得和地質學一樣。

如今，天下滔滔，大抵都是這個路子，充斥於各大學及研究機構中。毋庸贅敘。

二　生命的儒學的發展

當代新儒家反對這個路向，故提出儒學是「生命的學問」之說，不認為它只是概念的遊戲、只是學者資料考辨的工作、只是客觀認知的對象，而應落實在身心踐履上。

這個立場，雖強調儒學的踐履性格，但踐履只談到修身而止，齊家的問題已多不談，治國平天下之道，則更罕齒及。故所謂踐履，其實只是原則上的點明，對於修齊治平的經世之學，仍乏探究。

相反地，新儒家致力於建立所謂的「學統」，事實上走的反而是與乾嘉樸學、五四科學方法整理國故者合轍的道路。越來越知識化、學術化。正如曾任新儒家主要刊物《鵝湖月刊》首任社長的袁保新所說：「新一輩的學者，有越來越安於目前大學知識分工的角色定位的趨勢。我們發現，學者們的學術論文愈來愈多，創造發明的新術語也愈來愈多，而我們民眾也愈來愈不知道我們在說什麼」。

因為，新儒家對中國哲學文化的闡釋不管多麼深入，他們所介紹的中國藝術精神、道德的形上學、天人合一境界、既內在又超越的型態、無執自由的心靈，都與我們現在每天過著的具體社會生活好像很難關聯起來。我們一切食、衣、住、行，都強烈顯現著現代性，都市建設、生活環境、職業工作，也都與古代迥然不同。在這種情況下，我們只能是分裂的。具體生活是現代、意識內涵則遙思古人。那些傳統哲學所含之精神價值，確實只是精神性的存在。余英時先生乃因此而說當代社會中儒家思想只是一種「遊魂」，無軀體可以附麗，在具體生活中無法落實踐履之。

所以當代新儒學，事實上大抵僅以一種學術思想的方式，存活於大學等學術研究機構中。跟社會上大多數人之作息、生活方式、倫理行為不甚相干。

造成這種結果，當然是因社會結構整體變遷使然。但我以為當代新儒學本身也助長了這個形勢。他們面對現代社會，只以「存仁」「復性」的方式救之，希望現代人仍能重視歸根復命的重要性。這當然十分重要，但這是弱勢的保存，並不敢企望讓儒學重新回到具體生活中去。儒學遂因此僅能是遊魂了。

而且，新儒家的義理及表述方式，充滿了學究氣，其語言非一般民眾所能理解。如牟先生說「智的直覺」「良知的自我坎陷」「道德的形上學」「道德主體性」「縱貫系統、橫攝系統」……等，一般碩士生也聽不懂，遑論庶民！儒家義理遂於漸昌隆於上庠講壇、學報專刊之際，愈來愈晦隔於匹夫匹婦，非尋常人士所得聞。偶或聞之，聞也聞不懂。

再者，整個新儒學的詮釋，也顯得偏宕。由於新儒家深受陸王式孟子學之影響，偏重於從個體生命說，講盡心知命以上達於成己成德之學。講究的是心體活潑的鳶飛魚躍，直契天地之大化流行。為學者，欲尋孔顏之樂處，以「心齋」達致美善合一之境界，卻甚少考慮化民成俗之問題。儒家的實踐性，落在個體甚或主體道德實踐上者多，著在社會實踐者較少。故論到生命德行之美，皆堪欣賞；想談談風俗文化之美、開務成物之道，輒遂默焉罕言。

以牟宗三先生論朱子為例。當代論朱子學，牟先生自為巨擘，《心體與性體》三巨冊，朱子獨占其一，用力之勤，吾人唯有嘆服而已。然而牟先生論朱子就極偏。所論只涉及朱子參究中和的問題及有關《仁說》之討論。欲以此確定朱子上承伊川，所開之義理系統屬於橫攝系統，而與孔孟明道五峰陸王之縱貫系統不同。故依牟先生說，朱子學雖亦為內聖成德之學，然置諸中國儒家心性學的傳統中，實非集大成者，僅是「別子為宗」。

不管這個論斷對不對，我都覺得：如此論朱，實僅論及朱子內聖學之一偏。但朱子學絕對不僅是要人內聖成德而已。朱子對井田、經界、封建、社倉、稅賦、禮制方面，多所究心，以禮為本體，更深具哲學意蘊，重在開務成物。朱子與湖湘派學者間的論辯，亦不只是參究中和的問題和《仁說》而已，更關聯到彼此論禮的歧異。

牟先生為其學力及視域所限，論儒學僅能就形上學與倫理學方面立說，豐於仁而嗇於禮，故於儒者開務成物、行道經世之學，較罕抉發。論朱子，亦復如此。其用心，在於立人極，教人逆覺體證仁心覺情，而存養於道德踐履中，這是我們明白且能深有領會的。但識仁之功多，而究禮之意少，偶或論之，亦皆攝禮歸仁，於禮俱為虛說。對於宋代儒者如何藉其性理之學開物成務，實均不甚了了。而不知朱子之所以能兼漢宋之學，元明清諸朝且視其為孔子之後唯一的集大成者，絕不僅因他在性理學方面的表現；僅由性理學上爭辯其是否為正宗，其實也不甚相干。

這就可以看出新儒家的詮釋有其局限，並未充分開發可以作用於現代社會具體生活的資源。

牟先生論陽明學也一樣，十分偏宕。

陽明學於明末清初備受攻擊，批評者或謂其為禪學，或以亡國之過相責，謂其袖手談心，無裨實際。故當時有一股講實學之思潮，即起於這這種意見氣候中，批評講心學的人都不重實際，所以他們才要來關注實際問題，講經世致用之學。牟宗三先生推崇陽明，固然絕不同於清朝人，但只從本心良知講陽明學，不知也不重其經世的那一面，跟清朝人又有甚麼分別？

且牟先生論陽明，有個著名的論點，即「良知的自我坎陷」。此說之所以提出，就是因為依牟先生看，陽明講的道德良知無法直接開出民主科學，所以必須要把良知自覺地否定掉，轉為有執，才能開出知性主體，從而發展出現代的民主科學來。

此說爭論極大，或謂此說僅具理論意義，缺乏可操作性；或謂其理論未必可通。我則以為這根本就把陽明學弄錯了，良知教本來就可開出事功，不需坎陷才能開之。陽明本人的事功，不惟在宋明理學家中罕有其比，就是講經世之學的，如永嘉學派或清初所謂實學學者，又有幾人比得上他？而且良知與經世致用本來一體，不能打為兩橛。王學，無論陽明本人或其後學，亦輒不忘經世。故若由經世這個角度看王學，便完全無須牟先生那個理論，亦可以補充過去只由內證本心良知那一面去論王學之不足，看到王學與朱子學密切的關係。

三　生活儒學的傳統

如上所述，宋代儒者不是只討論天理性命而已，他們努力地以重定族譜功能、建立宗法條目、編修家禮、組織宗族宗會等辦法，來改造宗族，把一個血緣團體變化成為有道德義務且須努力實踐其倫理規定的團體。再由一個個宗族，拓展到一個個鄉，以鄉約化民。因此，書院講學、家族宗會、鄉里會約，內在是一致的，只是對象施用範圍略異而已，以此化民成俗，亦以此經世。

王陽明的思路也是如此，且與朱子關係尤密，《全集》卷六〈寄鄒謙之書之二〉：

> 承示《諭俗禮要》，大抵一宗《文公家禮》而簡約之，切近人情，甚善甚善！非吾謙之誠有意於化民成俗，未肯汲汲為此也！

《諭俗禮要》是根據朱熹《家禮》來的。家禮，看起來應只行於一家之內，其實不然，因為其間就「附以鄉約」；而陽明亦認為如此甚好，「其於民俗亦甚有補」。可見宗族內部之孝悌倫理要求跟宗族外鄉里的倫理規約，在宋明理學家看來是一貫相連的。陽明在這些地方，均衍朱子之緒。

較特別處，在於他把家禮鄉約跟心學結合在一起講，云：「後世心學不講，人失其情，難乎與之言禮。然良知之在人心，則萬古如一日。苟順吾心之良知以致之，則所謂不知足而為屨，我知其不為蕢矣！」一方面把禮制損益的根據放在心上說，謂心安就合禮，不安則禮必非；一方面把制禮的活動跟致良知的「致」結合，表明儒者既講心學就應制禮，不贊成古人「非天子不議禮定制度」之說。

這種做法，也是把他自己的良知說和朱子的家禮鄉約合在了一起。禮不是外在的一套制度，乃是因乎人情、合於人心的儀度。

這是與朱子家禮有關的部分。〈南贛鄉約〉部分，與朱子鄉約的關係更為密切。

後來王學學者推動鄉約的，可謂所在多有，且頗通聲氣。如浙江王學學者季本在廣東揭陽主簿任內，便曾與當地王學學者薛侃合作推行〈榕城鄉約〉。薛侃在《明儒學案》中被歸入粵閩王門，他曾往南贛聽王守仁學並傳王學於廣東，使王學在當地大盛。嘉靖十三年

（一五三四）季本任吉安府同知時，聶豹便敦請永豐知縣彭善、吉安知府屠太山酌取季本的揭陽經驗用於永豐，於是制定〈永豐鄉約〉。因此王學後來能在地方上形成巨大的影響，殊非偶然。

以上這些，若再結合陽明及其後學在興學（包括社學、書院、個別講會等）、教化宗族、建立鄉約各方面的努力，便不難看出陽明經世之學的規模。

實際上，講論、興學、教化宗族、鄉約共善，這幾套社會實踐措施，是陽明所殷殷致意的，也是張橫渠、司馬光、程伊川、朱熹、呂祖謙以來就一直在努力的。儒者經世，而實踐於社會者，宋明儒之氣力，主要集中於此。

我把這稱為生活儒學的傳統。古代儒者講通經致用，主要是想「致君堯舜上，再使風俗淳」。但這個傳統，發展到王安石，可說到頭了。得君之專，無過於安石，但結果又如何？後世儒者，當然可以批評王安石學術不純，自己再去試試看能不能通過改造君王以體國經野。朱子本人事實上即嘗試過，但同樣是失敗的，經筵講學，僅一月而去。陽明解格物雖重在「格君心之非」，也仍是不能實際產生什麼作用。儒學之實際作用，其實不在上而在下。是通過講論、興學、教化宗族、鄉約共善這幾套社會實踐措施，把社會徹底造就為「儒家型社會」，才能讓儒學有大發展的。元與清都是異族統治，且都以佛教為國教，但既想統治這個儒家型社會，便也不能不俯從這個社會的邏輯。佛道甚至伊斯蘭教，同樣也不能不與儒合流，形成三教合一、五教合一的大潮。

換言之，生活儒學，以及因此而構成的儒家型社會，是我們摸清中國南宋以後社會發展的關鍵詞。這幾個關鍵詞，也提醒了我們現在從事如學經世的人究竟該怎麼做。

四　生活儒學的實踐

我於一九七九年開始參與一些族譜、方志的編撰，逐漸注意到宋儒談井田、封建、立宗子法、設義莊、修族譜的經世意義。寫了《宗廟制度論略》《唐宋族譜之變遷》《宋代的族譜與理學》等文，均收入一九八六年葉強出版社《思想與文化》一書中。

但這個方向當時還不及展開，我就因急切地想讓儒學介入實際的政經社會體制，而逐漸被時勢（**解嚴、兩岸開放交流、六四風潮等等**）推著走，實際參與政事愈來愈深，最終竟去陸委會擔任公職，從事「法後王而壹制度」之工作了。

當時想像著的，自然也是「致君堯舜上，再使風俗淳」這一套。但這個努力終究還是失敗的。在實踐中，才能切實體會到儒學之政治實踐，目前仍然機緣不成熟，困難重重。

因此我一方面回到民間，以「恢復傳統書院精神」的旗號自行辦學，回歸宋明理學家的書院經世之路。一方面由此擴大構思了儒學的社會實踐、生活實踐之道。先後撰有《飲食男女生活美學》（一九九八，立緒）、《人文與管理》（一九九六，佛光大學）、〈生活儒學的重建〉（二〇〇〇，臺灣儒學與現代生活國際學術研討會）、〈東亞儒學發展的新途徑〉（二〇〇〇，韓國成均館大學，東亞國際學術會議）等書及論文，主張現今應將生命的儒學，轉向生活的儒學。擴大儒學的實踐性，由道德實踐而及於生活實踐、社會實踐。除了講德行美之外，還要講生活美、社會人文風俗美。修六禮、齊八政、養耆老而恤孤獨、恢復古儒家治平之學，讓儒學在社會生活中全面復活起來，而非僅一二人慎獨於荒齋老屋之間，自盡其心自其知性而自謂能上達於天也。

一九九三年，我受星雲法師之託，籌辦佛光大學。一九九六年開辦南華管理學院，開始推動復興書院精神的文化運動。

這個新的私立學校並無政府支持，完全靠社會動員、社會募款。當時的號召是「百萬人興學運動」。我提出一個新大學的理想，說臺灣已有很多大學了，為什麼還需要我們費這麼大的牛勁來辦呢？因為現在的大學都不夠好、都有問題。所以臺灣不缺大學，但是缺乏真正的大學。故號召一百萬人每人每月交一百塊錢臺幣來支持我。這些人為什麼要來支持我們辦大學呢？我說：「我們要辦一所恢復中國書院精神的現代大學。」體制上，它固然符合臺灣教育的規範，是類似臺灣清華、臺大的這樣的現代大學，但是它內部跟臺灣所有大學都不一樣，是個傳統書院精神貫注下的大學。

這樣的大學，為什麼能得到這樣大的支持呢？因為這個理想，大家已經期盼甚久了。大家都覺得現代大學有很大的問題，所以希望能恢復書院傳統。書院傳統的回歸，成就了這樣的大學。

辦這樣的大學，前後花了我十年的心血，建成了兩所。從一開始，它們就是臺灣新設院校中最好的，一直到現在，還有很多記錄沒有被打破，也不可能打破。例如一位學生有兩位導師輔導他。全校實施通識教育。學校圖書館廿四小時開放，且沒有任何門禁。學校職員上班不打卡，也沒有什麼加班制度等等，一切都不一樣。佛光大學一開辦就招博士生，也從來沒有學校可以這樣。每個大學都是從本科慢慢辦上去，只有我們是從研究生往下辦。所以我們的師資非常好。雖是個新的小學校，而且當時草萊初闢，學校又都在山裡，非常偏僻，教學設施也很簡陋，卻有院士許倬雲先生、中研院副院長楊國樞先生，乃至諾貝爾獎得主高行健等等師資。這些學者為什麼願意來？因為有一個新的理想召喚著他們。那就是：怎能把傳統書院的精神重新貫通在現代大學中、顯示在所有制度上。

具體說起來，它有幾點是與其他大學非常不一樣的。

一是經典。每個學科的核心都是經典課程。學生在四年課程中，至少要認真讀完八本中西經典書目，經典教育貫穿整個教育。

二是通識，全人格教育。學生大一大二都不分系，沒有分專業。所有學生進行的是一套通識教育。這方式，後來也被有些大學採用了，如北大現在就有個「元培學院」，但當時是新的。至於通識教育，當時已很多學校在做。但所有學校都是在專業教育的體制內進行一部分通識教育。我們不然，我們全校都是通識教育，結構完全不一樣。所以傳統文化修養是每個學生都會的。譬如我們學生，不管哪個科系，都會彈古琴。其他通識教育的課程就不用說了。而為什麼要學古琴呢？因為學校提倡禮樂教化，要恢復中國傳統禮樂。於一九九六年更設立了雅樂團，開始摸索、恢復、重建雅樂。二〇〇〇年再回傳大陸，在中國音樂學院設立中國雅樂中心，重新教大家什麼叫做中國音樂。現在還在各地恢復燕國、曹國、鄭國、魯國、晉國、漢朝、唐朝、宋朝樂。

三是管理學的人文化。最先南華大學只是一所管理學院，辦的都是管理學科。但是我們開創了管理學的整體人文化方向。不但是中國化而已，還是整體的人文化。創了藝術管理、非盈利事業管理、殯葬管理、出版學、環境管理、旅遊事業管理等新學科，出現了人文管理學的新學群。

管理學過去只有兩大塊，一政府管理，二企業管理。在我這兒才開展出人文管理。像藝術管理這種科系，過去是沒有的。非盈利事業管理，過去也沒有，連名稱都是我定的。

這是大學跟書院重新磨合，因為過去切開了，要重新接合，得創造出一個新模式來。

二〇〇四年我大學校長卸任後，主要就在大陸上活動了。以上這些活動遂也逐漸拓展到大陸各領域去。

首先我要在大陸重建書院。不但每年都辦國學營，帶著學生環繞著書院去遊學。如到江西鵝湖書院、白鹿洞書院去轉。到河南、貴州、浙江、山東、湖南、新疆等地去，恢復大家對書院的認知、實地考察重建的機會與方法。

重建之後，接著就要做孔廟和書院的活化，我在二〇〇一年成立了東亞孔廟聯誼會，提倡、討論如何恢復傳統孔廟的活力。各地方的孔廟、書院荒廢著，或移作他用，或只是文化旅遊點，或只是文物單位，都需要重建並予以活化。十年以還，我做過了底下這些：

北京：天泰書院、明道塾、世界漢學研究中心分部

四川：成都都江堰文廟、都江堰國學院、眉州洪雅五斗觀

浙江：杭州復性書院、杭州韻和書院、寧波桃源書院

江西：廬山白鹿洞書院、宜春昌黎書院、吉安陽明書院、龍虎山道家書院

江蘇：南京崇正書院、常州道南書院、南京大報恩寺報恩講堂

陝西：漢中漢博園、漢宮、漢源書院、世界漢學研究中心

福建：泉州大觀書院

金門：金門燕南書院
廣東：廣州明倫書院

各位都知道：孔廟和書院若只是文物、歷史遺跡，或只是一個旅遊點，它就是死的。傳統的祭祀功能、教育功能、文化功能，現在都要讓它活起來。目前號稱書院的團體雖然不計其數，但可能只有我這個體系能做到活態運營。

一是有教學，恢復廟學合一、恢復書院教育，正式招生。

二是有祭祀。春秋歲時致祭，現在各地雖也多開始辦了，但有規範的很少，多成笑話，我們相關禮樂恢復得較好較規範。

三、這些禮樂又衍生為文化活動，寓教於樂，還兼有學術性。例如在孔廟和書院中舉辦婚禮、冠禮、士相見禮、射禮、鄉飲酒禮，恢復傳統六藝「禮、樂、射、御、書、數」，恢復古代書院六小舞，辦世界古琴大會、經學研討會等等。

四、文化旅遊。只有學術、教育、文化活動都恢復了，孔廟和書院才能真正成為文化旅遊之標的物。像都江堰孔廟，原先政府復建時，連廁所都沒有。因為進孔廟無非去看看孔子的牌位、孔子父親的牌位、孔子弟子們的牌位。晃一圈，十分鐘就可出來了，有啥可看？所以當時根本不考慮建廁所。但現在隨便一個遊客進去，可能個把小時不出來。因為有很多東西可看、有各種的活動。所以大陸的搜索門戶「百度」還挑選它做為中國唯一的孔廟文化的數字博物館。

這就是古蹟的活化運營。原是我當年在臺北市政府擔任顧問時提出的概念。當時通過臺北市文化局來做，孔廟祭孔完了以後就講學，局長龍應臺等人都坐在底下聽。所以孔廟不只是禮拜而已，它本身是個講學的地方。另外，還設立一些旅遊路線，推動書院與孔廟之旅。希望讓孔廟和書院成為當代城市新的文化中心，燈塔般，能發光，或像發電機一樣能發電。

這種活化當然包括了六藝的傳習、禮樂的傳習。傳習，不只在孔廟和書院中做，同時也要在社會上做。因此我在上海市嘉定區成立了禮樂傳習所，要讓現代社會「富而好禮」。編了些書，也跟報社配合做圖文，也辦禮樂傳習培訓。近日在北京也開辦了。

除了禮樂之外，我們還有古建築傳習所，武術傳習所呢！我另在山東、北京、四川、新疆辦過五屆「俠文化節」，發揚俠武精神。每屆都熱鬧非凡，影響不小；或發展為文化旅遊季，結合地方文化來做傳統文化傳播。

此外，我還建立了一個「中國非物質文化遺產的推廣中心」。非物質文化遺產，我們過去不覺得它是學問，因它只是技藝、技術，「道、器」是分開了的。但我認為它是傳統文化中很重要的部分。要把這些技術好好地保留下來，還要說明這些技術表達了什麼樣的文化觀、價值觀。再者，尚須進行活態保存、創造市場。

這難不難？難！但非常有意義。例如把所有國家級唐卡傳承人召集起來（他們自己都不認得全，因為散居四川、青海、西藏、甘肅。有些傳承人已老邁，未待我們召集已死了，故現今僅存九人），要求他們除了各自提供畫作參展外，還要共同繪製一幅作品。這幅作品自然是空前絕後的，因為前此未有人能召集，以後老輩凋零，亦不可能再聚起來。其他各種非遺項目，亦往往如此。

你或許會說：唐卡跟儒學、跟傳統文化有什麼關係？那是西藏的東西！嘿，這就所見不廣，且不懂得因機借勢了！推廣文化，需如水銀瀉地，無孔不入。何況，密教早在六朝即已傳入中土，藏密又有唐密的淵源，唐卡本身更是漢藏文化融合之成果，其掛軸、織繡都是漢地傳入之技藝，許多甚且都是在蘇州北京做的呢！

現在，我們還做社區國學（讓國學進入到每一個社區），以及景區的文化改造、新城區文化建設。如三清山中國道教文化園、漢中漢文化新城區之類，就不多說了。

五　生活儒學的理則

這些，重點都不在於個人的修身、成德、成聖，而是要讓儒學重新回到我們的現代社會脈絡中去，讓社會一般人生活中就能夠重新認知儒學，體會傳統文化。

而這些也都不只是形式化的辦些活動而已，內中貫穿著我的整套生活儒學之思路與精神。我認為：面對現代社會，若想重建禮樂文化，讓儒學具體作用於生活世界，不但要恢復宋明儒的路數與具體做法，還需要在反現代性的世俗化及形式化方面著力。

反世俗化，有兩個方式，一是重新注意到非世俗的神聖世界，由其中再度尋回生命歸依的價值性感受，重新體驗宗教、道德等的實質力量，並以之通達於美感世界。二是針對世俗化本身再做一番釐清。現代社會的世俗化，其實並未能真正符應於社會生活的原理。要讓社會世俗生活恢復生機，即必須恢復禮樂揖讓之風，使人各得其所，各安其位，顯現出人文之美來。

現代社會的特徵之一，就是世俗化。從工業革命以降，新開展的世界與文明，往往被理解為是因擺脫神權迷信而得。Toennies 形容這就是從「社區」到「社會」，Durkheim 形容這是由「機械」到「有機」，Maine 形容這是自「地位」到「契約」，Redfield 稱此為由「鄉土」到「城市」，Becker 則謂此乃「神聖的」與「世俗的」之分別。

世俗的現代社會中，人所關心的，主要是世俗社會的活動與價值，例如高度參與、社會成就取向之類。對於神聖性的價值與生活，則較不感興趣，也較少參與，甚至會經常覺得陌生，難以理解。

當然，在許多場合中，神聖性並未完全消失。例如醫院。人在醫院中，態度自然會敬謹起來。面對醫師，立刻表現出敬畏與期待的情緒。醫院中也常保持有祈禱與祭祀的空間及設施，安排宗教人員參與「安寧照護」或「臨終關懷」之類工作，以撫慰患者及家屬的心情。因此，這便成為現代社會中的一種神聖空間。

可是社會上大部分機構都不具有神聖性了，學校即是其中最明顯的一種。

學校，無論在東方或西方，自古即被視為神聖空間。西方的大學，係由宗教的修道院發展而來。除非是現代新建的學校，否則一定瞧得見這些校園中高聳的鐘樓、矗立的教堂，也一定可以發現神學及神學院乃是彼等整體架構中的核心。在中國，則古代的大學「辟雍」，向來與宗廟「明堂」合在一塊兒。州府所辦學校，亦必連接著孔廟。私人書院，建築中則一定包含著先師殿、先賢祠、奎星閣之類。因此它是教育場所，同時也即是一處祭祀中心。春秋兩季舉行「釋奠」「釋祭」禮，或供奉先賢，兼祠土地，均充分體現了它的神聖性。故其教育本身，也是具有神聖性的。一九三九年曾創辦近代著名書院，復性書院的馬一浮先生即曾說道：

古者射饗之禮於辟雍行之，因有燕樂歌辭燕饗之禮，所以仁賓客也。故歌〈鹿鳴〉以相宴樂，歌〈四牡〉〈皇皇者華〉以相勞苦，厚之至也。食三老五更於大學，必先釋奠於先師。今皆無之（《泰和宜山會語合刻》附錄）。

他最後所感慨的「今皆無之」，指的就是先光緒末年以來成立的新學堂已久不行此等禮儀了。現代的學校，在建築上放棄了文廟、先賢祠之類祭祀系統，改以行政體系為建築中心，有一度還以政治人物代替了先師先賢的地位，塑了一堆銅像。建築本身也與一般世俗功能之辦公大樓商社工廠無大差異。其行政方式，則亦與一般行政機構無大不同。在禮儀上則亦放棄了燕歌燕饗釋菜這一套，而改之以唱國歌、升國旗、向領袖致敬。服制方面，則無青衿，亦非皮弁，盡是一般街市中所御日常服裝，如T恤、牛仔褲、拖鞋球鞋等。世俗化如此徹底，學校教育工作所蘊含的神聖莊嚴之感，遂蕩然不復存在。教師以教書為一般職業，學生也不以為來校上課是什麼應該莊遜誠敬的事，以輕率為瀟灑、以懶散為自由，對學校、教師及知識均乏敬意。

這種情況，比許多現代社會中的專業領域還糟。例如法院裡的法官、律師，在執行其業務時，必然披上法袍，甚至戴上象徵司法傳統的假髮。醫師、牧師、法師乃至廚師亦然。

那是因為要在世俗的現實社會中創造出神聖性來，就不得不從幾個方面去做，一是從時間上，區隔出某些時段，予以特殊化，認為那幾個日子具有特別的意義，可以成為具神聖性的節日。二是從空間上區隔或建構出神聖性的場域，如紀念碑、某某公園。三則是利用反世俗、違異世俗生活一般樣態的服飾、飲食、動作、語言、儀式來表現神聖性。醫師律師等披上法袍醫袍，即屬於這種型態。唯獨同被稱為「師」的教師，上課授業仍只著一般世俗日用之服裝，上下課也常沒什麼儀式，其世俗化遠甚於其他專業領域。

由此神聖性淪喪及世俗化傾向講下法，我們就會發現當今教育發展的許多問題均與此有關。

因為神聖性所蘊涵的是一種價值的觀念。對某項職務、某種工作，覺得非常特殊，具有與眾不同的意義與價值，值得或應該敬謹從事之，才能形成神聖感。所以許多時候我們要借助儀式，來表示這是件不尋常的事務，由現在開始，得專心誠謹、以敬事神明般的心情來行事了。電影開拍前、工地動工時，為什麼需要拈香祝禱？不就是這個道理嗎？一旦神聖性喪失，對工作便也喪失了專誠敬慎之心，不能體會出正在進行的事具有什麼價值。以教育來說，教者與學者就會相率嬉惰、苟且散漫下去。

不但如此。倘若我們對於教育本身缺乏神聖性的體會，則亦將常以其他的世俗化目的替代了教育的意義。許多人去擠大學、去讀書，哪裡是由於感到知識有價值、教育很重要？只不過是為了混張文憑，以便謀取金錢與地位等世俗目的罷了。教育變成了工具，其本身便不再被視為神聖之事。

這就像現代社會中仍有許多人有宗教性的神聖信仰。具此信仰者，有些是因對宗教的教義已有理解及認同，接受了這些神聖性的價值。但大部分人則是因為親身參與宗教儀典，而在其中感應或體會到那些精神，乃因此而生起信心，形成信仰。對於古代文化精神，我們也當如此，方能使現代人重新獲得認識。

我辦的各種禮樂活動，方向和目的大抵如此。批評者可能會說：這只不過是在現代社會生活中穿插一些禮儀設置罷了，在行禮之際，可能可以獲得某些體會，但畢竟是與世俗日常生活區隔開來了的。

批評得很對。可是這正是我所說：「讓人重新注意到非世俗的神聖力量，由其中再度尋回生命歸依的價值性感受，重新體驗宗教、道德等之實質力量，並以之通達於美感世界」之舉。它不是世俗日常生活，但是它對世俗日常生活有所點明、有所啟發，作用正如宗教儀式對一位教徒之日常行為不會沒有影響那樣。推拓此義，恢復儒學的宗教性及其相關祭祀儀典，我認為正是可以考量的做法。

僅僅如此，當然不夠，因此我們還要從世俗生活本身的改善去下手。重新在婚、喪、祭、生活起居、應對進退、飲食男女各方面，恢復禮之精神。

所謂「形而上者謂之道，形而下者謂之器」，儒者之學，本來是上下一貫的，故孔子論仁，輒在視聽言動合不合禮之處說。荀子常說禮本於「太一」，而行於飲食衣冠應對進退之間，也是這個意思。但後世儒家越來越強調形而上謂之道的部分，儘在道、仁、心、性上考詮辨析，忽略了視聽言動食衣住行等形而下謂之器的部分，又誤讀孟子「大體」「小體」「從其小體為小人」之說，以耳目形色為小體、以心性為大體，不斷強調人應立其大體，批評注意形色小體者為小人，於是儒學遂越來越成為一種高談心性道理，而在生活上無從表現的學問。

現在，我們若要改變以往的錯誤，重新建立人文世界的生活美感，當然就要重新去體會仲尼閒居、鼓瑟舞雩之類的禮樂態度。恢復早期儒家重視禮樂、重視人文習俗之美的做法。

那麼，如何追求習俗生活美呢？生活美的追求，是通於兩端的，一端繫在世俗生活的層面，即飲食男女、食衣住行、生老病死這一些現實生活的具體內容上；另一端則繫在超越層，要追求到美與價值。若只流湎於世俗生活欲望的馳逐與享樂，將逐物而流，享受了生活，卻丟失了生命。若僅強調美與價值，生命亦將無所掛搭，無法體現於視聽言動之間。故禮樂文明，是即飲食男女以通大道的。道在飲食男女、屎尿稗稊之間，成「不離世而超脫」的型態。而此即為儒家之特色，故它不是超塵避俗的出世之學，也非欲至彼岸天國之教，它對具體世俗生活，如飲食、衣飾、視聽言動、進退揖讓，定了許多禮，正是為了將世俗生活調理之以成善的（我於二〇一三年出版《仁者壽：儒們養生法要》，二〇一五年出版《儒們修證法要》，代表了我同時關注下學與上達、小體與大體兩面）。

儒家注重飲食這類日常生活，並由此發展出禮及各種典章制度，顯示了儒家所謂的禮，與「法」的性質甚為不同。禮與法同樣是要對人生社會提供一套秩序、規範、讓人遵守。但禮不是法。法不論來自習慣或契約，它都是對人與人之間權利義務的規定，但禮的核心不是權利與義務問題，而是情。禮乃因人情而為之節文，人有飲食之情，故有飲食之禮；有男女之欲，故有婚嫁之禮。法律能規範人該怎麼吃嗎？能叫我們席不正不坐、割不正不食嗎？法不能，只有禮能。

因此，法是政治性的概念，禮卻是生活性的概念。對於像家居生活之類，不與他人或公眾發生權利義務關聯者，後世編了許多《文公家禮》《司馬溫公家儀》等書刊，來發揮《禮記・內則》的說法。由《禮記・月令》逐漸擴大，而影響民眾整體生活的農民曆，更幾乎是家家有之。法律是不能如此的。

我們要知道：工業革命後的現代社會，與古代的禮樂文明之間，有一個截然異趣的轉變。「禮文化」變成了「法文化」，凡事講禮的社會，逐漸以法律來規範並認知人的行為。生活中的具體性，變成了法律形式的抽象性存在。一個人行為是否正當，非依其是否合乎道德、倫理、禮俗，而是依其是否合乎法律條文及行事程序而定。即使劣跡昭著，若法律所未規定，仍然只能判其「無罪」。同時，人與人相處，不再以其位置來發展人我對應關係，乃是依一套獨立自主、且自具內在邏輯的法律體總來運作。老師與學生、父執與晚輩，和漠不相干的人之間，用的是同一套普遍性的法律標準，權利義務關係並無不同。因此，「義者，宜也」，在禮文化中，凡事講究適當合宜的態度，亦已改為法律規範下的權益觀念。諸如此類，「禮／法」「義／權利」「實質理性／形式理性」，都顯示了現代社會不同於古代的徵象。現代社會中，師儒禮生日少，律師司法人員日多，即以此故。

而伴隨著這些的，則是契約、財產、職業，在我們生涯分量日益增加；情義、價值、生活，越來越不重要。生活的品質、生活裡的閒情逸趣、生活本身的價值，漸漸依附於契約、財產和職業之上，權力意識及價格觀念，掩蓋了價值的意義，或者替代了它。因此，財貨的爭取，遂取代了美感的追求。

故而，唯有重建禮樂文明，才能真正讓生活具有具體性；唯有重新正視儒家在禮樂文教上的表現，才能讓我們在世俗生活中體現義與美。要達成這個目標，則我們一方面要對儒學傳統進行再詮釋，不再僅限於性、道、天、命、心、理、氣、仁，而須對禮樂、文教、政刑、井地、制產、社倉、燕居生活各部分再做闡發；另一方面需本儒者之說，積極地進行制禮作樂、整齊風俗的工作。倘能如此，或將可為儒學再闢一天地，令已在社會中如遊魂般飄盪多時的儒家學說重新歸竅、活生生地具現於東亞社會。

不只此也，這種做為，還具有高度的政治學意涵。學棣蔡孟翰有一長文分析顧炎武的觀點，正好藉來做個說明：

顧炎武在《日知錄》〈正始〉一條裡，提出亡國與亡天下的差異，說「易姓改號，之謂亡國。仁義充塞，而至率獸食人，人將相食，謂之亡天下」，天下，不是指高於國家位階的世界或國際關係，不是《大學》裡治國平天下的天下，更不是指涉地理範圍如先秦文獻中的九州或中國的天下。天下指社會及其普世的價值觀。

這種價值觀，對顧炎武而言就是儒家文明。「率獸食人，人將相食」則是亡天下的普世價值標準與底線。這裡是一個自然狀況與文明社會的重大分際！天下，並非是一個物理空間與政治空間交錯的概念，亦非近年來眾口騰說的天下體系，而是一個相對於自然狀況的概念，一個近似社會（society）的概念，但又不是霍布斯的「利維坦」（國家），而是一個可以沒有政府或政府無關的民間社會之自發秩序。這種想法，就是把關注面從政權與政府，轉移到：建立獨立的儒家文明之民間社會。這個民間社會的自發秩序，在洛克，就是建立在上帝存在的社會契約論之上；在顧炎武，則是建立在宗族、風俗、歷史演化的制度與文化中。

他認為維護政權是肉食者（吃皇糧）的責任，與他人無關，而一般人（匹夫）的責任則是在維護「天下」（社會與文明）。於是，保天下重於保國，保天下才能保國。並不是國不保則天下不保。

事實上，中國亡於蒙古和滿洲時，中國文化並沒有喪失活力，中國文化甚至更向外擴張。高麗（朝鮮）接受朱子學即在蒙元時，江戶日本在清朝時，不但沒有減少對中國書籍的依賴，反而再度進入中國化的高潮。越南的中國化也在十九世紀初阮朝時達到最高峰。統治中國近三百年後，滿洲人也漢化到會講滿洲話的人都極罕見了。

同理，二戰後，英國才讓印度獨立，但今天印度並沒有成為基督教國家，仍是印度教社會。中東與北非，雖在十九世界以來逐漸受到歐洲帝國主義的控制，這些地方也沒有顯著的基督教化。在亞洲，成為西方殖民地的緬甸、馬來西亞、印尼，也沒所謂大量改宗信基督教的現象。而亡國兩千年的猶太人，離散四方，因為依舊保有猶太教，在二次世界大戰後，就還能在巴勒斯坦重建猶太教國家。

可見保天下然後才能保其國，確實有所根據。只要在社會中有組織自主性地保衛自己的文化宗教，即便亡國，亦終可復國（中國崛起的戰略與理論困境，二〇一五年十二月於華東師範大學發表）。

在本文開頭，我曾談過發展「儒家型社會」的意義。這個意義，對今天我們這些活在行將亡國、已亡國之際的人來說，甚為重大。願同儕共思之！

十 朱子學的當代意義及批判

一　為遊魂覓肉身

在談儒家思想時，許多人都會強調儒家學問並不只是一套玄思或言說，它具有極強的實踐性。所謂：「讀聖賢書，所學何事？」讀書不光要明理，更須把所明之理具體表現在為人處事上，故讀聖賢書，目的是學聖人那般讓自己也努力成為聖賢，否則就只是口耳記誦之學，與自己的身心性命無關。

這個儒學的基本原則，相信沒有人不明白，但落在具體實踐層面卻又怎麼樣呢？大部分人其實仍只是在理論上明白了、在言說上強調了而已，在具體為人處事上如何表現聖賢氣象，恐怕甚少人在此自我要求。因此，儒家所講的修齊治平之道，根本在「修身以為本」這一關上就極少人真去實踐，實況如此，儒學焉能復甦乎？

古今人情相去不遠，今人以具體實踐成聖成賢為難事，古人應當也是如此。但古代有一個儒學實踐的環境，現今則無。什麼環境呢？

人從小在家庭中長大，家庭的父母兄弟戚屬關係、人與人相處的倫理要求，在一個基督教文化中，跟在一個儒家文化社會中，會顯現為全然不同的倫理實踐環境。人自幼在這樣的環境中成長，真是「蓬生麻中，不扶而直」，許多人生態度、價值觀、人際關係中權利義務的審擇分寸，皆自然塑就。於是，在以君子之道為家庭倫理環境中長大的小孩，對君子之道的實踐，可說太半是「少習若天然」的，不必困知勉行，自然在其行為上就表現符合儒家君子之道的德行。中國社會上許多老百姓，可能根本不識字，也沒讀過《論》《孟》，但其溫厚誠篤、父慈子孝、兄友弟恭，正體現著儒家的儒理精神，即因傳統社會原有這樣一種文化環境在協助他，使其如此。

此種倫理實踐環境，事實上即是古代中國的社會組織結構。社會在儒家思想浸潤下，又經歷代儒者「化民成俗」，努力推動著儒學的社會化，早已使得中國的社會組織跟儒學結合為一體。儒家的主張，與中國人的具體倫理生活、社會活動也結合為一體。

舉個例子。清雍正間，呂振羽所作《家禮大成》，一九二二年楊鑑予以重修，至今仍流行於臺灣民間，重印版本不可勝數，我手上這個排印本就是一九九〇年臺南市西北出版社的。可見它對現代臺灣人（**至少臺灣南部人**）之行事仍有規範性或參考性的，否則書店不會重排出版。

此書卷一為：學禮要務、冠笄析義、人事類語、宴禮投刺、百忍治家、治家先禮。

卷二：帖式稱呼、往來拜帖。

卷三：人品稱呼、時令名號、物類稱呼、交結稱頌、自謙男女。冠笄要禮。

卷四：婚姻儀禮、結婚新式。

卷五：世系事蹟、祝壽式、壽文式。

卷六：喪祭總論、初喪辨考、衣制辨考、明器辨考、稱呼辨考、服制辨考、弔慰辨考、營葬辨考、祀禮辨考、祭祀辨考、初衷儀禮、服制等殺、五服制度、治喪什儀、弔賻禮儀、屏白訃文。

卷七：誄軸祭文、治喪八禮。

卷八：喪祭八禮、告遷祔祭、時祭儀禮、封贈告祖、拜懺設齋、年節故事、祀神禮儀、弔輓聯對。

這種書，在傳統社會就像黃曆、朱子治家格言一樣，大抵家有其書，臨婚喪喜慶、交友弔唁之際，即以為參考，依教行事。而所有的活動，看得出都是依儒家的道理做的。即使人死了以後，社會上隨俗找僧尼拜懺設齋，此書因之，卻也仍要說：「大學士石齋黃先生聯曰：講聖經，作佛事，理乎理乎？承母命，答父恩，情耶情耶！」足證其儒家立場，故序曰：「人之一身，所晉接著不外父子夫婦兄弟朋友之倫。此五倫者，非禮以維之，則上下之分亂、親疏之等淆。生而男女冠婚，死而祖父葬祭皆莫知折衷，將何以立於天地間？」表明他作這本書即是要將儒家之禮，具體落實在每家人之日常行事中的。

此書乃依朱熹《家禮》而作。我國宋元明清之社會，家行此禮，故形成為一儒家型社會。任何一位家長，不論他信佛通道有多麼虔誠，他冠婚喪祭、歲時年節、社交活動均不可能不這麼做，至少不會距離太遠。他教育小孩子時，也絕對不會說：你要空啊、要看破啊、要解脫啊！只會說你要兄友弟恭、孝順父母、待人仁厚等等。這即是社會組織結構及社會意識對人的形塑作用。儒家思想，其實就具體活在這樣的社會中。

但社會現代化之後，社會組織結構已然產生了許多變化。再經文革破四舊之衝擊，儒家的社會性載體破壞極為嚴重，它已從家庭、宗族、鄉里、教育體系、宗教生活中脫離出來，只做為一種思想、學說、概念、倫理價值的存在。因此余英時先生曾以「遊魂」來形容它。遊魂沒有軀體，故亦無具體實踐性，只是崇者尊之為神、反對者視其為鬼罷了。它不能白晝現形，表現在我們的日常生活中。

我們現在的儒學界，長期以來，只會做哲學思辨與抽象研究，不擅長做結合社會實踐的具體工作，亦不重視化民成俗。研究多集中在做某某學者思想之分析、或某某學說之討論，用一些抽象術語、概念談談道德主體、天人合一，固然可講得頭頭是道，可是對於遊魂之為神為聖，說得再多，也不能認為儒學便已復甦了，要讓儒學復甦，必須重新使其有軀體。

假若儒學舊的軀體早已破損，或在五四以來新文化的祭禮中，業已析肉還母、析骨還父，以贖其可能曾有之過愆，現在也當蓮花化身，方能再成就一個活潑潑的生命。沒有身體，終是遊魂，雖亦能噓全球化之雲、呼世界和平之霧、吸生態思想之精、吐普世倫理之氣，終是虛說遊談，無裨於實際的。

這當然不是說儒學與世界和平、儒學與全球經濟發展、儒學與全球多元文化、儒學與生態文明等論題不重要，它們都很重要，但對我們來說卻還有點兒遠。我們目前最大的問題，恐怕是如何讓儒學真正在我們社會復甦起來。

二　儒學在家庭中復甦

儒家所強調的五倫關係，是由家庭延伸開來的。禮肇端於夫婦，而後有父子、兄弟，這都屬於家庭內部的倫理關係，社會性的倫理才是君臣和朋友。發生及實踐之次序則是由內而外、由近而遠，由家庭再到社會的。所以修身齊家之後才治國平天下。

在這套倫理觀底下，家庭之重要性不言可喻。它是倫理行為起始之處，人學會一切修己待人之方法的倫理實踐場域，故曰：「孝弟也者，其為仁之本歟！」

現代化社會變遷對儒家思想的最大衝擊，其實並不是一般人所說的，儒家不再與國家意識型態、文官考試制度、教育體系結合了，而是傳統的家庭結構被破壞了。家的倫理地位喪失，儒學之社會性基礎乃隨之動搖。

西方思想，無論希臘傳統或希伯來傳統，對家庭之重視均遠不如儒家，儒家所講的「孝」，在西方也幾乎不成為一項重要倫理義務。現代化，更強調社會應由傳統型轉變成現代型。傳統型，就是血緣地緣性的鄉土社會，現代型則是契約性的城市社會。因此，現代化即預設了人應脫離農村式的家庭、宗族社區，進入成就取向而非身分取向的都市化工業社會。人的倫理關係，亦將由家庭宗族內的長老禮教統治，轉而面向機械的契約型關係，人與人都只是陌生人，彼此依法律契約確定其權利義務。

這種新倫理態度，透過新的教育及社會意識塑造工程，漸次造就了新時代的年輕人。它告訴青年：家是個長者禮教統治的僵化領域，唯有逃離，才能獲得自由、實現理想。曹禺〈雷雨〉、巴金《家》之類數不清的小說戲劇，都以暴露傳統家庭的黑暗、倫理扭曲為目標，教人要掙脫其束縛，以此為自我意識醒覺的指標。

但家庭事實上不待青年們逃離，便已然瓦解了。因為現代化以後，農村人口外流、經濟結構破壞，青年就學或就業，都必須到都市去；大部分老家均只剩老人與小孩，人口結構不完整、倫理親情維繫困難，父子幾成陌路。

在都市中掙扎謀生之青年，雖自建小家庭，但夫婦大抵均須就業，故亦聚少離多，甚或分隔異地，感情日淡、離婚率日高。都會男女，感情又極複雜，家庭尤其不易維持。臺灣的離婚率已達三分之一以上，大陸馬上也將追上，可見家庭在現代社會中是極其脆弱的。

在這樣家庭中的小孩也很可憐。單親、不知其父、未識其母、兄弟異親……等各種情況層出不窮，姑且不說了。一般也都是幼時父母無力撫養，不是花錢交給異鄉、異國或身處社會弱勢群體的保姆，就是丟給老家的老人帶。待其稍長，則丟給幼稚園、小學。小孩子所得到的親情和家庭教養，沒幾個人是健全的。

老人的安養，一樣是大問題。都市住房大不易，大部分人無力接老人到城市共住。即或接來，老人亦不習慣都市生活。且父母與子女媳婿本來就不曾共同生活過，一旦共居，勃谿時起，反而大家都不愉快。因而頗有往住養老院者。但養老院再好，怎比得上自己家呢？況且除非有錢，安養院也進不去，許多老人被子女棄養，豈無故哉？

現代化號稱進步，由倫理情境上看，卻其實是個大殘破大悲哀。現代人身心之不健全、缺乏基本教養、不善與人相處，許多都肇因於家庭之殘破。古時若批評一個人「沒家教」，是很嚴重的事，現代人則幾乎都沒什麼家教，因為家已不能承擔基本倫理實踐場域之功能。

古時，一個人若外出遭到挫折，家也可提供休養生息、撫慰心靈之作用，親情畢竟是最好的療傷劑。現代家庭亦無此功能，有時家庭反而成了風暴的中心。家庭暴力頻傳，家庭又隨時會拆散、重組，單親或不斷變動的親屬關係，構造了極複雜錯亂的倫理情境。

因此，現代之後的倫理課題，早已不是「五四」到三十年代那樣，要號召人離家出走以實現自我了。相反的，是要靠著重建家庭在倫理實踐中的角色，來改善現今人類之倫理處境。

想重建家庭，儒家思想的資源當然最重要。而家庭之倫理功能若不能恢復，復興儒學，事實上也是空談。相對於全球化，普遍倫理、生態思想……等，家庭似乎只是個小題目，但登高自卑、行遠自邇，恐怕我們還應該先由關注小題目開始。

若欲恢復家庭在倫理實踐上的功能，則還有必要參考當年儒者是怎麼做的。

從前朱子撰《家禮》，自謂是：「願得與同志之子，熟講而勉行之。庶幾古人所以修身齊家之道、謹終追遠之心，猶可以復見；而國家所以敦化導民之意，亦或有小補云」（文集卷十一）。在〈跋三家禮範〉中，更自司馬光之後，把厚彝倫、新陋俗的工作，視為他與他朋友同志們共同的事業，說：

嗚呼！禮廢久矣，士大夫幼而未嘗習於身，是以長而無以行於家。長而無以行於家，是以進而無以議於朝廷、施於郡縣；退而無以教於閭里、傳之子孫，而莫或知其職之不修也。長沙博士邵君囦，得吾亡友敬友所次三家《禮範》之書，而刻之學宮。蓋欲吾黨之士，相與深孝而力行之，以厚彝倫而新陋俗，其意美矣！然程、張之言猶頗未具，獨司馬氏為成書。……熹嘗

> 欲因司馬氏之書，參考諸家之說，裁行增損，舉綱張目，以附其後。

其欲參考增損，即是「採集附益，並得善本，通校而廣傳之，庶幾見聞有所興起，相與損益折衷，共成禮俗」（跋古今家祭禮）之意。移風易俗，而一再強調家禮祭祀，正是希望透過這些制度，讓人能體現親親孝弟之心。

王陽明的思路也是如此的，而與朱子關係尤密，《全集》卷六〈寄鄒謙之書之二〉：

> 承示《諭俗禮要》，大抵一宗《文公家禮》而簡約之，切近人情，甚善甚善！非吾謙之誠有意於化民成俗，未肯汲汲為此也！
>
> 古禮之存於世者，老師宿儒當年不能窮其說，世之人苦其煩且難，遂皆廢置而不行。故今之為人上而欲導民於禮者，非詳且備之為難，惟簡切明白而使人易行之為貴耳。

本文之重點，是以定家禮及鄉約為化民成俗之法。文末一大段，云：「往年曾與徐曰仁備論」祠堂祖宗牌位位次及祔祭之義。觀此，便知陽明於此夙所究心，是有研究的。其論祭法曰：

……祠堂位次祔祭之義……或問：「《文公家禮》高、曾、祖、禰之位皆西上，以次而東。於心竊有未安。」陽明子曰：「古者廟門皆南向，主皆東向。合祭之時，昭之遷主列於北牖，穆之遷主列於南牖，皆統於太祖東向之尊。是故西上，以次而東。今祠堂之制既異於古，……禮以時為大。若事死如事生，則宜以高祖南向，而曾、祖、禰東西分列，席皆稍降而弗正對，似於人心為安。曾見浦江鄭氏之祭，四代考妣，皆異席。高考妣南向，曾、祖、禰考皆西向，妣皆東向，名依世次，稍退半席。……今吾家亦如此行。但恐民間廳事多淺隘，而器物亦有所不備，則不能以通行耳。」……

古代天子七廟、諸侯五廟、五乘之地者祭三世、三乘之地者祭二世，一般庶民持手而食，不得立廟，故亦不祭祖。司馬光《家禮》鑑於時代變遷，才建議民可祭曾祖，程伊川則云應祭高祖，明代庶人可祭四代，恐僭，乃改家廟為祠堂。陽明談祠堂位次祔祭，就是要確定在這種新的祠廟秩序中如何祔祭子嗣的問題。徐曰仁問陽明：「然則今當如何？」就點出了這是個新時代的新問題，陽明所說，則為制禮。怎麼制呢？參考古禮之義而斟酌之。家禮的內容，當然不只有祭禮祭法，只因祭法在此時一般人正無所適從，故特詳言之。

很多人以為儒學跟家庭的關係是天然的、本來就如此，看我上面的描述，便知其絕非如此，乃宋明儒者努力經營的結果。清朝社會上所行的家禮，凡婚、喪、冠、祭、祝壽、祀神、節慶，皆以朱子和陽明為基礎，正因朱子與陽明能替一般家庭制禮作樂的緣故。

經過現代化變遷之後，現在社會當然頗不同於宋明清，但當日化民成俗的經驗恐怕仍然甚可參考。

三　儒學在宗族中復甦

儒學，自漢朝以來又以家族為主要傳播群體。宗族傳經，乃學問發展的主要模式，故六朝隋唐門第士族均號稱經學禮法傳家。

中唐以後，世族門第崩潰，一般社會宗族只是血緣團體而已。故如何改造宗族、教化宗族，使他成為儒家式的倫理團體或儒學團體，就是宋明理學家一大努力方針。理學家論經世，主要思路即在於此。例如：

> 管攝天下人心，收宗族、厚風俗者，使之不忘本，須是明譜系、世族與立宗子法。宗族不立，則人不知統系來處，古人亦鮮有不知來處者。宗子法廢，後世尚譜牒，猶有遺風；譜牒又廢，人家不知來處，無百年之家，骨肉無統，雖至親，恩亦薄（正蒙・經學理窟）。

凡人家法，須令每有族人遠來，則為一會以合族，雖無事亦當每月一為之。古人有花樹韋家宗會法，可取也。然族人每有吉凶嫁娶之類，更須相與為禮，使骨肉之意常相通。骨肉日疏者只為不相見，情不相接爾（二程先生書卷一）。

宗子法壞，則人不知來處，以至流轉四方，往往親未絕，不相識。今且試以一二鉅公之家行之，其術要得拘守，得須是且如唐時之廟院，仍不得分割了祖業，使一人主之（同上，卷十五）。

本來，宗族內部只是一種血緣關係；這種血緣關係，要被賦予道德意涵，並要求做為實踐之規範時，才能成為倫理關係。譬如近代名種狼犬，亦多附有血統譜系證明書，但這種證明書，就絲毫不帶有倫理之意義。而在宋代以前，宗族即未被賦予這樣的關係。因此宗族也沒有應去實踐道德的倫理義務。

在上古，姓氏宗支的親疏及祭祀關係，實與繼承和分配統治的權力有關，故宗法制度之建立，基本上來自「世卿」之事實。魏晉以來，中古之世族姓望，用以別士庶，所謂「立品設狀以求人才，第士族以為方司格，有司選舉必稽譜牒」（張即之・藍溪李氏族譜序）。二者均不以族內倫理關係為主要內容與功能。宋代以後，才講族內孝悌義務，並企圖由敦睦親族而達到整個社會都能風俗淳化的目標。張載伊川之說，可為代表，另外就是歐陽修、蘇洵提倡的修族譜之法。

南宋以後，修譜之法漸漸普及，幾乎天下各姓都在修譜，體例則不依蘇氏，就依歐陽式。呂東萊與朱熹則推廣程伊川之意，改造宗法以達到倫理目的。如呂東萊的《宗法條目》就是。《宗法條目》名為宗法，易令人以為是古代的封建宗法制度，其實不然。因社會變遷，古宗法制早廢了，宋人托古改制，講的乃是他們心目中理想的宗族組織法。此法之基本原理，是把宗族血緣關係轉為契約規定，而這種契約規定又實現了倫理價值，不會顯得只是一套法制規約。其目共列有祭祀、忌日、省墳、昏嫁、生子、租賦、家塾、合族、賓客、慶弔、送終、會計、規矩、學規等項，分別說明其行事規範儀節。

如我們認為宗族在這時只是倫理實踐團體，那就錯了。宗族也漸漸成為了儒學講論團體。張藝曦《社群、家族與王學的鄉里實踐：以明中晚期江西吉水、安福兩縣為例》（**二〇〇六年十月，臺大文史叢刊**）即曾指出江右王學與地方家族合作共生，家族成為地方上推動王學的主力。然後藉著這樣的地方力量，王學學者在地方上推動土地重新丈量、賦稅改革、清除虛丁等社會工作，並透過鄉約與書院教化民眾。

該書具體談到的，是吉水同水鄉羅洪先家族對王學的傳揚、鄒元標在縣城的講學；安福北鄉則為鄒元益家族，劉氏、伍氏家族輔之；東鄉另有彭氏、王氏兩家族；西鄉有張氏及劉元卿一家。兩相比較，同水的家族關係網絡比較發達，雖乏固定的建制化講會或書院，王學卻發展得很好，正德嘉靖以來一直是王學的中心。安福的南鄉、北地雖有建制化的會講場所，但主要也仍是家族在主持與推動。

作者且認為家族推動王學，不但效果勝於書院與講會，書院和講會若無宗族之支撐，亦往往衰敗。反之，縱無書院與講會，宗族網絡本身就能推動著王學的發展。其說雖未必即為定論，但宗族在明代已成儒學研究或講習團體，殆無疑義。講學者透過教育，化諭了鄉里，令各宗族亦睦然從風，成為了以學術道義相維繫的講學團體及倫理團體。

目前，華人世界雖經現代化的衝擊，宗族體系與其力量尚未完全消失，尤其在港臺新馬的許多地方，宗族仍是儒家倫理傳習與實踐的主要群體。大陸的情況稍微差些，但近年亦在復甦中。許多地方重修或重建祠堂、編撰族譜、祭祖，且以此連結海外宗親。族譜愈修愈厚、聚會愈來愈盛大、結合的人愈來愈多，甚且新成立了不少宗親會。這類活動更不只是宗族本身在做，也有許多地方政府在熱情推動著，想以此拓展人脈、發展地方經濟。

目前的情形當然距宋明儒之理想還甚遠，實際內涵也常夾雜功利之心，但循此機緣，更予推動，仍是大有可為的。我們儒學研究界好像對此還應再努力些。

四　儒學在鄉里中復甦

乾道四年（一一六八）九月，呂東萊曾推廣宗族宗會法之義於社會，說：

凡預此集者，以孝弟忠信為本，其不順於父母、不友於兄弟、不睦於宗族、不誠於朋友，言行相反，文過遂非者，不在此位。既預集而或犯，同志者規之；規之不可，責之；責之不可，告於眾而共勉之；終不悛者，除其籍（文集卷十）。

這個鄉約，事實上就是再將宗族親睦合會之法推拓到社會上去，是族譜族規的擴大，故後世往往也將它併收到族譜族規裡，因為內涵是一樣的，宗法條約轉化著血緣宗族，鄉約則轉化著地緣團體。朱熹對此鄉約也極為重視，特「取其他書及附己意，稍增損之，以通於今，而又為月旦集會續約之禮」，見《文集》卷七四〈增損呂氏鄉約〉。

換言之，宋代理學家努力地以重定族譜功能、建立宗法條目、編修家禮、組織宗族宗會等辦法，來改造宗族，把一個血緣團體變化成為有道德義務且須努力實踐其倫理規定的團體。再由一個個宗族，拓展到一個個鄉，以鄉約化民。

因此，書院講學、家族宗會、鄉里會約，內在是一致的，只是對象施用範圍略異而已，以此化民成俗，亦以此經世。

正德末年，陽明所定〈南贛鄉約〉，即以朱子增損呂氏之本為依據。

本來，明成祖時，已取呂氏鄉約頒降天下，但並未實際推行，主要只是以里老人制作為敦化措施。洪武十四年（一三八一）首先實施里甲制，此後再配合行里老人制，以里老人制與民間調停機制並存的方式解決鄉村紛爭。

鄉約基本上是村里自治自決的，要靠同約的人共同合議以懲惡勸善，條約最後一則長文，就是為了詳細說明約會時如何靠這種同約之力量與程序來達到敦勵風俗的效果。

現代社會看起來當然跟明清不同，然而鄉里自治仍是現代政治社會的理想。在推動鄉里自治時，儒家提倡的鄉約是否還有參考性呢？梁漱溟先生在山東河北推動鄉村自治，所參考的其實就是這個傳統，且認為這個傳統要更勝於現代政治學上說的鄉里自治。梁先生事業之功過是另一回事，但這個方向無疑很值得考慮。

五　儒學書院教育復甦

書院相對於家族傳經，乃是將學術傳承與教育由私家人際網絡拉出來，變成一種向公眾開放的領域，本身是具進步性的。

唐宋以後，儒學教育以書院教育為主力，是大家都知道的事。朱子所辦白鹿洞書院是這個體系的典範。

但書院在清末教育改制，廢科舉立學堂之後，就早已如已陳之芻狗，喪失了實用價值。故不是改設為新式學校，便是廢棄閒置，或任由其他公私單位佔用。再經文革之破壞，傳統書院遂百不一存。

近年為了發展旅遊，才開始把各地還能修葺利用的書院整理繕建起來，闢為觀光點。例如江西的白鹿洞、湖南的嶽麓，原先都是以文物保護單位名義整理開放的。

如今這類書院大抵仍歸旅遊局或文物局管理，收門票、供參觀而已，沒有任何過去書院的功能。且它們因只剩一個老舊建築的外殼，沒什麼內容。故若要做展示，大多也只能做些科舉考試、進士題榜之類的介紹，以投合遊客歆羨科名的心理。不過，即便如此，一般仍是少人問津的。因為：尋常旅客對書院既乏瞭解亦無興趣，故書院旅遊不過聊備一格罷了。

但大陸近年「國學熱」的徵象之一，正是書院教育重獲提倡。書院教育重獲學界及文化人重視之後，情況便漸改觀。例如嶽麓書院，雖然仍是旅遊點，但學術上與湖南大學結合，成為湖南大學的一部分，已擁有本科及碩博士授與權，刻正爭取成為博士後流動站；

也經常開辦研討會，並試圖恢復古代書院的「講會」制度。這樣，它那旅遊點的身分，就反而讓它擁有一個向一般社會人士推介書院精神的方便。白鹿洞雖仍隸屬廬山風景管理處，非教學研究機構，但人民大學、九江學院等不少學校與之掛鉤，掛牌成為它們的教學點或某某基地，開始有了些教育氣氛。

這是書院性質的調整，逐步朝古代書院回歸。

另一形式，是創辦新的書院。例如山東曲阜，本有洙泗、尼山等書院，但改造利用較為困難，乃於去年在聖水峪鄉創辦尼山聖源書院。採取「民辦公助、書院所有、獨立運作、世代傳承」之方式，辦理講會及系列講座等。

這樣的書院，八十年代就有北京湯一介的中國文化書院，中間沉寂了一陣，如今則風起雲湧，遍地開花。張煒在山東龍口港辦萬松浦書院、陳忠實在陝西辦白鹿書院、蔣慶在貴陽辦陽明精舍、洪秀平在珠海辦平和書院等等，簡直不可勝數。各有其動人之故事，當然也團聚著一批批關心書院教育的人士，在各地展開不同形態的教育工作。

但開辦書院畢竟需要較大的資源，土地、房舍、資金、人員，在在都是問題，因此就也有人只利用現有各書院舊址舉辦講會的。如江西師大鄭小江陸續辦的鵝湖講會、石蓮洞講會即屬此類，曾出版《鵝湖會語》《石蓮洞會語》等。我自己每年辦的國學營也即是這種形式，把書院講學和遊學參訪、田野調查結合起來。

新恢復的書院教育，目前成效還不止如此。因為它還有所延伸。一是向下延伸。以書院精神為楷模的小學乃至幼兒教育，早已普及於各省市鄉村，出現了各種私塾、學堂、講堂和才藝班。二是向正規大學延伸。許多著名大學開始吸收傳統書院教育的精神或元素，在大學裡設立國學院、儒學院、孔子研究院、國學研究所等。看名稱，當然仍與其他科系院所無異；論精神傳承，則已非現代大學之嗣裔。三是向社會延伸。各式國學儒學講座、培訓班，層出不窮，有現代大學科系操辦的，也有民間文化公司、培訓機構所辦的。形式結合古今，課程兼含理論與實用（**如風水、管理、戰略、人際關係……**），而遙契或標榜書院傳統，例如北京國學時代傳播公司的股票，目前就已成功上市；而山東儒學文化傳播公司出版的《儒風大家》期刊，一本售價竟高達一九八元人民幣，它們都是儒學發展面向社會的新型態。但山東儒學文化傳播公司所辦的高級講習班就標明是儒家文化書院之旅，授課地點皆在老書院舊址，可見其精神淵源所在。講習二字，不就出自書院講習嗎？

諸如此類，例證所在多有，書院傳統不僅是復甦，更可說已有了新的發展。

但情況也非是全然樂觀的。書院遺址既已劃撥給旅遊單位，想還原為教育機構，目前看來仍是難上加難。想在大學體制中借屍還魂，往往也終究會被大學吞噬掉。獨立創設，又非人人均可獲得土地、資金之奧援。縱有奧援，提供土地與資金的政府跟金主也是各有主見、各具盤算的。即或一切如意，順利辦成，學生又從哪來？自由聽課，不計學歷，對一般社會人士是缺乏誘因的。為吸引社會人士，且需以高額學費來維持書院運作，目前各書院各講堂遂只能以應世諧俗之課程誘引來學，與傳統書院之講習其實頗有矛盾。

凡此，皆新時代之不得已處。但雖不得已而各地仍然競相辦理，此即可見一時人心之機。這「機」是什麼呢？就是對新式現代教育的不滿：不滿文化傳統在大學體制中的邊緣化、不滿現代教育偏於知識而輕忽德育、不滿國家意識型態下缺乏了自由講學的精神……等等。

凡關心當代儒學教育者，當此機會，理應知機、應機才是。不但對傳統儒學教育理念、書院教學史應深入鑽研，更應研究如何將書院傳統跟現代教育體制結合起來，或如何以書院精神改造現代教育之病。過去我在臺灣辦的南華大學、佛光大學即屬於這種嘗試。大陸的情況與臺灣不盡相同，結合之道，尚須討論！

六　儒學的宗教性復甦

大陸近年各地提倡儒學、成立孔子基金會、辦書院、準備在曲阜附近建中華文化標示城、祭孔、在世界各地建立孔子學院、電視台開始播講孔子生平及孔孟學說、學校辦國學院、企業老闆也要上國學班……。孔子及其相關文化符號，已漸又瀰漫於社會各個領域。

可是這裡面，我覺得仍有一個領域，是迄今大家仍然陌生的。那就是儒家的宗教性發展。

本來，孔教在東南亞是頗盛的，印尼還把孔教列入正式宗教呢！故在排華的印尼社會中，華人還能藉著孔教來撫慰文化認同上的失落感。新加坡、馬來西亞，則康有為昔日在那兒鼓吹保教尊孔，亦仍有不少遺風餘澤。香港孔教會，尤其貲力雄厚，有學院，也有湯恩佳先生這樣的傳教士，僕僕風塵，四處宣傳孔教理念。他在大陸各地捐建的孔子像，恐怕就有上百尊。曲阜孔子講堂也曾請他去主講過，每年孔教會在香港辦的孔誕研討會，亦是士林盛事。可是，對於把孔教列入政府承認的宗教項目中去，大陸目前尚未考慮，頗令東南亞華人儒家信徒悵望不已。國際儒學聯合會，亦曾討論過儒學宗教化之問題，然亦不了了之。看來爭辯將會持續良久，直到關心儒家的人熱情消失了為止。

何以孔教要獲得認可，如斯困難？由學理上看，孔子的學說當然不是宗教。一、他不崇拜神；生病了，子路勸他去禱告，他也不肯。二、他不講來世、淨土、天國，沒有超越的嚮往，只希望把人的世界弄好。三、他不祈求神佛保佑，也不想誰來拯救他，一切只靠自己進德修業。四、他講的禮不是戒律或禮拜。各教以禮斗、齋懺、誦經、彌撒、跪拜等等來溝通人神，孔子之禮，則主要是通人我。他說的「仁」，也是「相人偶」，在人倫互待中見出仁愛與禮敬。因此他的人文性，明顯地不同於宗教性。

但孔子有沒有宗教感情呢？當然是有的。他敬天、畏天命，即顯示了濃厚的宗教感。禮中亦不乏祭祖祭天地山川社稷者，故截然把孔子學說與宗教分開，亦不妥當。

而且某個學說是不是宗教，並非重點所在，只要有人將它當成宗教，它就會是宗教了。古代信奉孔子學說的人，不就頗有人將之宗教化嗎？漢朝人說孔子是天上玄帝降生、乃黑龍之精、端門受命、為漢制法等，就是以孔子為教主。明清時期創立的許多教派，如寫《老殘遊記》的劉鶚所信奉之太谷教，曾因在山東肥城黃崖山傳教，被官兵剿滅，正是孔教之一種形式。故孔學不是該不該、是不是、或能不能宗教化的問題，而是存在著長期宗教化的事實。許多明清及民國時期的儒學教派，如三一教、儒宗神教、紅卍字會、同善社、德教等，目前還普遍存在於臺灣和東南亞。

大陸學界之所以還不太瞭解孔教，只能在儒學是否是宗教、能否成為宗教等假問題上打轉，原因在於孔教會過去曾誤被列入「反動會道門」中！

所謂反動會道門，指民間原本存在的一些傳統組織。例如慈善團體（茹素團、惜字會、善堂等）；自衛團體（大刀隊、紅槍會等）；武術團體（義和拳、八卦掌、金鐘罩等）；自助團體（長毛會、同濟社等）；宗教結社（老母會、九天會、觀音會、黃天道、先天道、大乘門等）；傳統幫會（洪門、清幫等）。

這些組織，乃是行業、遊藝、經濟、互助、宗教、興趣等同類人之組合，也是中國傳統社會基層在家族鄉黨之外普遍的組織，性質其實與文人結成詩社文社沒什麼不同。可是因有些團體良莠不齊，中共為了整頓，竟把所有會道門一體禁絕了。孔教會便也遭了魚池之殃。

北方孔教會，一九四九年前以遼寧河北地方為多；如今我在山東卻未訪查到，故情況不詳。二十年代，河北孔教會每年秋天都會去遼寧浚源縣孔教會祭壇禮拜。到五十年代，河北撫寧、遷安、承德、遷西、灤等縣也都還有活動。涿州的儒門道、玉田的聖賢門（**又稱中央戊己土儒教聖賢門**）、北京的萬國道德會，大抵也可視為孔教。而最特別的是一貫道。

一貫道的名稱，來自孔子所說的「吾道一以貫之」。但教中既宗彌勒又拜濟公，頗為雜揉。在各地傳教時，又為適應環境，因此頗多異名。在灤平及豐寧滿族自治縣便稱孔孟教，在萬全縣稱中華道德慈善會，在玉田叫孔孟大道。它在山東河北山西等地，是聲勢最大的會道門。雖在四九之前就已被禁了，但在臺灣及東南亞仍然發展暢旺，光臺灣之信徒就有百萬以上，辦國學講習班、提倡禮樂，有些支派還自稱中華聖道。

其他講三教合一、萬法歸宗的，還有很多。如承德之道德會講儒佛合宗、家禮教講「奉佛教之法，習儒教之禮」等，簡直不可勝數。

會道門之門類甚雜，過去確有不少利用宗教迷信為非作歹的。但也有些是被妖魔化、汙名化了，說他們斂財、淫亂，甚至造反。我去調查過不少他們「盤據」過的村寨，也看過一些檔案，都言之鑿鑿，說他們如何勾結臺灣蔣幫，宣傳「紅陽（**指共黨**）已盡，白陽（**指國民黨**）當興」，穿白衣白鞋，戴白帽，拿著木棍、長矛、大刀來造反；還在地洞裡捉到了哪位傳道人、誰被捕時是男扮女裝或女扮男裝等等。聽得我哈哈大笑。

什麼時代了，誰會真的笨到用木棍刀片來對抗政府的飛機、大砲、火槍、部隊？說他們跟臺灣勾結，企圖白陽再興，也真太諷刺了：臺灣在那時恰好也在查禁這些「邪教」呢！

就算真有聚眾鬧事的，也絕不可能所有會道團體都想造反，故應區別對待之。把鼓吹行善積德、遵行孔子倫理教誨的一些團體也都視為邪教，其實是歷史的悲劇。

人常難免有些宗教感情，有時也會想找個宗教來安頓自己的心靈。可是中國人一定只能信外來的佛教、基督教、伊斯蘭教嗎？道教講養生求仙，固然很好，可是不想求仙的人怎麼辦？為什麼就不准他們把儒家的道德倫理當信仰來奉行呢？歷史上，儒生組織的善堂、教會，曾發揮過許多化民成俗、安定人心的作用，這些作用，現在是不是也該讓它們發揮出來呢？

學界大批判【上卷】學術悶局篇

作者：龔鵬程
發行人：陳曉林
出版所：風雲時代出版股份有限公司
地址：10576台北市民生東路五段178號7樓之3
電話：(02) 2756-0949
傳真：(02) 2765-3799
執行主編：朱墨菲
美術設計：吳宗潔
業務總監：張瑋鳳

初版日期：2024年11月
版權授權：龔鵬程
ISBN：978-626-7510-10-0

風雲書網：http://www.eastbooks.com.tw
官方部落格：http://eastbooks.pixnet.net/blog
Facebook：http://www.facebook.com/h7560949
E-mail：h7560949@ms15.hinet.net
劃撥帳號：12043291
戶名：風雲時代出版股份有限公司

風雲發行所：33373桃園市龜山區公西村2鄰復興街304巷96號
電話：(03) 318-1378
傳真：(03) 318-1378
法律顧問：永然法律事務所 李永然律師
　　　　　北辰著作權事務所 蕭雄淋律師

行政院新聞局局版台業字第3595號 營利事業統一編號22759935
©2024 by Storm & Stress Publishing Co.Printed in Taiwan
◎ 如有缺頁或裝訂錯誤，請退回本社更換

定價：520元

版權所有　翻印必究

國家圖書館出版品預行編目資料

學界大批判 / 龔鵬程著. -- 初版. -- 臺北市：風雲時代出版股份有限公司, 2024.10
　冊；　公分
ISBN 978-626-7510-10-0 (上冊：平裝). --

1.CST: 言論集

078　　　　　　　　113012086

風雲時代

風雲時代